汽车金融公司
合规管理理论与实务

傅家杰 ◎ 著

01 02 03 04 05 06 07 08 09 10 11 12

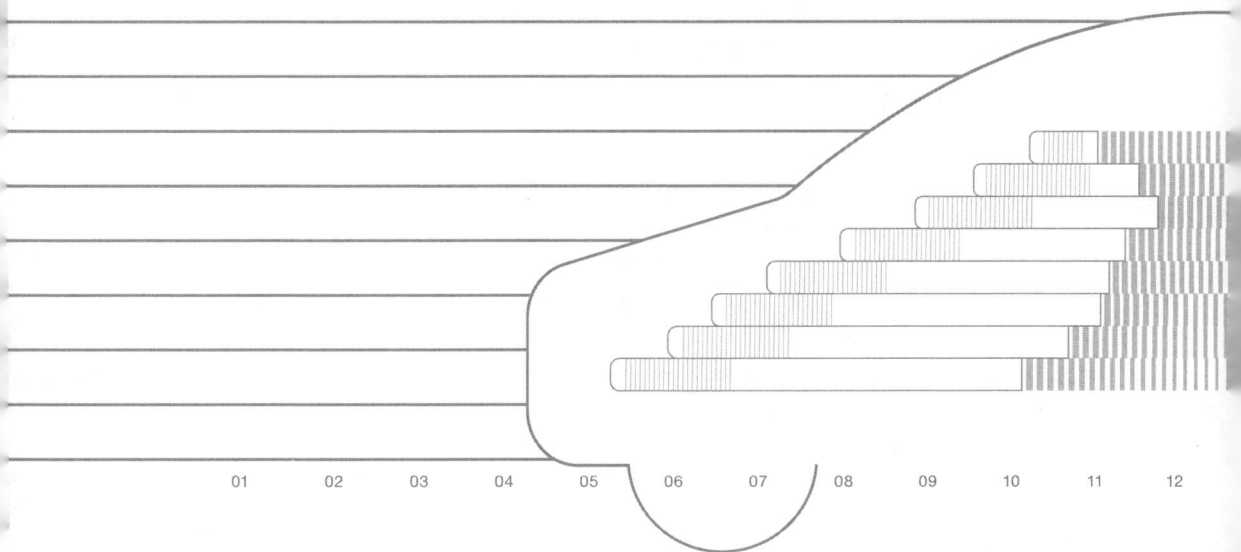

中国金融出版社

责任编辑：王雪珂
责任校对：李俊英
责任印制：丁淮宾

图书在版编目（CIP）数据

汽车金融公司合规管理理论与实务/傅家杰著. —北京：中国金融出
版社，2022.7
ISBN 978 – 7 – 5220 – 1594 – 1

Ⅰ.①汽…　Ⅱ.①傅…　Ⅲ.①汽车—金融公司—企业管理
Ⅳ.①F830.571②F840.63

中国版本图书馆 CIP 数据核字（2022）第 055361 号

汽车金融公司合规管理理论与实务
QICHE JINRONG GONGSI HEGUI GUANLI LILUN YU SHIWU

出版
发行　中国金融出版社

社址　北京市丰台区益泽路 2 号
市场开发部　（010）66024766，63805472，63439533（传真）
网 上 书 店　www.cfph.cn
　　　　　　（010）66024766，63372837（传真）
读者服务部　（010）66070833，62568380
邮编　100071
经销　新华书店
印刷　保利达印务有限公司
尺寸　169 毫米 × 239 毫米
印张　24.75
字数　335 千
版次　2022 年 7 月第 1 版
印次　2022 年 7 月第 1 次印刷
定价　76.00 元
ISBN 978 – 7 – 5220 – 1594 – 1
如出现印装错误本社负责调换　联系电话（010）63263947

合规工作二三思

——论一个合规官的自我修养

（代前言）

在金融行业，随着越来越多的金融机构因为违规问题被课以重罚，甚至不少传统老牌银行被"红牌罚下"，合规官（Compliance Officer）的重要性逐渐受到认可，设置独立的合规管理部门或团队成为各家金融机构的标配，有些还在高级管理层设置了"首席合规官"。

作为一名合规"老兵"，我经常在思考，除去知识背景、个人品格、做事风格、工作经历这些因素以外，合规官这个群体的画像是什么样的？哪些能力、修养是做好一名合规官所需要的，或者说会有所裨益的？正值本书将要出版，我把这些年的所感所想总结了一下，算是对过往合规工作经验的提炼，放在本书作为前言，供大家讨论、批判。

说明白、做明白和想明白

这三个"明白"，是我的三段工作经历给予我的宝贵经验和职业能力，在我从初级合规人员成长为一名法律合规总监的职业生涯中，助益颇多。

我从中国政法大学毕业后，校招进入了中国银行总行法律合规部。大平台、国际化，这在现在看来都是一份很不错的工作。事实也证明，在总行工作的 8 年，是我职业生涯中最重要的一段时光，就好比孙悟空在西牛贺洲灵台方寸山，拜菩提祖师为师的二十年，虽然在整部西游记中笔墨不多，但孙悟空学到的七十二变、筋斗云功夫，在后面取经路上多次助他化险为夷、事半功倍。

我在总行学到的是怎么把事情"说明白"。

可能有人会质疑，一个正常人，说还说不明白吗。但事实上，在我的工作经历中，真正能把工作的事情说明白的人凤毛麟角，以合规工作中常见的报告为例，一份合格的报告，需要具备条理清晰、说理清楚、论据充分、论点明确的特点，同时还要站在报告受众的角度，以合理的方式展现其关心的要点，且具有一定的易读性。这非常考验报告撰写人对报告事项的理解程度，以及逻辑思维能力。可以说，在谋篇布局时，就决定了报告的走向。

在总行工作八年，我的一项主要工作就是写报告、写文件。当时我们法规部的一个不成文的规定是，一篇签报或行发文，没改个十几二十遍，根本不可能得到领导的签批。我最长的记录是，一个某专项合规工作的三年规划，我用了一年时间，改了70来稿，才得到了上行领导工作会讨论的机会。

虽然当时非常不理解，也感觉很痛苦，觉得自己的生命就这样被无情地浪费了。但现在回想起来，我却很感激那段时光，让我有了第一个安身立命之本，就是一支"好笔头"。

我的第二份工作，是在百度金融（后分拆改名为度小满金融）。在这里，我学到的是怎么把事情"做明白"。

当时的互联网金融正处于全行业的顶峰（这也意味着马上就要走下坡路了），当时合规管理还处于非常原始的状态，既没有明确的监管机构，也没有成体系的监管制度，甚至没有独立的合规管理部门，只有怀疑一切、革命一切的勇气和激情，以及"赋能""聚焦""闭环"这样的互联网行话。

在这样的环境中，我经历了度小满金融从百度体系分拆独立，牵头完善了度小满金融的信贷合规管理体系和反洗钱管理体系，从0到1建立了公司治理内控管理体系和数据合规管理体系，还牵头负责诉讼管理体系和消保合规体系。这些工作，往往都是从"三无"产品起步——无制度、无系统、无人员，逼迫我不得不撸起袖子，从最基础的工作做起：梳理业务流程、核定职能边界、设计管理体系、组织系统开发，跑工商、跑金融办、跑公安、跑街道办，我只能一边招团队、一边学习，一边就马不停蹄地干起来。好在互联网公司还有一个"试错"文化。

这恰好弥补了我"不接地气"的职业生涯缺陷，也帮我养成了一项工作能力，就是在接到一项工作时，快速判断这项工作的目标或交付物所需要的内外部资源、项目时间节点，以及合理的分工安排。这项能力使我在遇到新的工作或需求时，不再感到惶恐。同时通过充分有效调动资源、借助外力，我第一次有了"干大事"的信心。

不过再鸡血的环境，也抵挡不住我回归传统金融机构的决心。2020年元旦刚过，我就来到了现在任职的汽车金融公司，担任法律合规总监。作为部门一把手，工作重心慢慢地变成了"想明白"。

我需要考虑部门重点工作和KPI如何支撑公司经营目标、如何充分调动员工积极性和发挥他们的专长、如何处理与平行部门的关系、获得想要的支持，如何"向上管理"维护部门利益。幸运的是，前面十年的积累，让我有足够的时间去想，再利用"说明白"和"干明白"的能力，去把想法落地实现。在两年的时间里，我完成了合规和法律两个团队的整合，提升了法律合规工作的标准，培养了两个能独当一面的团队骨干。随着整体水平的提升，团队也给了我充分的支持，让我有更多的时间去思考，以及更从容的空间去安排工作。

现在，我更多的时候是在想，怎样把合规管理职能与公司的发展阶段和实际需要相匹配，如何把日常的合规管理动作做得更加精细化、但又要突出重点，把有限的资源投入到真正能够推动公司良性发展的事情上去。

"规法双修"

　　这个词其实是在看武侠小说的时候突然想到的。在武侠世界里，华山派分为剑宗和气宗，前者偏重剑法招式，后者重在内功吐息。在金融机构里，合规和法律就有点像气宗和剑宗一样，都在一个山头（法律合规部），但又有不同的工作方法论。那么如果合规官有法律的知识背景，是否可以像令狐冲一样"剑气合一"、所向披靡呢？

　　从我自身的工作经验来看，答案是肯定的。如果合规官能够用到法律的知识和思维，对解决具体问题、研究合规趋势、落实合规项目，都有很好的助益。其实反过来也是一样，如果法务人员熟悉业务合规要点，分析法律问题、拟定法律文件、解决诉讼争议，也会得到新的思路。所以我一直在部门内倡导法律与合规团队信息同步、相互学习。从合规管理的角度，我认为以下法律思维或方法论，可以用在合规日常管理上。

　　一是法律关系分析法。法律关系分析法作为法学学生必备技能，在案例分析、合同草拟、责任判定等领域有广泛的应用，其核心要点是识别各方法律主体和客体（如有），明确法律主体间的法律关系，再根据法律关系和相关法律规定确定法律权利和义务。

　　法律关系分析法的优势在于直达问题的本质。因为法律主体、客体和法律关系，都是高度抽象的术语，可以让分析者剥离掉纷繁复杂但又不影响权利义务的无用条件，快速定位关键问题，同时可以对不同法律关系独立分析，避免陷入"剪不断、理还乱"的复杂逻辑。

　　因此，合规官可以在合规分析、咨询、评估等日常合规操作中，借用法律关系分析法，抽象出贷款人、借款人、保证人、居间人、买方、卖方、委托方、受托方等法律主体，抵押权、债权、所有权等权利客体，以及借贷合同关系、买卖合同关系、担保合同关系、居间合同关系、委托合同关系等法律关系。在此基础上，分别对应不同的主体和法律关系，分析合规要求，比如金融机构对借款人资质的审核，对受托方（即合作机构）的管理要求，对担保物的要求（押品管理）等。

这种分析方法，可以帮助合规官条理清晰的分析一个复杂问题，避免出现遗漏，并且在输出合规结论时，做到条理清晰、以理服人。

二是三段论逻辑。在上大学时，最烦的就是法律逻辑课，当时认为这种"语言艺术"在生活中不会有用。但事实证明，当时的我太幼稚。在工作之后我发现，"大前提—小前提—结论"的三段论逻辑实在太好用了，因为只要确保大前提和小前提正确，那得出的结论在逻辑上就是不可被推翻的。

在合规分析中，法律法规和公司内部制度，就是大前提，找准大前提是基础和起点。公司业务的实际情况、产品、流程、系统、管理体系，是小前提。在这个小前提中，通过对小前提能否匹配大前提的分析，就能够得出是否存在合规风险的结论。在进行合规风险严重程度的评估时，可以再用一遍三段论逻辑，以法规规定的违规处罚为大前提，公司业务违规程度为小前提，得出合规风险大小的结论。

用三段论进行分析和论述的好处，就在于逻辑上的不可推翻，以此做出的合规意见有足够的"专业性"。但这并不意味着结论就一定是对的，如果大前提找的不对，张冠李戴了，或者小前提的信息错误或者疏漏了要点，那么结论就会片面甚至错误。这时候，三段论逻辑的另一个好处"可回溯"就体现出来了。如果最终证明结论错误，那么只要去大前提和小前提中寻找错误，就能倒推出问题所在，并修正错误的变量之后，可以很快再得出结论，而不用完全推倒重来。

当然，并不是说其他知识背景的人就做不了合规官。我在工作中遇到过许多学财务、审计、金融甚至数学出身的合规官，他们在合规领域都非常优秀、卓有成绩。

合规的"道"与"术"

做合规时间久了，有时候会感到迷惑：法律法规有一定的局限性和滞后性，那么面对层出不穷、纷繁复杂的业务需求和咨询问题，当没有规范依据但必须给出一个态度时，作为合规官该怎么办？

目前，只能说目前，我的答案是"守道"，就是守住合规的初心。

第一个合规之"道"是：不说假话

2001年4月，朱镕基总理在考察上海某财会学校时，曾写下"不做假账"四个苍劲有力的大字，可谓大道至简。

在日常合规工作中，当我遇到两难取舍时，总会想起这句话。比如之前的监管报表某一个数据错误，但并没有被发现，是继续将错就错，还是冒着被监管处罚的风险主动纠正？又如"系统BUG"导致客户电子合同中某一个条款错误，是默认技术人员"刷数据"的简单想法，还是执行与客户签署补充协议的复杂方案？再如前期有一个合规意见结论有误，但业务已经开展，是假装看不见、"鸵鸟政策"，还是主动承认错误、及时改正？

慢慢地，我就把初心归纳为"不说假话"，其实也包括了不作假。即便守住这个"道"，有时候意味着更大的工作量、意外的风险甚至要承担相应责任。但我始终认为，假的真不了，用说假话、做假事去掩盖或躲避问题，只会让路越走越窄，持正才能行远。

第二个合规之"道"是：不助恶

俗话说，"天不怕地不怕，就怕流氓有文化"，其实还可以加一句，"流氓学法更可怕"。有的时候，金融机构的法律合规人员也会陷入"技术中立论"的逻辑圈套，只追求形式上的合法合规，但对业务背后的损害社会效益、利益分配不当的问题，却不能或不愿深入分析，就可能在不知不觉间成为帮凶，侵犯所在机构、消费者的权益，甚至是社会利益。

前段时间在微信上有篇文章，写的是某外卖平台，不仅不给骑手们上任何工伤保险，甚至在出现工伤等劳动纠纷时，利用各种法律文件及合法手段，去规避劳动关系中的法定义务。文章里有一段话，"在这个系统里，不单只有算法令骑手受困其中，更有一张精心设计的巨型法律关系网络将骑手包裹在内：A 公司给他派单、B 公司给他投保、C 公司给他发工资、DEFG 公司给他交个税……它们互相交织，将骑手紧紧捆住，可当骑手真正跌进前方的大坑并向外求助时，其中的任何一家公司都不足以成为他的'用人单位'。"更有甚者，某些公司还给这些骑手每人注册了一个个体工商户，来达到"避税"和"避社保"的目的。

当时我就在朋友圈里发表感慨：设计和操作这套"合法形式掩盖非法目的"模式的律师或会计师，可能还在为自己的专业和创新而自豪。资本的魔力在于，当被裹挟其中时，没有人会认为自己在做恶，所有人都沉浸在实现自我价值的快感中，而资本却悄悄地完成了收割。仿佛没有谁是资本的代言，又好像资本的帮凶无处不在。回归初心，认准什么是正确的，方能善始善终；奇技淫巧，终究会误了卿卿性命。

再举个例子，汽车行业特别是二手车领域，有一个可以称之为"乱象"的问题。一些不规矩的汽车经销商或者合作商，用低车价吸引客户贷款购车，但在贷款本金上做文章，赚取不义之财，用话术引导、催促签约、心理强迫等方式，诱导客户签下高于真实需求的贷款合同。这个时候，一名合格的合规官，就不应该以法规要求的最低信息披露和提示要求为标准，用"形式合规"来蒙蔽双眼。而是要在贷款申请、审批、签约、放款等各个环节，重复地去提示客户、引起客户的注意，通过流程和系统的控制，尽可能地减少不法车商可能隐瞒真实贷款金额的可能性，在必要的时候，提请管理层停止与这样的合作机构合作。

但其实从上面两个案例就能够看出，守道不易啊！

压力来自方方面面，有的是业务部门的诘问："为什么别的机构能做，我们不能做？"有的是上级领导的特殊关照："合规不能一味说不。"还有的，会来自对自身价值的怀疑，合规真的会削弱公司的竞争力和盈利性吗，那公司需要合规做什么？

这时候，仅凭前面所说的两个初心，可能就没办法解决问题了，就像叛逆期的孩子永远听不懂"这是为你好"这句话一样。因此，这需要合规官能够合理使用合规之"术"，用各种专业技巧，传递合规理念，说明道理和风险。这些技巧包括建立合适的合规管理体系，开展充分的合规培训，实施合规审查、检查、整改等机制，跟踪监管动态和趋势等。所有的这些，其实目的就是充分利用公司的各种资源，让公司整体尤其是关键的决策人员牢固树立合规意识，把合规的朋友变得多多的，不合规的问题变得少少的。

本书就是一本介绍合规之"术"的习作，我第一次尝试把工作中积累的理念和合规知识，以一个体系化的形式展现出来。写作的过程其实也是一个自我提炼的过程，帮助我重新审视、更新原来的知识体系。这就好像把一个乱糟糟的屋子收拾干净一样，在一些小角落、沙发下，发现了不少"遗珠"，让我在成就感满满的同时，惊喜不断。但愿这本书，能够服务于金融合规领域的年轻朋友，帮助他们快速掌握一些合规技巧和主要的合规要点，形成一个合规知识体系。

当然，囿于自身能力，本书还是有不少遗憾和不足，对一些问题的理解也不够深刻。尤其是我进入汽车金融行业时间不长，对有些历史沿革不甚了解，书中有些论点可能在同业先贤看来比较肤浅、可笑，有些合规要点的梳理，还停留在"照本宣科"的初级阶段。所以也希望这本书能够起到抛砖引玉的作用，与合规领域更多的老师、朋友探讨、接受检验。

目　　录

第一章　合规管理的体系

汽车金融公司作为由中国银行保险监督管理委员会（本书简称"银保监会"）批准设立的非银行金融机构，是我国金融业的重要组成部分。虽然整体规模占比不大，还没有哪家汽车金融公司达到了"大而不能倒"的体量，但汽车金融公司一头连接着千千万万的借款人，一头连接着其他金融机构的同业资金，它的运营情况，也会影响到国家金融稳定。因此，金融监管机构出台了一系列专门的法律法规和规范准则，并要求汽车金融公司遵守一部分商业银行监管规范。

在这些法律、法规、规范、准则中，我们经常能看到监管要求汽车金融公司建立和完善合规管理体系的要求。那么，什么是合规管理体系，这个体系由哪些内容组成，汽车金融公司如何建立和完善这个体系，便成了合规管理者需要首先解决的问题。

本章我们将从合规管理的一些基本概念，以及合规管理组织架构、制度体系三个方面，讨论合规管理体系是什么，怎么建的问题。

第一节　合规管理概述

一、合规

（一）合规的内涵

合规，从字面上理解就是"合乎规范"之意，英文使用"Compliance"，

1

也具有服从、遵从的意思。

国际上，巴塞尔银行业监督委员会没有从正面对合规进行定义，而是在 2005 年发布的《合规与银行内部合规部门》明确"合规风险"是指"银行因未能遵循法律、监管规定、规则、自律性组织制定的有关准则，以及适用于银行自身业务活动的行为准则（以下统称'合规法律、规则和准则'）而可能遭受法律制裁或监管处罚、重大财务损失或声誉损失的风险。"因此，可以推导出前半句话是对合规的界定，即"银行遵循法律、监管规定、规则、自律性组织制定的有关准则，以及适用于银行自身业务活动的行为准则"的行为，并且明确银行在开展业务时应始终力求遵循法律的规定与精神，因为"如果银行疏于考虑经营行为对股东、客户、雇员和市场的影响，即使没有违反任何法律，也可能会导致严重的负面影响和声誉损失。"

在国内，银监会 2006 年 10 月发布的《商业银行合规风险管理指引》对合规的含义进行了明确——"合规是指商业银行的经营活动与法律、规则和准则相一致"。与巴塞尔委员会强调银行"遵循"的行为不同的是，银监会的定义更多强调"相一致"的结果，打个不恰当的比喻，巴塞尔委员会的定义像个动词，而银监会的定义像个名词。

但不管是哪种定义方式，都勾勒了合规的基本内涵，并且我们认为同样也适用于汽车金融公司，即汽车金融公司为了避免可能遭受的法律制裁、监管处罚、重大财务损失或声誉损失的风险发生，而采取遵循相关法律、规则、准则和相关精神的自我管理行为，使其经营活动和结果与这些法律、规则、准则和相关精神相一致。

（二）合规的范畴

厘清合规的范畴，即汽车金融公司所要遵循的对象或保证"相一致"的标准是什么、汽车金融公司的合规义务来自哪里，是开展合规工作的首要前提。

巴塞尔委员会在《合规与银行内部合规部门》提出："合规法律、规则和准则有多种渊源，包括立法机构和监管机构发布的基本的法律、规则和准则；市场惯例；行业协会制定的行业规则以及适用于银行职员的内部行为准则等"，并且"合规法律、规则和准则不仅包括那些具有法律约束力的文件，还包括更广义的诚实守信和道德行为的准则"，因为如果银行疏于考虑经营行为对股东、客户、雇员和市场的影响，即使没有违反任何法律，也可能会导致严重的负面影响和声誉损失。

在国内，银监会《商业银行合规风险管理指引》第三条规定"本指引所称法律、规则和准则，是指适用于银行业经营活动的法律、行政法规、部门规章及其他规范性文件、经营规则、自律性组织的行业准则、行为守则和职业操守"。

由此，我们可以梳理出如下几大类汽车金融公司的合规范畴：

1. 法律。根据《中华人民共和国立法法》（以下简称《立法法》）的规定，由全国人民代表大会和全国人民代表大会常务委员会行使国家立法权而制定的规范性文件，统称为法律。汽车金融公司日常经营中适用较多的如《民法典》《公司法》《民事诉讼法》等，以及银保监会开展监督管理的基础依据《中华人民共和国银行业监督管理法》等，都属于法律的范畴。

2. 行政法规。行政法规专指国务院根据宪法和法律，为执行法律的规定或履行行政管理职权而制定的规范性文件。一般来讲，行政法规由总理签署，以国务院令的形式公布，名称一般叫"规定"或"条例"等，比如《个人存款账户实名制规定》《存款保险条例》《征信业管理条例》等就属于行政法规。目前我们没有发现直接适用于汽车金融公司的行政法规。

3. 部门规章和地方政府规章。部门规章是指国务院各部、委员会、中国人民银行、审计署和具有行政管理职能的直属机构（如银保监会），根据法律和国务院的行政法规、决定、命令，在本部门的权限范围内制定的规范性文件。一般来讲，部门规章由起草部门以部门首长签署命令的形式公布，部门联合规章由联合制定的部门首长共同署名公布，使用主办机关的命令序号。部门规章一般叫做"规定"或"办法"，但不会叫"条例"。比如《汽车金融公司管理办法》，就是典型的部门规章，由时任银监会主席刘明康签发《中国银行业监督管理委员会令（2008年第1号）》公布。又如《汽车贷款管理办法（2017年修订）》属于联合规章，由人民银行和银监会共同发布。

地方政府规章是指省、自治区、直辖市和设区的市、自治州的人民政府，根据法律、行政法规和本省、自治区、直辖市的地方性法规，制定的规范性文件。根据《立法法》的规定，设区的市、自治州的人民政府地方政府规章，限于城乡建设与管理、环境保护、历史文化保护等方面的事项，因此此类规范性文件尤其是省级以下的，一般较少涉及金融业务本身，但与汽车金融公司在当地规范经营和业务开展息息相关，例如在进行办公场地、营业网点装修时，需要关注《北京市建筑工程施工许可办法》等规定，及时做好工程许可申请、备案等工作；再如在北京地区开展汽车贷款业务，就要考虑到《北京市小客车数量调控暂行规定》对于车辆指标的管理规定。

4. 其他规范性文件。汽车金融公司需要遵守的其他规范性文件主要包括以下两大类：

第一，除国务院的行政法规、决定、命令以及部门规章和地方政府规章外，由行政机关或者经法律、法规授权的具有管理公共事务职能的组织依照法定权限、程序制定并公开发布，涉及公民、法人和其他组织权利义务，具有普遍约束力，在一定期限内反复适用的公文。比如《关于调整汽车贷款有关政策的通知》《商业银行合规风险管理指引》等。

第二，汽车金融公司所在地的相关行政机关、人民银行分支机构和银保监会相关派出机关或具有管理公共事务职能的组织，发布的规范性文件。比如银保监会北京监管局发布的《关于规范小微企业贷款服务收费的通知》（京银保监发〔2019〕349号）、人民银行营业管理部（北京）发布的《中国人民银行营业管理部金融消费权益保护工作实施办法（试行）》

（银管发〔2013〕279号）等，都属于此类。

5. 经营规则。其实经营规则本身，并不属于《立法法》规定的任何一个层级的法律文件。目前直接以"经营规则"命名的监管文件不多，原中国保险监督管理委员会安徽监管局发布的《安徽省商业银行代理人身保险业务经营规则（2014版）》算是一个典型。一般认为，在金融监管语境中的经营规则是指金融机构审慎经营规则，以及基于该规则制定或要求的各类规范，如法人治理、风险管理、内部控制、资本充足率、资产质量、损失准备金、风险集中、关联交易、资产流动性等内容。在尚未发布法律、法规、规章或其他规范性文件时，一般以金融监管部门或具体监管处室的通知、通报、窗口指导等方式，进行规范。

6. 自律性组织的行业准则、行为守则和职业操守。正如巴塞尔委员会在《合规与银行内部合规部门》指出，如果银行疏于考虑经营行为对股东、客户、雇员和市场的影响，即使没有违反任何法律，也可能会导致严重的负面影响和声誉损失。因此，在上述几个规范之外，汽车金融公司也应当遵从企业伦理和社会规范。此类伦理和规范，有些已经通过行业自律组织发布《公约》的方式形成文化，如中国银行业协会发布的《中国银行业反不正当竞争公约》、汽车专业委员会发布的《关于规范开展汽车金融业务的自律约定》等；有些尚未有成文规定，需要汽车金融公司在遇到具体问题时，根据一般性、普遍适用的原则去进行判断和决策，如诚信、公开、透明、廉洁等市场秩序和公序良俗。

7. 汽车金融公司内部制度规范。前述六项合规范畴都是外部的国家立法、行政机关或行业自律组织制定的，我们称为"外规"，是"要我做什么"，那么汽车金融公司根据这些外规制定的内部管理制度、规范、流程、操作手册等，可以称为"内规"，是"我要做什么"。有一些外规，甚至明确规定或在相关考核中引导汽车金融公司要将外规的要求"内化"成内部制度和流程规范，比如反洗钱反恐怖融资、消费者权益保护等。

二、合规风险

（一）合规风险的内涵

根据巴塞尔委员会《合规与银行内部合规部门》，"合规风险是指银行因未能遵循法律、监管规定、规则、自律性组织制定的有关准则，以及适用于银行自身业务活动的行为准则（以下简称'合规法律、规则和准则'）而可能遭受法律制裁或监管处罚、重大财务损失或声誉损失的风险。"

银监会《商业银行合规风险管理指引》将合规风险定义为"商业银行因没有遵循法律、规则和准则而可能遭受法律制裁、监管处罚、重大财务损失和声誉损失的风险"。

从上述定义中可以看出，国际和国内对于合规风险的界定比较一致，主要包括两方面的要件：

一是导致合规风险的原因是对适用的合规义务来源的违反。合规义务来源主要包括前面所讲的法律、规则、准则等，以及汽车金融公司的内部制度、规范。

二是风险表现是遭受法律制裁、监管处罚、重大财务损失和声誉损失。一般来讲法律制裁主要是指刑事和行政处罚，如对公司单位犯罪的事实对公司本身和管理层或直接责任人予以刑事处罚，或在行政上对公司处以"死刑"，即吊销营业执照。监管处罚在本质上属于行政处罚，形式更多样化，比如警告、罚款、撤销行政许可、市场禁入等。

（二）与操作风险的关系

巴塞尔委员会在《巴塞尔新资本协议》中对操作风险的定义是：操作风险是指由于不完善或有问题的内部操作过程、人员、系统或外部事件而导致的直接或间接损失的风险。一般认为，操作风险包括了法律风险，但不包括策略性风险和声誉风险。这里，我们采用狭义的操作风险（即不包括法律风险），分析其与合规风险的关系，本书认为二者既有联系，又有区别。

1. 联系

第一，合规风险可能成为操作风险的诱因。合规风险往往是操作风险存在和发生的重要原因。比如未按照合规要求制定内部制度或设计开发系统，导致必要的风险控制环节缺失，引发操作风险；又如公司未建立有效的合规宣导机制，合规文化缺失、合规意识薄弱，导致员工不知合规要求或明知不合规却由于外部刺激、利益驱使、侥幸心理等因素，违规操作而引发了操作风险；再如公司未按照合规要求进行营业场所的安全保卫管理，或未对关键风险岗位采取定期轮岗、强制休假等风险管控措施，导致风险防范城墙出现了"缺口"，被外部不法分子利用并实施侵害等。

第二，操作风险也可能引发合规风险。操作风险引发合规风险一般表现为没有履行操作风险事件发生后报告义务而引发的"次生合规风险"和因操作风险事件引发的监管检查导致的"溯源合规风险"。次生合规风险，例如根据《银行保险机构涉刑案件管理办法（试行）》（以下简称《办法》）的规定，案发机构在知悉或应当知悉案件发生后，应于三个工作日内将案件确认报告分别报送法人总部和属地派出机构；机构应对案件责任人员作出责任认定，根据责任认定情况进行内部问责；机构应针对案件制定整改方案，建立整改台账，明确整改措施，确定整改期限，落实整改责任。如果发生操作风险事件后没有按照《办法》履行上述义务，将会被处以行政处罚，引发次生合规风险。溯源合规风险，例如，2019年媒体广为报道的"奔驰违规收取金融服务费"事件，就是因为经销商销售的车辆存在质量问题而未妥善解决，引发客户的激烈投诉和舆论跟进，在这个过程中发现经销商向客户收取了1.5万元的金融服务费但未提供实质性服务。媒体曝光后，北京银保监局对梅赛德斯－奔驰汽车金融有限公司开展了调查，最终奔驰汽车金融有限公司因"对外包活动管理存在严重不足"被处以罚款80万元的行政处罚。

2. 区别

第一，二者的风险表现不同。巴塞尔委员会将操作风险、信用风险与市场风险并列为三大风险种类，是基于操作风险可能对银行的资本造成重大损失的风险表现，影响的是金融机构的资本充足率。而合规风险的表现主要为金融机构违反法律、规则和准则而可能遭受的法律制裁、监管处罚、重大财务损失和声誉损失的风险。除了重大财务损失可能影响资本充足率外，法律制裁、监管处罚和声誉损失更多的是对金融机构稳健、可持续经营能力的影响，以及业务机会的损失。

第二，二者的管理要求不同。操作风险强调使用操作风险与控制评估（RACA）、关键风险指标（KRI）和损失数据收集（LDC）三大工具，实现对操作风险进行准确的识别计量，并充分计提操作风险损失准备，以避免操作风险事件对金融机构资本充足率造成严重影响。对于合规风险，需要综合使用合规机制建设、合规培训和宣传、合规审核和咨询、合规检查和整改等措施，搭建公司整体合规管理体系，形成合规文化，识别落实合规要点，以及发现违规风险并有效整改，规避或减少公司面临的合规风险。

第三，二者的评价方法不同。操作风险一般按照操作流程中所出现的不同行为作为评价标准，分为内部欺诈、外部欺诈、雇佣合同及工作状况的风险事件、客户产品及商业行为引起的事件、有形资产损失、经营中断或系统出错、涉及执行、交割及交易过程的错误等八大类。合规风险一般根据经营管理的行为及后果，做出合规或不合规的判断。

（三）与法律风险的关系

按照 2004 年《巴塞尔新资本协议》（巴塞尔协议 II）的规定，法律风险是一种特殊类型的操作风险，它包括但不限于因监管措施和解决民商事争议而支付的罚款、罚金或者惩罚性赔偿所导致的风险敞口。很显然，这个定义侧重于金融机构在经营过程中出现操作性过失而导致的诉讼风险和监管风险，而没有考虑因法律因素导致合同或履约行为无效带来的交易成本增加、商誉受损等损失，也忽略了在市场风险、信用风险、声誉风险甚至战略风险中也蕴含着的法律风险因素。

目前国内对法律风险的定义可以分为狭义和广义两类。狭义的法律风险是指金融机构的日常经营活动无法满足合约的要求，或因违反法律导致合约无效，引发法律纠纷，而可能承担法律责任、导致经济损失的风险。广义的法律风险，在狭义的法律风险的基础上，增加了外部法律环境发生变化这一风险诱发因素，并且除了经济损失以外，还包括了声誉损失、交易机会丧失、交易成本和其他风险增加等负面法律后果。本书采用广义说，即法律风险是指金融机构的日常经营活动无法满足合约的要求或外部法律环境的变化，或因违反法律导致合约无效，引发法律纠纷，而导致的经济损失、声誉损失、交易机会的丧失、交易成本或其他风险的增加等负面法律后果。

1. 联系

合规风险和法律风险存在一定程度的重合。违反法律法规既可以导致合规风险，使金融机构受到法律制裁或监管处罚，也可以导致法律风险，使合约无效或违反合约义务。

2. 区别

第一，合规风险的范畴广于法律风险。如前所述，合规风险是对法律、规则、准则的违反，法律法规、规章、其他规范性文件、行业准则、行为守则和职业操守，甚至金融机构内部制度，都属于合规风险的范畴，是合规义务的来源。而法律风险，主要依据的是具有法律效力的法律、法规、部门规章。对于规范性文件在进行诉讼的时候，需要人民法院进行法律审查，以判断是否在个案中适用，违反效力层级较低的规范性文件或行业准则、内部制度等不具有法律约束力的文件，并不必然带来法律风险。

第二，这两类风险的外部裁决和执行部门不同。一般来讲，合规风险的裁决和执行部门，主要是金融监管部门，如银保监会、人民银行，以及其他具有行政处罚权力的行政部门，如市场监督管理部门、税务部门等。而法律风险的裁决部门，主要是法院和仲裁机构，执行部门一般仅指法院，因为只有法院具有法律赋予的强制执行权。

第三，二者的风险管理方法不同。合规风险侧重于对金融机构经营管理行为的全面审核，通过风险识别、报告、缓释、整改等手段，以及建设合规文化、执行合规机制、监督履职和问责等方式，减少金融机构的合规风险。而法律风险侧重于通过法律审查、拟定合约、诉讼仲裁等方式，一方面在事前规避法律风险，另一方面在事后尽可能减少法律风险带来的经济损失。

三、合规管理

（一）合规管理的内涵

前面我们对合规及合规风险进行了讨论，在此基础上，本书认为合规管理的内涵主要包括以下三个方面：

第一，形式上，合规管理需要通过各种管理手段使金融机构的全部经营管理活动符合法律、规则和准则的要求。这些管理手段包括审查检查、宣传培训、整改问责等。

第二，实质上，合规管理的成果是规避、减少或缓释金融机构在经营过程中面临的各类合规风险。例如，通过合规检查发现业务流程中的违规操作，通过识别违规风险点、报告合规风险、制定整改计划、监督整改落实、内部问责等一系列动作来缓释该业务的合规风险。

第三，根本上，合规管理的目的是形成统一认识、上下一致的合规文化，进而提高金融机构的抗风险能力，获得监管、客户、合作伙伴及股东的信任，维护股东利益和金融机构的良好声誉，保障金融机构的诚信、稳健、规范发展，形成核心竞争力。

（二）合规管理的原则

1. 独立性原则。金融机构应当确保合规管理部门和合规管理岗位人员依据法律、规则和准则独立开展合规管理工作，识别、评估和报告合规风险，提出合规建议，不因业务利益改变合规标准，不因市场压力放弃合规底线。

2. 统一性原则。金融机构应当遵循统一的合规管理策略和机制，将各部门纳入统一的合规管理体系，一方面要明确各部门、各岗位的合规管理职责，另一方面要求各部门、各岗位相互合作，发挥协同效应，相互分享合规风险信息，避免因信息不对称导致合规风险的传导。

3. 适用性原则。金融机构应从业务规模、发展状况等实际出发，兼顾成本与效率，以风险为本，强化合规管理制度以及流程设计的可操作性，提高合规管理的实用有效性。同时，金融机构应随着业务种类、经营区域和外部法律、监管环境的变化，持续调整和改进合规管理体系。

（三）合规管理的定位

根据传统的风险管理理论，一般将金融机构的各类风险管理分成"三道防线"。合规管理属于第二道防线，业务部门和内部审计部门分别属于第一和第三道防线。在实际操作中，合规管理贯穿于金融机构前、中、后台的全部经营活动，并且与内控控制、全面风险管理等其他二道防线管理职能相互联系，共同发挥着为金融机构"保驾护航"的作用。本部分主要讨论合规管理与内部控制、全面风险管理和内部审计之间的关系。

1. 合规管理与内部控制的关系

首先，合规管理的目标与内部控制的目标有一定的重合交叉。根据1998年巴塞尔委员会制定的《内部控制体系评估框架》，商业银行内部控制系统的三大目标分别为内部控制的效率和效果，财务和管理信息的可靠、完整和及时性，符合法律和监管规则的要求。而如前所述，合规管理的目标之一是使金融机构的全部经营管理活动符合法律、规则和准则的要求。可见，在符合法律和监管规则的管理目标方面，二者是一致的。

其次，内部控制是合规管理的重要管理抓手。内部控制常用的流程化、标准化管理措施使合规要求在复杂的业务操作链条中得以有效落实；内部控制对于岗位职责的细化管理，可以使合规职责的边界更加明确，合规管理机制运行更加顺畅；内部控制对操作风险的识别、量化、评估、监测、报告等管理措施，则是合规管理识别和获取合规风险点的重要信息来源。

最后，在职能上二者各有侧重。合规管理的职能侧重于对金融机构运营管理行为的合规审核、制定合规指引、开展合规培训、管理合规风险。内部控制的职能侧重于建立和实施内部控制框架和机制、对关键节点实施管控措施、监督内部管理制度的实施落实、计量并管理操作风险。

2. 合规管理与全面风险管理的关系

首先，合规管理是全面风险管理的一个分支。根据《银行业金融机构全面风险管理指引》第三条规定，全面风险管理的范围包括"信用风险、市场风险、流动性风险、操作风险、国别风险、银行账户利率风险、声誉风险、战略风险、信息科技风险以及其他风险"。这里虽然没有明确列示合规风险，但是《商业银行合规风险管理指引》第四条明确指出，合规管理是商业银行一项核心的风险管理活动。商业银行应综合考虑合规风险与信用风险、市场风险、操作风险和其他风险的关联性，确保各项风险管理政策和程序的一致性。因此，本书认为合规风险属于全面风险管理的范围，是与信用风险、市场风险等并列的"其他风险"。

其次，职能范畴不同。如果不考虑各分支风险的具体管理职能，仅就全面风险管理的职能本身而言，其侧重于搭建风险治理架构，制定风险管理策略、风险偏好和风险限额，明确风险管理政策和程序，建设管理信息系统和数据质量控制机制，实施内部控制和审计。可见全面风险管理职能更多的是从金融机构的宏观管理层面着手，还会涉及金融机构经营目标和风险偏好的设立。而合规管理作为全面风险管理的一个具体分支，侧重于具体经营行为的合规性。

最后，合规风险管理的水平，直接影响金融机构全面风险管理的效果。合规风险存在一定的传染性和延展性，如违反贷款管理规定，违规向不具有贷款资质的客户发放贷款，则在形成合规风险的同时，也埋下了信用风险的种子；又如因违规被监管处罚公示后，引发客户、投资人和舆论的负面评价，又会带来声誉风险，因此造成的金融机构在市场上的风险评级下调或议价能力下降，还会引发市场风险。

3. 合规管理与内部审计的关系

首先，合规是内部审计的主要内容。根据银保监会《商业银行内部审计指引》的规定，内部审计事项包括对经营管理的合规性和有效性。因此无论是综合性的经营管理审计、经济责任审计，还是针对某一特定业务或事项的专项审计，合规永远是审计的重要内容之一，审计人员需要确定被审计对象是否遵循法律、规则和准则。[①]

其次，内部审计是审查评价并督促完善合规管理的重要手段。一般来讲，内部审计报告中会明确对某一审计对象的合规性判断，发现违规问题或内部合规管理机制的缺陷，进而提出整改建议，并在后续跟进整改的进展。同时，内部审计的独立性要求，很大程度上保证了其对合规管理现状的真实、客观评价，对问题的根源和实质的分析往往比合规自查、内控检查来得透彻。另外从汇报机制角度，内部审计的结论直接向董事会汇报，相关问题更能引起公司决策机构的重视，投入更多资源来整改违规问题和完善合规管理。

第二节　合规管理组织架构

一、基本理念

无论是国际还是国内的金融监管，经过多年的实践和摸索，已经基本

---

① 惠平，周玮，童频编著. 商业银行合规管理［M］. 北京：中国金融出版社，2018.

确立一套被广泛认可并且普遍适用于各国金融监管实践的理念，作为出台各项合规管理监管要求的基础，那就是"合规从高层做起""合规人人有责"以及"合规创造价值"。《商业银行合规风险管理指引》第六条明确规定了这三个理念，即合规是商业银行所有员工的共同责任，并应从商业银行高层做起。董事会和高级管理层应确定合规的基调，确立全员主动合规、合规创造价值等合规理念，在全行推行诚信与正直的职业操守和价值观念，提高全体员工的合规意识，促进商业银行自身合规与外部监管的有效互动。

汽车金融公司在搭建自身合规管理架构时，需要遵循这些基本理念，以确保合规管理架构从根本上符合监管要求。

（一）合规从高层做起

1996 年美国学者 Steven 在《银行系统与技术》一书中，首次提出了"合规由最高层做起"的概念，革新了以往商业银行只强调中层和基层员工合规经营的理念，"合规必须从高层做起"这一基本理念逐步被商业银行接受和推广。2005 年巴塞尔委员会在《合规与银行内部合规部门》中也明确指出"合规应从高管做起"这一基本理念。[①] 在国内方面，2016 年 7 月，银监会召集 27 家银行业金融机构主要负责人就推进银行业合规管理长效机制建设进行座谈会。时任银监会主席尚福林出席会议并发表讲话，要求各级银行业监管机构和银行业金融机构要切实承担起依法监管、依法经营的重要职责，增强政治意识、大局意识、责任意识、法律意识和规矩意识，使每个银行业从业者都敬畏法律、严守规矩，不折不扣地把合规要求落实到位。尚福林表示，银行业金融机构推进合规管理长效机制建设，首先要树立"合规从高层做起"的理念，董事长、行长、监事长以及其他高管人员要成为合规文化建设的倡导者、策划者和践行者。

---

① 王继光. 合规从高层做起［J］. 今日财富：金融发展与监管，2011（6）：23 - 24.

　　具体到汽车金融公司层面，"合规从高层做起"要求在汽车金融公司的合规管理架构中，明确包括董事会、监事会、高级管理层在内的公司高层的合规职责，奠定良好的合规管理的"高层基调"，以确保合规管理工作得到充分的重视，公司投入足够的资源，合规要求能够约束高层的行为。具体包括以下三个方面。

　　一是合规文化要从高层开始塑造和培育。在经营管理中，企业文化体现为一种思维方式和看待问题的价值观，而企业的高层人员便是企业思维方式的源头和价值观传输的纽带，因此可以说合规文化的源头是高层的合规意识。要培育合规文化，企业高层必须先树立合规的经营意识，时刻将是否合规作为判断开展业务与否的重要判断标准，不激进不冒进；其次是设立良好的合规文化基调，大力倡导和支持合规管理工作，这对推动汽车金融公司建立合规文化至关重要。最后，在合规文化的传播中和日常经营中，高层要身体力行，严格遵从合规管理要求，这样才能维护合规文化的权威性。

　　二是合规管理机制需要高层来设计和完善。汽车金融公司高层要充分理解并思考，其自身作为合规风险的最终承担者，应当在公司中建立什么样的合规管理体系、采取什么样的合规管理机制、匹配多少合规管理资源，才能够保障公司日常经营管理的合规性。并且，这项工作并不是"一劳永逸"的，公司高层还应当在合规部门等专业岗位的协助下，定期对相关合规管理机制的有效性、与业务发展阶段的匹配性、合规资源的充足性进行评估，及时修正缺陷、补足资源。

　　三是合规管理活动需要高层的大力推动。正如孟子所云："徒法不足以自行，徒善不足以为政"，好的合规机制和合规文化，需要汽车金融公司高层在日常经营管理中不断推动、逐级传导，通过合规报告与决策、绩效考核与激励、违规追责等方式，将公司的决策系统、执行系统、监督系统有机地结合起来，保证合规管理要求在公司各个层面得到彻底贯彻，避免公司制度与实际执行"两张皮"。

（二）合规人人有责

在公司的组织架构和管理体系中，传统的管理理论往往追求分工明确、权责明晰的管理方式。但对于合规管理而言，不能简单地认为合规就是合规部门的事情，与其他部门无关。汽车金融公司要建立"合规人人有责"的理念，引导每一位员工成为合规文化建设的建言者、参与者和执行者，确保员工行为"时时合规"、业务发展"环环合规"。具体包括以下两个方面：

一方面要压实业务部门作为合规风险"第一道防线"的职责，要求业务部门在开展相关金融业务时，主动开展合规风险的识别、报告、防范和控制，同时要配合合规管理部门，开展合规风险的排查整改。不仅如此，人事、财务、信息科技等部门，都应当主动履行合规职责，控制本部门的合规风险。

另一方面要压实公司全体员工的合规职责。无论哪个岗位都应当承担合规职责、履行合规义务、背负合规考核指标，真正做到"一岗双责"，员工自觉贯彻。

（三）合规创造价值

一方面，合规是汽车金融公司价值创造的基础。合规管理职能，由于需要大量的人力资源、计算机信息系统资源及资金资源投入，又无法直接带来业务量和利润率的增长，因此在汽车金融公司财务管理中往往被当成"成本中心"对待。但合规创造价值的理念恰恰相反，它要求公司管理者从更高的维度和更长远的角度来看待合规管理：汽车金融公司的主营业务是信贷，其主要价值体现在促进汽车消费、融通社会资金、管理金融风险等方面，是汽车生产厂商优化市场竞争、金融市场合理配置资源的重要抓手。这些职能和角色，都要求汽车金融公司必须坚持合规经营和诚信经营，规规矩矩做业务，老老实实赚利润，稳稳当当控风险。只有这样，才能确保自身安全稳健持久的运营，才能维护借款人的权益，才能为社会经济发展提供有益助力，而不是成为可能引爆风险的金融地雷。因此，公司的合规管理职能及部门，不是仅仅停止于表面工作的"成本和负担"，而是维持公司长治久安、避免法律制裁和监管处罚的一项核心职能。

另一方面，合规是汽车金融公司价值创造的持续竞争力。汽车金融公司作为金融机构，与商业银行一样，具有独特的声誉依赖性。可以毫不夸张地说，声誉是一家汽车金融公司成败的生命线。合规管理的本质在与强调企业伦理和企业的社会责任，坚持合规经营的宗旨、践行合规管理的行动，有助于汽车金融公司梳理可信赖、负责任的企业形象，从而提升银行客户、投资人、合作伙伴中的信誉和社会地位，提升品牌价值。一家被丑闻、监管处罚、客户投诉曝光缠身的汽车金融公司，绝对不会是一名理性客户的选择。相反"破窗原理"在这方面会体现得淋漓尽致。越是不合规、风控措施不严的公司，就会被越来越多的黑产、欺诈团伙盯上，最终导致资产质量的风险高企，难以获得合理的收益。

二、合规管理组织架构

根据上述三个基本理念，一般金融机构将合规管理的组织架构分为董事/监事、高级管理层和职能部门三个层次。在职能部门这个层次，以合规管理部门为中心，来安排相应的合规管理职能。

（一）传统金融机构合规管理组织架构

中国工商银行在合规管理和全面风险管理方面，起步较早，投入资源较多，整体的管理水平也较高。根据其年报披露，工商银行全面风险管理组织架构如图1所示。

从图1中可以看出，工商银行的合规管理体系主要有以下要点：

1. 董事会作为最高层管理者，对全面风险管理（包括合规风险，下

董事会 — 监事会

董事会监事会层面

董事会风险管理委员会　董事会美国区域机构风险委员会　董事会审计委员会

行长

资产负债管理委员会
风险管理委员会　信用风险管理委员会
市场风险管理委员会
操作风险管理委员会

副行长　首席风险官

风险	部门
全面风险、市场风险、国别风险	风险管理部
信用风险	信贷与投资管理部
流动性风险、银行账簿利率风险	资产负债管理部
操作风险、合规风险	内控合规部
声誉风险	办公室
战略风险	全面深化改革领导小组办公室
战略科技风险	金融科技部
法律风险	法律事务部

内部审计局

业务部门

公司金融业务部　个人金融业务部　机构金融业务部　银行卡业务部　金融市场部

总行层面

控股机构董事会
控股机构监事会

分行管理层

分行、控股机构业务部门　分行、控股机构风险管理部门、内控合规部门　内部审计分局

分行、控股机构层面

第一道防线　　第二道防线　　第三道防线

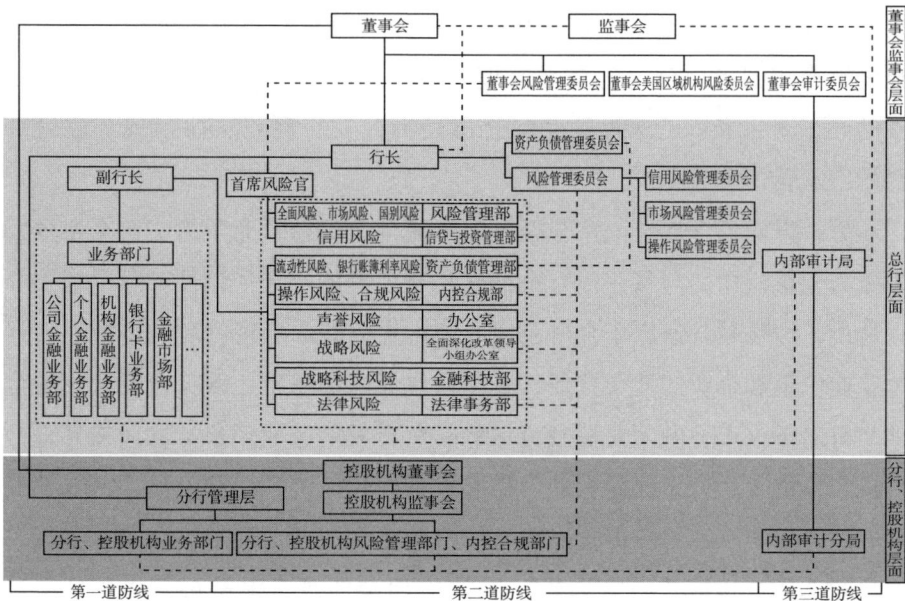

图1　工商银行全面风险管理组织架构

同）承担最终责任，监事会对董事会的履职情况行使监督权。董事会下设风险管理委员会作为专门的风险管理议事机构。

2. 高级管理层层面，一是行长负责承担全面风险管理的直接管理责任，各副行长根据各自分管业务的不同，承担不同的风险管理责任；二是其中一名副行长分管内控合规部，其余副行长即使分管业务部门，所有副行长均承担风险管理职责；三是高级管理层设一名首席风险官，负责全面风险、信用风险、市场风险和国别风险的管理；四是高级管理层下设风险管理委员会，作为落实执行董事会风险管理委员会决议的机构，并负责横向协调各职能部门。

3. 在总行设内控合规部，统筹全集团负责操作风险和合规风险管理。分行内控合规部和控股机构风险管理部，作为合规风险管理部门，向本行/本机构管理层以及总行内控合规部双线汇报。

4. 所有职能部门和机构均承担风险管理职能，划分为三道防线。其中总分行业务部门作为第一道防线；风险管理部、内控合规部、法律事务部、办公室、信贷与投资管理部、资产负债管理部、全面深化改革领导小组办公室、金融科技部，作为第二道防线，各自负责具体的风险管理；内部审计局是第三道防线。

（二）汽车金融公司合规管理组织架构

相较于银行业金融机构，汽车金融公司具有体量小、组织架构简单、管理层级少以及没有分支机构的特点，因此汽车金融公司的合规管理组织架构普遍比较扁平化，且多与其他职能相结合。以北京某汽车金融有限公司为例，其全面风险管理体系如图 2 所示。

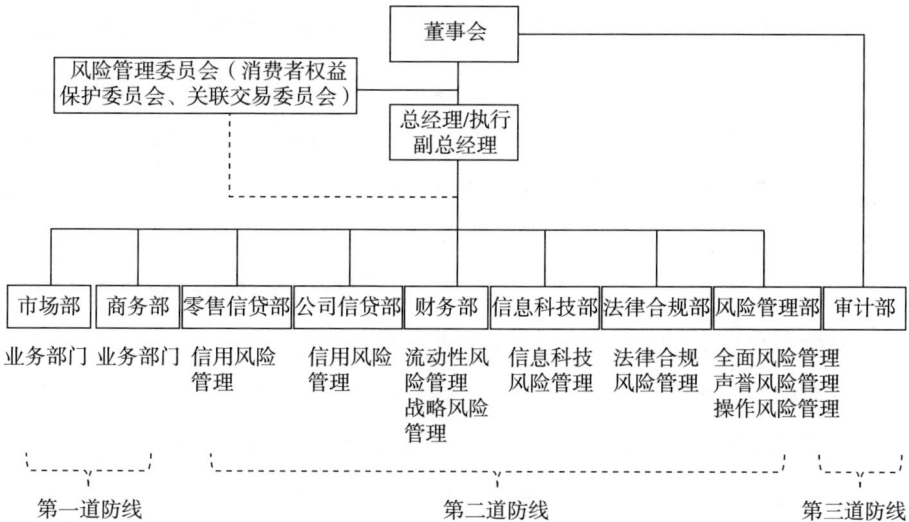

图 2　某汽车金融公司全面风险管理体系

该合规管理组织架构的特点主要为：

1. 在董事会层面，基本与工商银行一致，都由董事会承担合规管理的最终责任。董事会下设风险管理委员会，管理包括合规风险在内的全面风险进行管理。风险管理委员会同时履行消费者权益保护委员会和关联交易委员会的职责。

2. 在高管层面，部分中外合资的汽车金融公司仅设置中方和外方两个高级管理层，享有同样的权利，公司所有事务均需两名高级管理层双签，因此这两名高级管理层对合规工作全面负责。也有部分合资公司会单独设置两名分管风险的高管，由中方和外方分别担任，同时履职。

3. 在职能部门层面，清晰地区分了三道防线，在第二道防线，基本都有对应的部门负责相关风险管理。难能可贵的是，设置了风险管理部负责全面风险管理。同时设置法律合规部，牵头管理合规风险和法律风险。

（三）合规管理部门的独立性

由于合规管理部门有对其他业务部门管理合规性的监督和评价职能，因此独立性便成为合规管理部门充分履职的一个基本条件。巴塞尔委员会在《合规与银行内部合规部门》中，要求合规管理部门具有独立性，并从四个方面进行阐释：第一，合规部门应在银行内部享有正式地位。第二，应由一名集团合规官或合规负责人全面负责协调银行的合规风险管理。第三，在合规部门职员特别是合规负责人的职位安排上，应避免他们的合规职责与其所承担的其他职责产生利益冲突。第四，合规部门职员为履行职责，应能够获取必需的信息并能接触到相关人员。

相对应地，银监会《商业银行合规管理指引》也明确要求：

1. 商业银行内部设立专门负责合规管理职能的部门、团队或岗位。

2. 合规负责人应全面协调商业银行合规风险的识别和管理，监督合规管理部门根据合规风险管理计划履行职责，定期向高级管理层提交合规风险评估报告。

3. 合规负责人不得分管业务这条线。合规政策应当明确保证合规负责人和合规管理部门独立性的各项措施，包括确保合规负责人和合规管理人员的合规管理职责与其承担的任何其他职责之间不产生利益冲突。

4. 商业银行应为合规管理部门配备有效履行合规管理职能的资源。合规管理人员应具备与履行职责相匹配的资质、经验、专业技能和个人素质。商业银行应定期为合规管理人员提供系统的专业技能培训，尤其是在正确把握法律、规则和准则的最新发展及其对商业银行经营的影响方面的技能培训。

但是确保合规管理部门的独立性，是否意味着要单独设一个合规部，在满足上述独立性要求的前提下，相关法律法规并没有明确的要求。国外商业银行多数采用独立设置合规部门的模式，比如美国60%以上的商业银行，包括富国银行、花旗银行、摩根大通等知名金融机构，都有单独的合规部。而国内金融机构普遍采用合规、内控、法律、风险"二合一"或"三合一"的模式，比如工商银行设立内控合规部，中国银行经过几轮分拆合并后，最终形成内控法律合规部等。

本书认为，汽车金融公司的体量、治理层级和管理半径，普遍难以支撑单独设置合规部门的模式，多职能的整合可以节省成本，避免机构臃肿和人才浪费，以下三种模式可供考虑：

一是设置法律合规部，统筹管理合规风险和法律风险。这样设置主要考虑的是，在具体业务中，合规管理职能与法律管理职能往往存在交叉重叠。尤其是在对新业务进行风险评估时，合规评估的前提是捋清业务的法律关系，明确新业务的根本法律属性。而在进行法律审查或合同拟定时，完全不考虑合规要求也是不合适的，比如合同条款中的消保要求，或者对担保人资质的要求。

二是设置公共关系与合规管理部。一般来讲，外资或合资的汽车金融公司比较重视公共关系和政府关系的管理，会配置相应的资源，将这两个职能放在一个部门，主要考虑合规管理的一项重要工作是监管沟通，接受相关监管要求以及报送相关监管报告，与公共关系管理职能存在交叉，并且这种模式也便于公司以一个部门对外，便于统筹管理各政府职能部门之间的反馈口径，避免差错和重复工作。

三是设置风险合规部，统筹风险管理和合规管理职能。这种设置的主要考虑是全面风险管理中包括合规风险的管理，法律法规监管要求往往既属于合规要求，又与全面风险管理有关，从资源整合和工作流程角度，将合规管理纳入全面风险管理的范畴。

三、公司高层的合规职责

如前所述，公司高层一般包括董事会和高级管理层，巴塞尔委员会在《合规与银行内部合规部门》中提出了董事会、高级管理层合规职责的几项基本原则，包括：

原则1：银行董事会负责监督银行的合规风险管理。董事会应该审批银行的合规政策，包括一份组建常设的、有效的合规部门的正式文件。董事会或董事会下设的委员会应该对银行有效管理合规风险的情况每年至少进行一次评估。

银行董事会应在全行推行诚信与正直的价值观念，只有这样，银行的合规政策才能得以有效实施。遵循适用法律、规则和准则应视为实现上述目标的一条基本途径。与其他类别的风险一样，董事会有责任确保银行制定适当政策以有效管理银行的合规风险。董事会还应监督合规政策的实施，包括确保合规问题都由高级管理层在合规部门的协助下得到迅速有效的解决。当然，董事会也可能将这些任务委托给适当的董事会下设的委员会（如审计委员会）。

原则2：银行高级管理层负责银行合规风险的有效管理。

原则3：银行高级管理层负责制定和传达合规政策，确保该合规政策得以遵守，并向董事会报告银行合规风险管理。

银行高级管理层负责制定一份书面的合规政策。该合规政策应包含管理层和员工应遵守的基本原则，并要说明全行上下用于识别和管理合规风险的主要程序。区分全体员工都要遵守的一般性准则与只适用于特定员工群体的规则，将有助于增加政策的清晰度和透明度。

高级管理层有职责确保合规政策得以遵守，包括发现违规问题时采取适当的补救方法或惩戒措施。

在合规部门的协助下，高级管理层应该：

1. 每年至少一次识别和评估银行所面临的主要合规风险问题以及管理这些合规风险问题的计划。这些计划涉及对现行合规风险管理中政策上的、程序上的、实施或执行中的任何缺陷进行处理，并针对年度合规风险评估中发现的新的合规风险，对政策或程序进行补充。

2. 每年至少一次就银行的合规风险管理向董事会或董事会下设的委员会报告，此报告应能够有助于董事会成员就银行是否有效管理合规风险问题作出有充分依据的判断。

3. 及时向董事会或董事会下设的委员会报告重大违规情况（例如，可能会导致法律制裁或监管处罚、重大财务损失或声誉损失等重大风险的违规情况）。

2006 年 10 月，基于上述巴塞尔委员会原则，在广泛吸收和借鉴国内外银行业金融机构合规风险管理的良好做法，以及国外银行业监管机构相关规定的基础上，中国银监会制定并颁布了《商业银行合规风险管理指引》。该指引对商业银行的董事会、监事会和高级管理层应当承担的合规责任和应当履行的合规职责进行了规定，并且明确汽车金融公司参照执行。因此具体到汽车金融公司，董事会、监事会和高级管理层的合规职责，至少应当包括如下几项：

董事会：

1. 审议批准汽车金融公司的合规政策，并监督合规政策的实施。

2. 审议批准高级管理层提交的合规风险管理报告，并对汽车金融公司管理合规风险的有效性作出评价，以使合规缺陷得到及时有效的解决。

3. 授权董事会下设的风险管理委员会、审计委员会或专门设立的合规管理委员会对汽车金融公司合规风险管理进行日常监督。

4. 汽车金融公司章程规定的其他合规管理职责。

监事会：

监督董事会和高级管理层合规管理职责的履行情况。

高级管理层：

1. 制定书面的合规政策，并根据合规风险管理状况以及法律、规则和准则的变化情况适时修订合规政策，报经董事会审议批准后传达给全体员工。

2. 贯彻执行合规政策，确保发现违规事件时及时采取适当的纠正措施，并追究违规责任人的相应责任。

3. 任命合规负责人，并确保合规负责人的独立性。

4. 明确合规管理部门及其组织结构，为其履行职责配备充分和适当的合规管理人员，并确保合规管理部门的独立性。

5. 识别汽车金融公司所面临的主要合规风险，审核批准合规风险管理计划，确保合规管理部门与风险管理部门、内部审计部门以及其他相关部门之间的工作协调。

6. 每年向董事会提交合规风险管理报告，报告应提供充分依据并有助于董事会成员判断高级管理层管理合规风险的有效性。

7. 及时向董事会或其下设委员会、监事会报告任何重大违规事件。

8. 合规政策规定的其他职责。

四、合规管理部门的合规职责

合规管理部门是汽车金融公司合规管理体系中的重要组成部分，负责整个公司合规风险的牵头管理，同时负责协助公司高级管理层履行其合规管理职责。根据《商业银行合规风险管理指引》的规定，汽车金融公司合规管理部门的合规职责，至少应包括：

1. 持续关注法律、规则和准则的最新发展，正确理解法律、规则和准则的规定及其精神，准确把握法律、规则和准则对汽车金融公司经营的影响，及时为高级管理层提供合规建议。

2. 制定并执行风险为本的合规管理计划，包括特定政策和程序的实施与评价、合规风险评估、合规性测试、合规培训与教育等。

3. 审核评价汽车金融公司各项政策、程序和操作指南的合规性，组织、协调和督促各业务条线和内部控制部门对各项政策、程序和操作指南进行梳理和修订，确保各项政策、程序和操作指南符合法律、规则和准则的要求。

4. 协助相关培训和教育部门对员工进行合规培训，包括新员工的合规培训，以及所有员工的定期合规培训，并成为员工咨询有关合规问题的内部联络部门。

5. 组织制定合规管理程序以及合规手册、员工行为准则等合规指南，并评估合规管理程序和合规指南的适当性，为员工恰当执行法律、规则和准则提供指导。

6. 积极主动地识别和评估与商业银行经营活动相关的合规风险，包括为新产品和新业务的开发提供必要的合规性审核和测试，识别和评估新业务方式的拓展、新客户关系的建立以及客户关系的性质发生重大变化等所产生的合规风险。

7. 收集、筛选可能预示潜在合规问题的数据，如消费者投诉的增长数、异常交易等，建立合规风险监测指标，按照风险矩阵衡量合规风险发生的可能性和影响，确定合规风险的优先考虑序列。

8. 实施充分且有代表性的合规风险评估和测试，包括通过现场审核对各项政策和程序的合规性进行测试，询问政策和程序存在的缺陷，并进行相应的调查。合规性测试结果应按照汽车金融公司的内部风险管理程序，通过合规风险报告路线向上报告，以确保各项政策和程序符合法律、规则和准则的要求。

9. 保持与监管机构日常的工作联系，跟踪和评估监管意见和监管要求的落实情况。

五、其他部门和全体员工的合规职责

如前所述，合规管理不仅仅是董事会、监事会、高级管理层和合规管理部门的职责，其他各部门和全体员工，均应履行各自的合规管理职责、承担相应的合规责任。

（一）对于业务部门，应当承担以下合规管理职责

1. 执行法律、法规、准则和公司内部规章制度，对本部门业务及员工行为的合规性进行监督管理。

2. 组织开展合规风险监测与评估工作，主动发现潜在合规风险、管理漏洞或薄弱环节，报告本部门合规风险，实施有效的合规风险控制或缓释措施，持续评估剩余合规风险的可接受性。

3. 在开发新产品、新业务或制定本部门业务流程和相关业务政策时，充分考虑合规要求，并依据评审意见作出业务决策。

4. 配合合规管理职能部门开展合规管理工作，落实合规整改要求，积极妥善处理违规事件，落实责任追究，完善内部制度和业务流程。

5. 在部门内部开展合规培训（包括转培训），确保本部门各岗位人员了解和掌握本岗位的合规要求，提升合规意识，提高合规履职的能力。

（二）对于中后台职能部门，应当根据职责分工承担相应的合规职责

汽车金融公司 IT 部门需要承担公司合规管理相关信息系统的开发、维护职责。

风险管理部门需要将合规风险管理纳入全面风险管理体系。内部审计部门需要按照监管规定对公司的合规管理情况和专项合规事项进行定期审计。

（三）对于全体员工，应当承担如下合规职责

1. 主动了解、掌握和遵守相关法律、法规和准则。

2. 积极参加公司安排的合规培训和合规宣导活动。

3. 根据公司要求，签署并信守相关合规承诺。

4. 在执业过程中充分关注执业行为的合法合规性。

5. 在业务开展过程中主动识别和防范业务合规风险。

6. 发现违法违规行为或者合规风险隐患时，应当主动按照公司规定及时报告。

7. 出现合规风险事项时，积极配合公司调查，并接受公司问责，落实整改要求。

第三节 合规管理制度体系

一、制度体系

汽车金融公司构建一个覆盖全面、便于执行的内部合规管理制度体系，是实现有效的合规管理的基础。为便于管理和落实，合规管理制度需要根据效力层级的高低、规范事项的详略程度、审批主体的层级等因素，将制度进行分类分层，最终形成一个制度体系。每家汽车金融公司对制度的分类和叫法可能各不相同，但总体上可以按照以下体系进行划分。

（一）按照效力层级的不同，可以分为政策章程类、办法规定类和操作流程类

1. 政策章程类制度。这类制度一般对全公司的合规管理活动或管理机制作出框架性安排或原则性要求，其效力层级最高，一般需要公司的最高权力机构如董事会进行审议批准，作为公司的一项长期政策。例如《合规管理政策》《反洗钱反恐怖融资政策》《金融消费者权益保护政策》《风险管理委员会议事章程》等。

2. 办法规定类制度。这类制度是对某一项合规管理事项作出具体的管理要求，明确具体工作的职责分工，一般需要公司的管理层进行审批，各

部门落实执行。例如《征信合规管理办法》《投诉管理办法》《客户尽职调查及交易资料保存管理规定》《关联交易管理办法》等。

3. 操作流程类制度。这类制度是用于落实政策章程类和办法规定类制度所制定的具体详细的操作性文件或对某一项合规管理运作流程、管理流程作出的程序性文件。例如，《合规审查操作流程》《外包业务管理控制程序》《反洗钱可疑交易管理流程指引》等。

当然，采用什么层级的制度类型来开展具体的合规管理动作，可以视公司整体的管理情况和管理动作的重要、复杂程度来定。有些操作流程类制度的内容，可以通过办法规定类制度进行规范，有些办法规定类制度的要求，也可以通过制定操作流程类制度来进一步细化。不过政策章程类制度，需要根据法律法规监管规定的要求，进行详细梳理，确保全面覆盖。

（二）按照规范内容不同，可以分为合规管理基础类制度、专项类制度和行为守则类制度

1. 基础类制度主要是对合规风险管理中的评估、报告、缓释等基本管理环节的规定，以及对公司整体合规风险管理目标和方向的设定，主要包括《合规管理政策》《合规审核操作流程》《合规风险报告流程》《合规整改办法》等。

2. 专项类制度主要包括反洗钱、消费者权益保护、案件防控、关联交易等专项合规工作的管理制度，可以包含各个效力层级的制度，并且自成体系。以反洗钱为例，包括《反洗钱反恐怖融资政策》《反洗钱可疑交易管理规定》《洗钱风险等级评级办法》《洗钱风险自评估管理办法》等。

3. 行为守则类制度是对员工行为合规性的规范要求以及相应的违规问责追究制度，包括《员工行为守则》《员工违规行为处罚办法》《"十严禁"》等。

由此，虽然各家汽车金融公司的层级设定和制度名称不同，但合规管理制度体系总体上可以按照如图3所示来搭建。

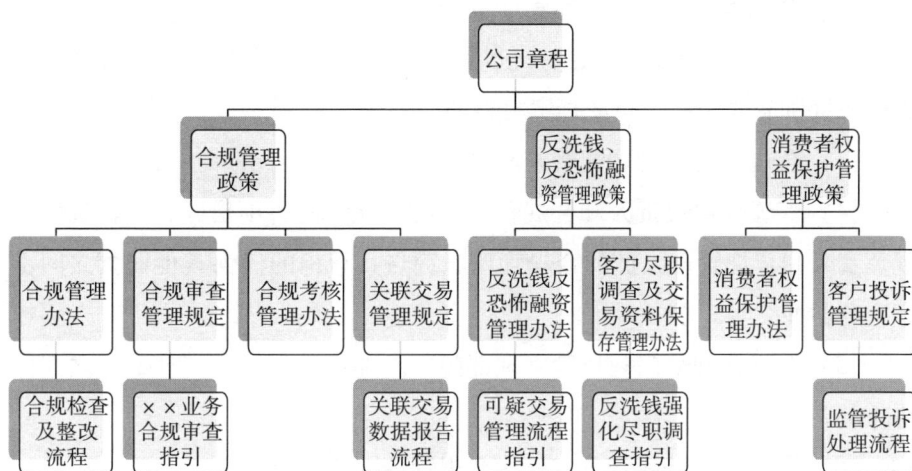

图 3　汽车金融公司合规管理制度体系示例

二、基础合规管理类制度示例

（一）《合规管理政策》

1. 制定背景

《合规管理政策》作为汽车金融公司合规管理的纲领性文件，旨在规定公司合规管理的理念、目标和原则，明确合规风险三道防线的框架和各层级、各部门的基本职责，以及合规管理的定位和措施。通过《合规管理政策》的落地实施，并辅以各项合规管理制度和流程的配套，自上而下地搭建公司合规管理体系，促进公司合规管理行为的规范性和有效性。

2. 主要内容

根据《商业银行合规风险管理指引》规定，合规政策合规风险管理体系的基本要素，应明确所有员工和业务条线需要遵守的基本原则，以及识别和管理合规风险的主要程序，并对合规管理职能的有关事项做出规定，至少应包括：

（1）合规管理部门的功能和职责。

（2）合规管理部门的权限，包括享有与银行任何员工进行沟通并获取履行职责所需的任何记录或档案材料的权利等。

（3）合规负责人的合规管理职责。

（4）保证合规负责人和合规管理部门独立性的各项措施，包括确保合规负责人和合规管理人员的合规管理职责与其承担的任何其他职责之间不产生利益冲突等。

（5）合规管理部门与风险管理部门、内部审计部门等其他部门之间的协作关系。

（6）设立业务条线和分支机构合规管理部门的原则。

参考上述规定要求，汽车金融公司的《合规管理政策》（以下简称《政策》）主要内容包括：

第一章　总则。主要明确公司《政策》制定的依据、合规管理目标、原则及公司的合规文化。以合规管理原则为例，可以从以下四个方面来进行明确：

（1）统一性原则。公司遵循统一的合规管理策略和机制，将各业务条线、部门纳入统一的合规管理体系。公司设置法规内控部作为专门的合规管理职能部门，组织协调合规管理工作并提供合规支持。

（2）独立性原则。公司确保合规管理部门和岗位独立性，合规管理部门应当独立于业务、财务、资金运用等可能与合规管理职责存在冲突的部门。

（3）专业性原则。公司配置与合规管理职能相适应的合规人员，合规人员应具有与其履行职责相适应的资质、经验和专业知识，并熟练掌握法律、规则和准则及公司内部管理制度。

（4）充分授权原则。公司保障合规人员独立履行合规管理职责，合规人员在履职过程中享有知情权、调查权、报告权和处理建议权，任何部门和个人不得拒绝或阻挠。

　　第二章　合规管理组织架构及职责。主要建立合规风险管理的"三道防线"体系，各业务条线、部门及其负责人是合规管理的第一道防线，对其职责范围内的合规风险负有直接和第一位的责任；合规管理部门是合规管理的第二道防线，向公司各业务条线、部门的业务活动提供合规支持，组织、协调、监督其开展合规管理各项工作；内部审计部门是合规管理的第三道防线，根据相关审计规范定期对合规管理情况进行独立审计。再根据三道防线体系，合理划分合规管理组织架构中董事会、监事会、高级管理层、合规管理部门、其他各部门的管理职责，以及明确合规管理部门与内部审计部门、风险管理部门的协作关系，并规定每个员工的合规职责。

　　第三章　合规管理程序。主要明确合规需求分析与识别、合规评审、合规检视与整改、合规预警与报告等合规管理措施的基本开展程序。

　　第四章　合规管理保障。主要明确公司为合规管理工作开展所提供的资源保障、制度保障和权利保障，如合规部门和合规负责人的独立性、合规岗位对相关资料的获取权利、合规人力和经费的保障等，并建立合规考核、问责和举报三项合规工作保障机制。

　　第五章　附则。主要明确《政策》的生效时间、制定部门、适用范围等。

　　（二）《合规审核操作流程》

　　1. 制定背景

　　开展合规审核是法规的要求，根据《商业银行合规风险管理指引》的规定，合规管理部门应当审核评价各项政策、程序和操作指南的合规性，积极主动地识别和评估与商业银行经营活动相关的合规性风险，包括为新产品和新业务的开发提供必要的合规性审核和测试。

　　合规审核也是识别、评估和管理合规风险的重要管理手段。合规管理部门通过合规审核，能够深入了解业务流程，对公司运营各环节的合规性进行评估，再通过提出合规意见、整改要求等方式，对识别出来的合规风险进行缓释。

2. 主要内容

第一章　总则。主要明确合规审核的目的和依据、合规审核的含义和审核范围等内容。其中要特别注意，合规审核的依据应当是监管规定和公司内部规章制度，以区别于法律风险管理中的法律审核。

第二章　职责分工。主要明确合规管理部门的审核职责，以及各部门的管理职责。合规管理部门的职责在于对审核事项是否符合法律法规、公司制度进行审查并提出修改意见，如果合规审查意见明显违反上述审核依据，则要承担相应的审核责任。其他各部门的职责在于自觉履行合规审查手续，在提交审查之前进行内部自我核查，确保提交审查的资料和信息的完整性、准确性，落实合规审查意见或进行业务决策，对开展相关业务的合规性承担首要责任。

第三章　合规审核范围。主要明确合规审核的对象，根据《商业银行合规风险管理指引》和相关监管规定的要求，合规审核的对象至少应当包括公司的内部管理制度（如各项政策、程序和操作指南）、新产品和新业务、宣传营销材料、对外提交的所有报告、证明、文件等材料。

第四章　合规审核要点。对于上述合规审核对象，分别给出适用的合规审核要点。如相关要点比较繁多或更新频繁，可以作为制度的附件或另行拟定专门的审核要点指引。

第五章　合规审核程序。主要明确送审、初审、复核、签批四个合规审核环节的流程要求，以及各部门、各岗位在流程中需要执行的管理要求。

第六章　合规审核意见。主要明确合规审核意见的构成要素、合规审核意见书的出具形式和发送范围等程序性事项，以及业务部门对于合规审核意见书的落实、决策、跟踪、反馈职责和机制，同时对合规审核意见书的归档管理和统计分析报告机制进行明确。

第七章　附则。主要明确生效时间、制定部门、适用范围等。

三、行为守则类制度示例

本书后续章节将对专项类合规管理制度要求进行专门阐述，本章不再赘述。行为守则类制度，主要介绍《员工行为守则》如下：

1. 制定背景

汽车金融公司的《员工行为守则》，是为了规范员工的执业行为，加强员工职业道德建设，明确违规边界，确保公司各项工作正常、合规开展，防范因员工的不当行为引发的信用风险、流动性风险、操作风险和声誉风险等各类风险。

根据《银行业金融机构从业人员行为管理指引》的规定，银行业金融机构应当建立覆盖全面、授权明晰、相互制衡的从业人员行为管理体系。所谓从业人员，是指与银行业金融机构签订劳动合同的在岗人员，董（理）事会成员、监事会成员和高级管理层，以及银行业金融机构聘用或与劳务派遣机构签订协议从事辅助性金融服务的其他人员。

2. 主要内容

《员工行为守则》一般以逐条列式的方式进行制定，使用较为通俗易懂的语言，以便于员工阅读和理解。大体上，可以将《员工行为守则》分为以下三大类：

一是职业道德类。此类守则侧重于正面规定，即要求员工应当做什么，一般包括：

（1）学法、懂法、守法。员工必须熟悉与其业务相关的各项法律法规，遵守所在国家的各项法律法规。

（2）合规履职。员工应当自觉遵守行业自律制度和本单位规章制度，合规操作；对已发生的违法违规行为或尚未发生但存在潜在风险隐患的行为，应当按照相关报告制度规定，及时报告。

（3）尊重客户，公平竞争。员工应当了解客户需求，依法保护客户权益和客户信息，提供优质服务。员工应当遵循公平竞争原则，保持与竞争对手、客户或供货商关系的透明性。向客户如实提示产品风险，尊重客户的选择权，诚待客户，语言文明，举止大方。

（4）维护公共利益，履行社会责任。员工应当保守国家秘密、商业机密、客户隐私，尊重和保护知识产权，自觉维护国家、社会公共利益和金融安全。积极参与公益活动，发扬勤俭节约的优良传统，珍惜资源，抵制铺张浪费。

二是禁止规定类。此类规定主要从反面规定了员工在各项执业活动中不能做什么，划定行为红线，一般包括以下十个方面（即金融机构从业人员"十严禁"）：

（1）严禁违法犯罪行为：不得参与"黄""赌""毒""黑"、非法集资、高利贷、欺诈、贿赂等一切违法活动和非法组织。

（2）严禁非法催收：不得以故意伤害、非法拘禁、侮辱、恐吓、威胁、骚扰等非法手段催收贷款。

（3）严禁组织、参与非法民间融资：不得组织或参与非法吸收公众存款、套取金融机构信贷资金、高利转贷、非法向在校学生发放贷款等民间融资活动。

（4）严禁信用卡犯罪行为：不得利用职务便利实施伪造信用卡、非法套现信用卡、滥发信用卡等行为。不得为特定客户优于同等条件办理高端信用卡，提供价质不符的高端服务。

（5）严禁信息领域违法犯罪行为：不得利用职务便利实施窃取、泄露客户信息、所在机构商业秘密等的违法犯罪行为。发现泄密事件，应立即采取合理措施并及时报告。违反工作纪律、保密纪律，造成客户相关信息泄露的，应当按照有关规定承担责任。

（6）严禁内幕交易行为：银行业从业人员在业务活动中应当遵守有关禁止内幕交易的规定。不得以明示或暗示的形式违规泄露内幕信息，不得利用内幕信息获取个人利益，或是基于内幕信息为他人提供理财或投资方面的建议。

（7）严禁挪用资金行为：不得默许、参与或支持客户用信贷资金进行股票买卖、期货投资等违反信贷政策的行为。不得挪用所在机构资金和客户资金，不得利用本人消费贷款进行违规投资。

（8）严禁骗取信贷行为：不得向客户明示、暗示或者默许以虚假资料骗取、套取信贷资金。

（9）严禁非法利益输送交易：严禁利用职务便利侵害所在机构权益，自行或通过近亲属以明显优于或低于正常商业条件与其所在机构进行交易。

（10）严禁违规兼职谋利：严禁利用兼职岗位谋取不当利益，不得违规经商办企业。

三是员工"八小时"以外规定类。此类规定是金融机构比较特殊的一类规定，要求金融机构从业人员不仅在履职过程中遵守一定的规范，还要求在工作时间以外的私人生活和活动中，遵守高于普通人的规范要求，主要是为了维护金融机构从业人员的良好职业形象，营造风清气正、安全和谐的职业氛围，消除潜在风险和错误认知，避免员工的"私德"问题，转化成金融机构的风险。此类规定一般包括：

（1）不与客户保持不正当的交往和经济往来。

（2）不从事违法经营活动，或从他人经营活动中谋取个人利益。

（3）不为亲属、朋友等违规办理贷款、投资、担保、结算、现金等金融业务。

（4）不参与民间投融资。

（5）拒绝"酒桌文化""圈子文化""奢靡之风"。

（6）保持亲清纯粹的上下级关系、同事关系。

（7）不参加有碍公务、有损形象的宴请、旅游、访问、商务陪侍、娱乐活动等。

【讨论】外规与内规的关系

是否应将内规和外规均视为合规义务的来源，对于内规的违反是否应当被视为合规风险的一种，在汽车金融公司的合规管理实践中，有不同的理解和实践，即所谓的"广义合规"与"狭义合规"之争。持"广义合规"论者认为，汽车金融公司的合规义务来源，既包括外规（法律、规则和准则），也包括公司自行制定的内规。而持"狭义合规"论者认为，只有外规属于合规的范畴，内规的制定和实施，应当属于内部控制的范畴，只有内规不符合外规或内规执行问题引发合规风险的时候，才会落入到合规管理的范畴。

本书无意讨论两种论点的对错或优劣，而是想从实践的角度讨论一下如何对待内规与外规的关系。

第一，内规与外规有紧密的联系，二者不可割裂。外规是内规的一项重要依据和标准，同时内规需保持与外规的高度一致。汽车金融公司制定内规的动因无外乎两种，外规的要求或内部管理的需要，而内部管理的需要是否有效满足，又往往以管理结果是否满足外部规范为标准。

第二，外规"内化"为内规，是合规管理的重要抓手。法律上有一句法谚叫做"徒法不足以自行"，意思就是只有成文的法规条文，是不能自己产生实施效果的。在合规领域也是同理，立法部门或行政机关在制定外规时，考虑更多的是普遍适用性，并且会使用较多的术语或规范化表述，来确保外规在立法逻辑上的严密性和准确性，这就导致外规在公司执行层面，存在全员理解、细化执行、流程节点管控等方面的缺陷和不足。如果单纯从外规的角度做合规管理，就会面临"讲了不理解、理解了不会做、做了没控制、控制了没效果"的诸多问题。需要公司通过"内化"的方式，转化成内规并予以有效执行，才能保证外规的要求在公司运营和管理层面得到普遍的理解和落实。

第三，内规是对外规的细化和落实，既要符合外规要求，又要符合汽车金融公司自身情况，便于落实和操作。如果在内化外规的时候，"天下文章一大抄"，仅仅是把外规的要求重新复述一遍，最终就会出现内规和外规形式上统一、实质上"两张皮"的情况，因为具体的部门和岗位在落实合规要求时，得不到有效的指导和流程节点的约束。

第二章　合规管理的运行

"徒法不足以自行"，有了合规的基本组织架构和合规制度体系，仅仅是开展合规管理的第一步，更为重要的是如何开展日常的合规管理，使合规管理体系得到有效运行，并使"董监高"充分履职，三道防线各部门各司其职、协调有序，发挥合规组织架构的最大效用。

一般来讲，保障合规管理体系有效运行的基本管理动作主要包括监管制度管理、合规审查、合规报告、合规监测、检查及整改、合规宣传与培训。其中，监管制度管理主要在于监测和解析新的合规要求，并将其内化形成内部管理机制。合规审查是通过审查意见的出具和跟踪落实，将合规要求嵌入各项业务和流程，发现合规风险，纠正违规问题。合规报告主要是合规牵头管理部门对上和对外的报告路径和报告形式，确保公司董事会、高级管理层充分了解公司合规风险状况，并给予指导和支持，同时满足监管部门了解公司合规管理的要求。合规宣传与培训是培养公司合规文化的重要手段。

本章将从监管制度管理、合规审查、合规报告、合规监测、检查及整改四个方面，介绍基本合规管理动作，以期读者能对如何开展日常合规管理有所了解。

第一节　监管制度管理

对于监管制度的合规管理程序，主要可以分为监管制度的跟踪、解析和内化三个环节。

一、监管制度的跟踪

全面掌握监管制度，确保公司的日常经营管理按照监管制度的要求进行，没有遗漏没有盲点，是汽车金融公司进行有效合规管理的基本前提。对监管制度进行跟踪，可以从以下三个渠道入手：

1. 监管发文。这是最主要和最直接的监管制度来源渠道，需要汽车金融公司安排合规团队高频次定期查看监管信息网相关页面、邮箱，一般至少要做到一天一次。

2. 监管官方网站。对于人民银行总行和银保监会发布的规定，由于需要内部公文流转，地方分支行或地方局往往难以第一时间转发，反而不如官方网站来得及时。并且人民银行和银保监会定期对生效的行政法规进行梳理并予以公布，是判断相关监管制度是否有效的一个重要依据。因此定期查看监管官方网站也是监管制度跟踪工作的必修功课。

3. 第三方数据源。汽车金融公司也可以选择购买一些第三方公司梳理、整合之后的监管制度数据库。外购数据的优势在于第三方供应商对监管制度进行了归类，便于查询，还能够给出制度沿袭的历史，以便合规人员能够快速了解最新监管要求的要点，同时也会包括一些监管窗口指导性文件。当然，由于现在微信平台自媒体的发达，有一些监管制度总结梳理和更新的信息，也可以从上面获得。

对于汽车金融公司和商业银行的监管制度，经过多年的发展，已经形成了一个门类繁杂、数量众多、互有交叉的体系，需要汽车金融公司合规管理部门进行全面收集、重点关注。本书附件一罗列了汽车金融公司适用或参考适用的主要监管法规清单，供读者参考。

二、监管制度的解析

对于监管制度的解析，普遍的做法是借用"对标"管理的方法。1979年，美国施乐公司首创了"对标"管理，其原意是指企业以行业内或行业外的一流企业作为标杆，从各个方面与标杆企业进行比较、分析和判断，通过学习他人的先进经验来改善自身的不足，从而赶超标杆企业、不断追求优秀业绩的良心循环过程。①

在监管制度解读工作中，也可以借用上述管理思路，以监管要求作为标杆，寻找差距并进行整改，最终达到合规状态。具体可以分为以下三个步骤：

1. 分析监管制度的要求。需要特别关注监管制度的适用范围、针对的管理类别、强制性规范和落地期限。在适用范围方面，需要明确汽车金融公司是直接适用还是参照适用。一般来说，参照适用的制度，如果不符合汽车金融公司的实际情况难以落实的，存在向监管申请豁免的可能。在针对的管理类别方面，需要明确监管制度的要求是针对公司经营管理中的哪个方面，比如公司治理、业务管理、合规管理、财务管理等，以便明确主要分管部门。在规范的属性方面，对于强制性规范需要特别关注，因为这代表了明确的作为或不作为的要求。但这不代表其他非强制性规范就不用关注了，需要全面的看监管制度的要求。在落地期限方面，有些监管制度是发布即生效，但有些会给金融机构留有一定的过渡期，因此要明确汽车金融公司需要"达标"的最晚期限，以便在下一步制定工作计划时倒排工期，明确各项工作的时间节点。

2. 分析公司的实际情况，寻找差距。在明确监管制度要求的基础上，第二步就是具体分析公司目前在该项管理上的实际情况，与监管要求进行"对标"，寻找差距点。比如是否建立相应的管理体系、机制和制度，是否落实了风险管控手段、是否明确了相关部门的职责、是否留存了相关履职证明文件、系统功能是否符合监管要求等。

3. 制订弥补或改善差距的行动计划。"对标"监管制度发现的差距，其实就是已经识别出来的合规风险，需要制定相应的整改计划，明确行动

---

① 惠平，周玮，童频编著. 商业银行合规管理［M］. 北京：中国金融出版社，2018.

方案，至少应当包括行动内容、负责部门和完成期限。

上述三步"对标法"中的第一步，需要合规管理部门从自身专业角度出发对监管制度进行充分的理解、分析和消化，但基本还可以独立完成。第二步和第三步，更多的需要合规管理部门与监管制度针对的管理类别的负责部门进行详细的沟通，明确差距和改善计划，需要一定的时间。从笔者自身经验来看，监管制度解析工作，对时效性的要求也很高，需要让相关部门和管理层第一时间知悉监管制度的要点，避免其他渠道的信息干扰他们的判断。因此，对于监管制度的解析也可以分两步走，即先进行第一步并向管理层和相关部门同步分析要点，之后通过会议或邮件的方式完成第二步和第三步，最终形成一个完整的监管制度解析文件。

相关监管制度的解析文件和制度本身，应当存储在汽车金融公司的电脑系统中，并给予全员随时查询、获取的权限（涉密信息除外）。合规管理部门应当对这些文件进行分类管理，并定期清理更新，对于已经失效的文件，应当予以明确标注，避免错误适用。

三、监管制度的内化

所谓"内化"，是指将外部的监管要求，转化为公司内部规章制度，并根据公司实际经营管理的状况，进行细化规定，明确相关流程、职责。一般来讲，以下情况需要进行监管制度的内化：

1. 监管制度明确要求公司建立健全某一事项的相关管理机制或制度，明确董事会、管理层、各部门的管理职责。如银保监会消保局发布的《关于落实〈银行业保险业消费投诉处理管理办法〉有关事项的通知》，要求健全完善消费投诉处理制度机制，严格落实消费投诉处理工作责任，切实加强消费投诉处理内部流程管控。对于这三项要求的落实，就需要制定或修订公司内部投诉处理管理相关制度流程，落实上述要求。

2. 监管制度要求对某一事项进行管理或提出明确执行要求，汽车金融公司需要对业务流程、系统进行改造予以落实。这种情况下，一般是同步或等流程节点、系统开发完成后，再制定或修订相应的规章制度。

3. 监管制度仅提出了原则性要求，但根据公司内部控制管理，需要明确相关事项的管理流程或岗位职责。还是以《关于落实〈银行业保险业消费投诉处理管理办法〉有关事项的通知》（以下简称《通知》）为例，《通知》要求各级银行保险机构要及时、认真组织学习培训，主动开展内外部宣传工作。对于如何培训宣传，监管制度并未提出明确要求。但对于汽车金融公司而言，意味着需要相关部门去组织和落实，因此部分公司会相应制定培训宣传的流程机制，明确诸如培训周期、培训对象、参加培训义务、宣传发起、材料审核等管理事项的要求。

四、监管处罚信息的跟踪和提示

在日常的监管信息跟踪中，有一类信息不属于监管制度，但其重要性不亚于监管制度，那就是监管处罚信息。一方面此类信息代表了监管划定的"红线"，并能够对相对抽象的监管制度条文，给出具体的示例，有助于提升汽车金融公司对监管制度的理解，并通过对标优化公司管理；另一方面对此类信息的梳理分析，可以捋清一段时间监管机构的监管思路和关注重点，有助于汽车金融公司"举一反三"，规避违规风险的"雷区"。

对监管处罚信息的跟踪和提示，一般由合规管理部门负责定期进行，以一季度一次为宜，在确保样本数量的基础上，又兼顾时效性。以下是监管处罚信息跟踪提示的样例：

2021 年第一季度监管处罚情况解读

一、整体概况

2021 年第一季度，监管机构整体延续了对银行业金融机构的"强监管、严处罚"的高压态势，对银行业金融机构一共开出 502 份罚单，其中对银行业累计作出 491 次处罚，其他非银行机构（金融资产管理公

司、信托公司、汽车金融公司等）受到 11 次处罚，包括两份对汽车金融公司的处罚。

二、汽车金融公司处罚情况

第一季度，上海银保监局对华某汽车金融有限公司进行处罚，处罚理由为内部控制严重违反审慎经营规则，处罚结果为责令改正，并罚款人民币 50 万元。

广东银保监局对华某汽车金融有限公司及其副总经理罗某某、副总经理兼运营总监严某某进行处罚，处罚的理由为对外包金融顾问管理、快审通系统管理不尽职。

三、银行业金融机构处罚情况

在银保监会对银行业金融机构的 491 份罚单，涵盖了 17 大业务领域，合计 177 项处罚事由（具体详见附件表格），包括公司治理（6 项）、股东股权管理（7 项）、个人贷款（28 项）、流动资金贷款（13 项）、固定资产贷款（5 项）、关联交易（12 项）、案件防控（12 项）、地方政府平台融资（1 项）、房地产融资（20 项）、不良资产处置（4 项）、票据业务（13 项）、同业业务（5 项）、理财业务（12 项）、银行卡（12 项）。其中对汽车金融公司业务管理有参考意义处罚事由主要有：

1. 公司治理

对公司治理的处罚事由，主要为董事及高级管理人员未经任职资格核准即履职、对内部控制失效负监督责任、违法违规行为承担主要监督责任、公司章程修改未经行政许可等。

2. 股东股权管理方面，主要处罚事由有 6 项，需要关注的处罚事由为违规分红。目前监管对于农村商业银行和信用合作社的分红有监管审批的要求，汽车金融公司分红无须提前经过监管审批。但在监管指标不达标的情况下分红，或者使用拨备指标下调释放的贷款损失准备分红，可能被认定为违反相关审慎经营要求，存在合规风险。

3. 个人贷款管理方面，主要处罚事由集中在贷前审查和贷后管理，包括贷前调查未尽职、发放不符合条件的个人贷款、个人贷款资金违规流入股市、房市或购买理财。

4. 关联交易管理方面，主要处罚事由为重大关联交易审批不合规、关联方授信余额超监管比例、向关联方发放信用贷款、关联交易价格不公允。汽车金融公司在批发贷款业务领域，向股东方控股或参股达到一定比例的经销商授信，都属于关联交易，在审批流程、额度、交易条件方面要予以关注。

5. 案防管理方面，主要处罚事由为漏报案件信息（主要为信用卡案件）、案件防控不力引发重大案件。汽车金融公司面临的最主要案件风险是外部的骗贷案件，需要引起关注。

6. 消费者权益保护方面，主要处罚事由为转嫁费用或成本、借贷搭售。转嫁费用、成本的 9 笔罚单中，基本都是由转嫁押品评估费引发，并且借款人基本都是小微企业。借贷搭售的违规行为也主要是向小微企业发放贷款时搭售保险。由此可见，目前银保监会在这方面的监管重点是小微企业的利益保护，汽车金融公司在做经销商、大客户授信时，需要特别关注。

第二节　合规审查

一、合规审查的目标、原则

合规审查是汽车金融公司对合规风险进行源头管理的一个重要手段。通过合规审查，合规管理部门能够主动地参与到公司新业务、新产品、新流程、新制度的设计和开发过程中，实现风险管控的关口前移。总结起来，合规审查的目标可以分为三个层次：

1. 基本目标：确保审查对象不违反法律法规的强制性规定，确保公司业务不违规。

法律法规的强制性规定，为汽车金融公司日常经营管理划定了"红线"，也是合规管理的底线。因此合规审核的基础目标就是通过对新业务、新产品、新流程、新制度的分析，判断是否存在逾越"红线"的情况。对于这种情况，应当坚决予以否定，要求业务部门做出合理修改。

以汽车贷款业务中最常见的贷款期限为例，如果业务部门准备开发一款个人二手车贷款新产品，规定贷款期限为 3 年，但可以在最后一期申请展期 3 个月。这就违反了《汽车贷款管理办法》中"汽车贷款的贷款期限（含展期）不得超过 5 年，其中二手车的贷款期限（含展期）不得超过 3 年，经销商汽车贷款的贷款期限不得超过 1 年"的规定，属于典型的违规新产品。

2. 中级目标：发现并防范潜在的合规风险，对风险程度进行评估，以便决策。

由于汽车金融监管制度在不断地完善中，即使参考商业银行的监管制度，也难以做到面面俱到，因此在实践中，经常会遇到监管制度规定的相对比较原则或相关要求不够清晰、明确的情况。合规管理部门在合规审查中就要凭借自身对监管制度的解读和对监管实践的理解来帮助业务部门，对监管的意图进行准确把握，避免业务部门机械地理解监管制度，"打擦边球"或进行监管"套利"，留下合规风险隐患。

对于此类情况，合规审查中要对业务实质进行"穿透"分析，基于审慎原则和风险为本的导向，对于此类情况要进行风险提示，以便业务部门和管理层进行决策。

3. 高级目标：协同优化业务、产品设计。

上面两个目标，合规管理部门的角色相对比较被动，但我们经常说一句话，叫做"好的合规管理不能仅仅止步于说不"。在自身能力允许的情况下，合规管理部门也可以通过深度参与产品、业务、流程的设计，或发挥专业优势，提前将合规要求"埋入"，或协助业务部门找到合规、可行的实施方案，或降低合规成本、实现成本与收益的平衡。

合规审查工作，应遵循以下三个原则：

一是独立原则。合规管理部门在合规审查过程中，应当坚持独立、客观地对审查对象进行评估，如实出具合规审查意见。不能受任何部门、个人的影响，也不应该因为市场竞争、业务发展的需要，放松合规审查标准或作出不正确的合规审查意见。这也是为什么监管要求合规管理人员不应该承担类似于经营利润、市场渗透率等与其履行合规管理职责有利益冲突的职责或绩效考核指标。

二是审慎原则。合规审查意见应当建立在对审查对象的充分、全面了解，以及对所适用的监管制度的深刻理解的基础上，出具的合规审查意见应当遵循"大前提—小前提—结论"的逻辑方法。如果业务部门提供的资料不足，合规管理人员应当通过调取资料、问询、测试等方式，进一步了解审查对象。如果监管制度未规定或规定不明确的，应当从审慎的角度给出审查意见。

三是规范原则。合规审查应当遵循严格的审查程序，明确审查各环节的职责。一般来讲，合规审查在合规管理部门内部，至少应当经过双人复核，才能确保合规审查意见的准确性，避免因个人能力、知识、经验造成的审查错误。

二、合规审查的范围及审查重点

受限于自身规模，汽车金融公司的合规资源普遍比较紧缺，因此事无巨细地对公司运营的所有事项进行合规审查，既不可行，也不满足风险管理的要求，所以合理确定合规审查的范围非常重要。本书认为，以下几类内容需要纳入合规审查范围，并根据实际情况审查不同的要点。

（一）向监管部门提交的各类申请、报告等文件

上述文件的重要性不言而喻，合规管理部门应当作为汽车金融公司向

监管报送文件的统一"关口"，对所有文件重点进行如下审查：

1. 公文种类是否符合监管要求。汽车金融公司报送的文件常用的公文种类包括请示、报告、意见等。请示一般用于需要监管部门进行审批、批复或反馈意见的事项，如高管任职资格审批请示、章程变更请示等。报告一般用于对某一事项进行汇报，无须监管部门反馈意见，如消费者权益保护报告、反洗钱管理报告等。意见一般用于对监管部门某一事项的意见反馈，如对某一项监管制度征求意见稿的意见反馈，或对监管部门拟采取监管措施的意见反馈等。

需要特别注意的是，报告和意见均无须监管部门给予批复或反馈，因此不能夹带请示事项，否则可能无法达到报批的目的。

2. 格式、表述是否符合公文的要求。在确定文体的基础上，应严格按照"××公司关于××事项的××文种"格式填写，达到简洁、清晰、准确的效果。以下列举几项汽车金融公司在日常报文中经常会遇到的错误：

（1）缺少报送主体、文种错误或不清晰。如"《重大事项变更报告函》"，应改为"《××公司关于××重大事项变更的报告》"。

（2）顺序不规范、不够简洁。如"《关于上报〈××公司2019年服务实体经济自评估报告〉的报告》"，应改为"《××公司关于2019年服务实体经济自评估情况的报告》"。

（3）信息表达不清晰。如"《××公司关于××申请的补充说明》"，如果是解释说明材料，应改为"《××公司关于××申请的解释说明报告》"；如果是补正材料，应改为《××公司关于××申请的补正报告》"。如"《××公司撤文申请》"，应改为"《××公司关于撤回××文号的报告》"或"《××公司关于××文号的撤文报告》"。如"《××公司2020年季度经营情况报告》"，应改为"《××公司2020年×季度经营报告》"。

对于绝大部分行政审批事项，监管部门都会给出申请文件的格式和必要的附件要求，合规审查时需要特别注意。本书附件二列出了常见的行政许可申请文件的格式，供大家参考。

3. 文件内容是否准确，是否符合相关法律法规的要求。对于业务、管理动作或机制的描述，要求做到准确一致，尽可能使用监管习惯的逻辑思维和语言体系，以便于监管人员理解。对于工作报告，既不要过分夸大工作成效，也不能隐瞒工作中的问题，或对相关要求进行刻意曲解。

需要特别注意的是，合规管理部门要对相关内容的合规性进行审查，避免业务部门因为不了解合规要求，将本来没有问题的业务，因为错误的语言表述，引起监管的关注。

（二）公司各项政策、程序和操作指南等制度性文件

无论叫什么名字，政策、制度、程序和操作指南等文件，对于汽车金融公司的经营管理活动，具有普遍性、强制性的效力，同时也是汽车金融公司各项管理要求的载体、准则和依据。因此，合规管理部门需要对汽车金融公司制定或修订的各项制度性文件进行合规审查，以确保制度性文件的合规性、有效性。在审查中需要重点关注：

1. 是否违反有关监管制度的禁止性规定，是否符合相关监管要求。

对于部分事项的合规管理，监管制度可能会给出明确公司的制度性文件引导规定的事项，在进行合规审查时需要逐一核对，确保内容的完整性。例如《银行业金融机构数据治理指引》规定，银行业金融机构应当制定全面科学有效的数据管理制度，包括但不限于组织管理、部门职责、协调机制、安全管控、系统保障、监督检查和数据质量控制等方面。因此在审查汽车金融公司数据管理相关制度时，应当特别关注内容是否全面符合上述规定的要求。

2. 是否符合上位制度的规定，是否与公司其他制度存在重叠、冲突等情况。

3. 是否符合公司制度效力层级、制定程序和体例规范。

（三）新产品、新业务

汽车金融公司进入新的业务领域或开发新的产品，伴随着机遇而来的往往是未知的风险。因此与其他金融机构一样，监管要求合规管理部门对新产品、新业务进行必要的合规性审查和测试，识别和评估新业务方式的拓展、新客户关系的建立以及客户关系的性质发生重大变化等产生的合规风险（《商业银行合规风险管理指引》第十八条）。对新产品、新业务的合规审查重点包括：

1. 是否符合汽车金融公司获得批准的业务范围，是否取得该项业务额外需要的相关资质或行政许可。比如根据《非银行金融机构行政许可事项实施办法》的规定，汽车金融公司募集发行债务、资本补充工具、发行金融债券、申请衍生产品交易业务资格，应进行行政许可审批。

2. 是否有充分的风险监督工具、是否落实了监管要求的风险管控措施，或者防范和控制风险的内部控制措施是否适当、完善。比如对贷款资金的流向，是否尽到了审查义务，是否采取了监管要求的受托支付措施。

3. 对新产品、新业务进行反洗钱、反恐怖融资风险评估，是否履行了客户身份识别、可疑交易监测等反洗钱义务。

4. 是否落实了金融消费者权益保护的要求，相关新产品、新业务的流程是否会对客户的知情权、选择权、个人信息安全权等消费者权益造成损害。

三、合规审查的职责分工

合规审查工作主要涉及合规审查事项的归属部门（需求部门），以及开展合规审查的合规管理部门。

（一）需求部门的职责

1. 对送审事项的合规性承担第一位的责任。

2. 对送审事项进行预审，确保送审查材料符合公司内部相关制度要求，匹配业务发展需要。

3. 对需要送审的事项，按照既定的流程和要求向合规管理部门提交审查申请，按时、完整地提交合规审查所需的文件和资料，并对送审事项、文件的真实性负责。

4. 对于合规管理部门提出的审查意见，及时反馈意见、采纳情况。对于合规管理部门认为存在不可接受的合规风险的情况，送审部门应及时制定整改计划并反馈整改进度，或者对于是否整改做出判断与决策，并就决策承担责任。

（二）合规管理部门的职责

1. 建立健全合规审查机制，组织开展合规审查。

2. 依据法律法规、监管规定、行业规范和公司内部制度，客观独立地进行合规审查并出具审查意见，并对审查意见承担责任。

3. 根据工作需要查阅本机构有关文件、资料，询问有关人员；对于提交审查的信息不完整或存疑的，应及时通知需求部门补充提交或进行解释。

4. 定期汇总合规审查意见，分析研究合规要点和风险变化趋势，及时发布合规指引或合规风险提示。

四、合规审查的流程

合规审查的流程，一般可以分为送审、审查、意见反馈与归档三个主要环节，每个主要环节中会包含不同的子流程。各环节主要工作及关注要点介绍如下：

（一）送审环节

送审环节是指需求部门将需要进行合规审查的事项和相关材料，提交合规管理部门进行审查的过程。包括需求部门的内部初审、材料准备、提交审查三个子流程。

1. 内部初审阶段，需求部门应当对相关事项是否属于合规审查的范围、是否符合公司内部管理制度及已知的合规要求，进行初步审核，保证相关事项的初步合规性，减少公司合规资源的浪费。有一些汽车金融公司借鉴国内大型银行的做法，在业务部门设置了兼职的合规官，业务部门作为需求部门提交合规审查之前，均由合规官进行初步审核，并作为统一的接口人向合规管理部门提交审查需求，既增强了业务部门作为业务合规性第一责任人的职能，又提升了合规审查的效率和规范性，是一种很好的合规管理模式。

2. 资料准备阶段，需求部门应当对送审的资料进行整理，确保送审资料的完整性和真实性。送审资料根据审查事项的不同会略有不同，但一般来讲需求部门应当对送审事项的背景、目的以及需要关注的情况进行明确说明，并提供所依据的监管规则或公司制度，初审阶段的意见也应当作为附件。合规管理部门可以根据需要，制定合规审查的资料清单，指导需求部门更好地按要求提供资料，提高合规审查效率和部门协作满意度。本书列举主要的合规审查事项所需资料清单（见表1），供参考。

表1 合规审查事项所需资料清单

送审事项	资料清单
向监管部门提交的各类申请、报告	1. 对申请、报告事项的说明 2. 监管明确的各类请示事项对应的材料 3. 对请示、报告事项的内部决议、审批文件（如有）
内部制度性文件	1. 制度送审稿 2. 制度制定/修订说明 3. 相关内外部制度依据或其他支持性文件 4. 制度规范事项的内部决议、审批文件（如有） 5. 合规管理部门要求的其他支持性文件

送审事项	资料清单
新产品、新业务	1. 新业务、新产品的基本情况介绍，应包括产品名称、目标客户、基本要素、关键业务流程、可行性分析报告等 2. 产品研发中的风险识别、评估和控制措施等材料 3. 项目立项审批材料 4. 相关内外部制度依据 5. 专项合规说明，如消费者权益保护措施、洗钱风险评估报告等 6. 合规管理部门要求的其他支持性文件

3. 提交审查阶段，需求部门应按照合规管理部门的要求提交审查需求，这里要特别注意的是提交时限和提交途径。

（1）提交时限：需求部门应在送审事项签批、上线、报送截止时间前一定时期内提交审查，一般至少提前 5 个工作日将审查申请和材料提交至合规管理部门。这样要求一方面是为了确保合规管理部门有充足的时间进行审查，来发现和防控风险；另一方面是为了给送审材料补充或合规风险整改预留时间，因为并不是每一个审查都能够一次通过的，以免因为补充材料或整改延误项目交付。

（2）提交途径：需求部门应当按照合规管理部门要求的方式和途径提交。随着电子化办公的普及，绝大部分汽车金融公司都采用电子化的送审，比如通过电子邮件、OA 系统或者专门的合规审查系统提交审查需求。送审信息和材料的知悉范围，也需要特别注意，既要确保审查流程的各个环节都知悉流程发起的信息，也要符合公司的保密要求，避免无关人员接触相关信息。通常需求部门的业务经办人员、团队负责人和部门负责人，以及合规管理部门的审查人员、复核人员和部门负责人，应当在送审信息的知悉范围之内。

（二）审查环节

审查环节是指合规管理部门对需求部门的送审资料进行合规审查并出

具审查意见的过程，一般包括初审、复核、签发三个子流程。

1. 初审环节

需求部门正式提交审查需求后，根据相应的分工安排，由一名合规审查人员进行审查。当然，在合规资源较为充足、分工较细的汽车金融公司，可能还存在多人从不同的角度进行审查的情况，但一般都会有一个主审查员，负责与需求部门对接沟通、拟定审查意见。在初审环节，审查人员需要关注：

（1）送审资料是否完整、准确。审查人员应首先确认需求部门提交的资料是否符合合规审查的要求，是否满足合规审查的需要，如果发现资料不完整或存疑的情况，应及时要求需求部门补充提供或作出明确说明。

（2）明确审查对象和审查依据。审查人员应当对送审资料进行详细分析，明确本次合规审查的对象，并根据审查对象全面收集、梳理审查依据，包括外部监管规定和内部公司制度等。

（3）草拟审查意见。通过将审查对象与审查依据进行逐一比对、分析，审查人员应基于审慎原则，形成初步的合规审查结论，提示合规风险（如有），评估风险程度，并给出合规风险防控建议。

审查人员拟定审查意见并自查后，提交复核人员进行复核。

2. 复核环节

对审查意见的复核，是确保意见准确性、避免疏漏的必要步骤，也符合内部控制管理中"双人四眼"的要求。复核工作一般由合规审查人员的直属领导进行，也可以在合规审查人员之间交叉进行，但复核和审查不得由同一人担任。

复核人员应主要关注：审查人员确定的审查对象是否合理、准确；审查依据是否充分、有效；审查意见是否有据可依，是否有重大错误；合规风险缓释建议是否有效、是否具有可行性；合规审查的独立性是否受到影响等。

复核人员对审查意见有不同意见的，可与审查人员沟通修改，也可直接在审查意见中进行修改。对审查意见无异议的，提交签发人签批。

3. 签批环节

签批是合规管理部门负责人或其授权人员，对经复核后的审查意见予以最终确认，形成部门意见的过程。签批人在该环节需要对送审事项、审查意见、风险提示和建议进行综合把握，重点关注是否符合汽车金融公司的经营管理要求，以及公司确定的合规风险偏好，对合规审查的意见和内容进行进一步把控。确认无误后，签批人签发正式合规意见书，才能以合规管理部门的名义向需求部门反馈。

4. 特殊环节

对于重大、疑难、复杂的合规审查事项，按照上述流程难以做到准确把握合规风险的，合规管理部门还可以采取以下措施：

一是邀请需求部门、其他风险管理部门、审计监察部门等进行会商；

二是提请管理层或董事会议事机构，如风险管理委员会、消费者权益保护委员会等，对相关合规风险进行讨论、研究；

三是聘请第三方专业咨询机构，如律师事务所、会计师事务所对相关事项进行审查；

四是征求有关监管部门的意见。

（三）意见反馈和归档

收到合规管理部门的合规审查意见之后，需求部门应根据审查意见的要求，落实相关风险管控措施，或进行业务决策，在送审事项正式实施前，向合规管理部门反馈合规意见的采纳情况和管控措施的落实情况，如存在未采纳的情况，应当说明原因。合规管理部门应定期统计、分析合规审查意见的采纳情况，一方面可以对合规审查工作的质量进行监测，另一方面可以通过数据，研判公司内部的合规趋势和合规风险热点，有针对性地采取合规管理措施，如加强培训、实施专项检查等。

合规管理部门应将合规审查意见、需求部门的反馈情况妥善归档和保存，以便之后查阅。对于涉及商业秘密、国家秘密的材料，应当设定相应的密级，并按照公司保密管理的相关规定进行保管。

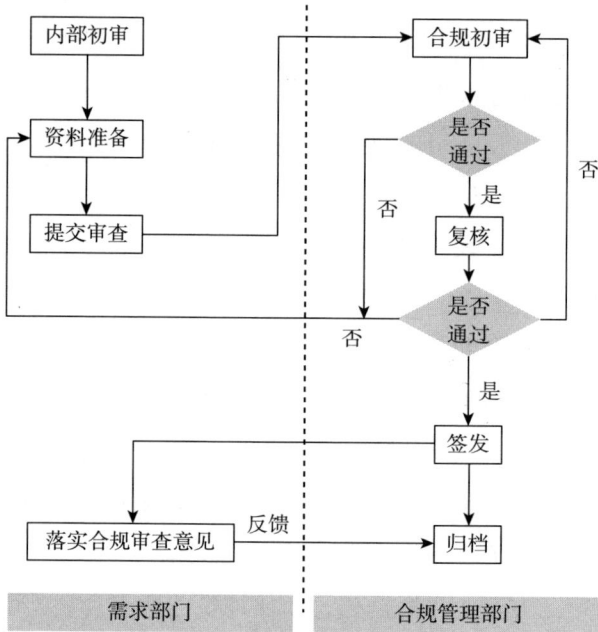

图1　合规审查的基本流程

五、合规审查意见

合规审查意见需要通过书面向需求部门进行反馈。为进行规范管理，合规管理部门有必要对书面审查意见的基本格式进行确定。通常合规审查意见书包括审查范围、审查依据、合规意见三个部分。

（一）审查范围

合规审查意见书需要明确审查的具体事项，即向需求部门告知合规管理部门对提交资料中的哪些事项进行了审查。

明确审查范围，一方面是为了限定责任范围，避免对合规审查意见理解不当或过度解释；另一方面也是与需求部门进行信息同步，如果需求部门认为审查范围过小，或者有其他问题未纳入审查范围，可以提交补充审查申请。

（二）审查依据

合规审查意见书应当对做出审查意见所依据的内外部规定进行明确，确保审查意见有据可依，也便于需求部门落实合规意见。

（三）合规意见

合规审查意见书应逐条列示合规意见，并分不同情况给出处理意见：

1. 违反监管规定或公司内部制度中禁止性规定、明显违规的，应当明确指出违规点，说明理由，要求予以整改。

2. 存在合规风险的，应当对合规风险点、风险程度进行分析，并给出风险控制措施建议。

3. 未违反禁止性规定，也没有合规风险的，可以明确"从合规角度无异议"，也可以从审慎原则出发提出合规建议。

以下为合规审查意见书格式示例：

关于＊＊＊＊事项的合规审查意见书

××部：（抬头收文部门应与需求部门对应）

　　贵部提交合规审查的《＊＊＊＊》已收悉。

　　依据：

　　1.《　　》（文号）

　　2.《　　》（文号）

　　3.……

我部对以下事项进行了合规审查：

1. ……

2. ……

经审查，合规意见如下：

1. ＊＊＊＊事项，不符合《 》（文号）第＊条规定，请按照如下要求修改：

（1）……

（2）……

2. ＊＊＊＊事项，未见明显违反法律法规和公司制度中禁止性规定，但我部认为存在以下合规风险：

（1）……

（2）……

3. ＊＊＊＊事项，从合规角度无异议，建议贵部……

审查人： 电话：

复核人： 签发人：

第三节　合规报告

　　合规报告是汽车金融公司对自身合规风险状况和合规管理情况的综合反映。汽车金融公司所开展的监管制度管理、合规审查、合规检查和整改等工作，最终都会以合规报告的形式呈现，成为汽车金融公司高级管理层、董事会内部决策的依据。同时，合规报告也是监管部门对汽车金融公司进行监督管理的重要载体。因此，可以说合规报告就是合规管理人员手中的枪，一份合乎体例、说理清晰、数据翔实的合规报告，往往能起到事半功倍的作用。

一、合规报告的类型

（一）根据报告的内容，合规报告可以分为综合性报告和专项报告

综合性报告是对一定时期内合规管理整体情况的反映。比如银监会发布的《商业银行合规风险管理指引》第十四条规定，合规负责人需要定期向高级管理层提交合规风险评估报告，合规风险评估报告包括但不限于报告期内合规风险的变化情况、已识别的违规事件和合规缺陷、已采取的或建议采取的纠正措施等。合规风险评估报告就是典型的综合性报告。根据《汽车金融公司管理办法》，汽车金融公司按季度向所属银保监局提交的《季度经营管理报告》，其中囊括了公司整体经营情况、组织架构变动情况、合规风险管理情况、违规整改情况等，也属于综合性报告。

专项报告是对某一具体领域或管理事项的报告。在汽车金融公司的日常合规管理中，专项报告种类繁多，如反洗钱年度报告、投诉管理报告、专项合规风险排查报告等。专项报告需要对某一类事项进行详细分析和汇报，一般会要求给出结论、行动计划或整改建议。

（二）根据报送的对象，可以分为内部报告和外部报告

内部报告是指汽车金融公司基于自身合规管理需要编写的报告，其报告对象是汽车金融公司的管理层、董事会或股东方合规管理等职能部门。

外部报告是指汽车金融公司为满足金融监管的需要，向监管部门报送或向社会公众公开的报告。比如根据银保监会《银行业保险业消费投诉处理管理办法》等相关制度要求，汽车金融公司应当每半年向银保监会提交投诉管理报告，同时向社会公众公开披露年度投诉数量、投诉业务类别、投诉地区分布等信息。

（三）根据报送的频率，可以分为定期报告和不定期报告

定期报告是按照一定频率编写的报告，一般分为月度、季度和年度，主要用于常规事项的报告。不定期报告没有固定的编写频率，往往根据合规风险的检测情况，高级管理层或董事会的要求，以及监管的通知进行报告。

据不完全统计，仅外部报告而言汽车金融公司平均每年需要向金融监管报送近 50 份定期报告，约 200 份不定期报告。

二、合规报告的管理要求

（一）合规报告应当真实、准确

合规报告应当如实、准确地反映公司经营管理状况，不得隐瞒或虚假陈述客观事实，不得将无监管法规或事实依据支撑的主观性判断作为客观情况进行报送。

（二）合规报告应当规范

在形式上，合规报告应当符合监管部门对报告的格式要求，如果有报告示例，应当严格遵守示例。对于内部合规报告，也要符合公司内部公文格式。

在用语上，合规报告应当使用规范的书面语言编写，避免使用口语化、有歧义的用词用语，同时需要特别注意避免出现错字或语句不通顺的情况。

在报送流程上，对外报告应当符合公司内部规范的审批权限，经有权限的管理人员审批后，才能对外报送。对内报告应当符合公司内部的报告路径。一般来讲，合规报告路径可以分为"矩阵式"报告和"条线式"报告。"矩阵式"报告也叫双线汇报，一般适用于大型金融机构，在总行或总部设

置了独立的合规管理部门，同时在下属分支机构设置合规管理部门或合规管理岗位，则下级合规管理部门（或岗位）同时向本级管理层和上级合规管理部门汇报。"条线式"报告在汽车金融公司中比较多见，一般是合规管理部门直接向分管风险控制的管理层汇报，高级管理层向董事会汇报。

（三）合规报告应当及时报送

一般来讲，监管部门的报告都会有明确的报送截止时间，汽车金融公司需要在截止时间之前完成报告的报送，否则会被认为合规内控管理混乱。

对于定期报告，为了有效控制报告报送时间，合规管理部门需要拟定全年定期合规报告的清单，明确报送截止时间，并准确预估内部撰写、审批、流转的周期，通过倒排工期的方式，合理分配任务和确定开工时间。本书附件三罗列了汽车金融公司主要定期报告清单，供读者参考。

对于临时性合规报告，合规管理部门需要在接到要求的第一时间完成解读，并准确向相关部门和审批人员传达报告紧急程度，通过合理的流程安排，确保及时报送报告。

（四）合规管理部门需要对合规报告进行整体把握

考虑到监管规定和内部管理要求的复杂性，合规报告中不可避免地会涉及公司经营管理的方方面面，因此合规报告往往需要其他部门的协助配合，提供相应的数据、素材甚至整段的描述。

但是，合规管理部门收到其他部门反馈的信息后，不能只做"文字的搬运工"，简单把信息"Ctrl C + Ctrl V"到报告对应部分就行了。合规管理部门需要对报告进行整体把握，确保符合以下要求：

一是确保整体的文字风格相符。不同部门、不同岗位撰写的报告内容，光从体例、文字风格上就千差万别，需要合规管理部门进行统筹修改，使全篇报告风格统一，并且符合监管或公司管理层的阅读习惯。

二是确保上下文数据一致。在报告过程中，往往会遇到不同部门提供的数据存在相互验证的钩稽关系，但由于口径、计算方式的理解不同，会出现前后不一致，或者分项之和与总数对不上的情况。这就需要合规管理部门在报告成文时，特别注意上下文数据的钩稽关系进行验证，如果出现不一致，及时与相关部门核对。

三是确保与以往报告中的内容不冲突。专项合规报告与综合性报告之间、年度合规报告与分季度合规报告之间、合规报告与公司其他监管报表之间，都有可能存在内容的重叠与交叉。这种情况下，合规管理部门应当对相关内容进行审查，确保不冲突。这就需要合规管理部门做好日常合规报告的存档和部门内信息共享，实现每个合规管理岗位对整体的报告情况、内容有较为统一的认知和标准。

三、年度合规风险评估报告示例

如前所述，银监会《商业银行合规风险管理指引》要求董事会审议高级管理层提交的年度合规风险管理报告，并对机构管理合规风险的有效性做出评价。因此对于汽车金融公司合规管理而言，《年度合规风险评估报告》是非常重要的一份合规报告，需要对当年的合规管理工作情况以及合规风险评估情况进行充分汇报。《年度合规风险评估报告》并没有固定的格式，汽车金融公司可以按照董事会的要求来编撰，本书列举一份报告样式，供读者参考。

×××汽车金融有限责任公司

20××年度合规风险评估报告

一、监管指标及监管评级结果

通过此部分，对监管指标和公司内部合规监测指标的完成情况和监管评级结果进行报告。其中指标完成情况可采用如下表格样式：

序号	指标类别	指标名称	指标含义	指标依据	责任部门	完成情况

监管评级结果需逐项列示报告期内收到监管反馈的各项评级结果。

二、报告期内各类报表上报情况

通过此部分，对公司内外部报告的上报情况进行总结汇报，包括总体的报告数量、报告种类，以及是否存在迟报、漏报、错报的情况。

1. 迟报现象

□无　　　　　　　　□有

迟报报告名称：＿＿＿＿＿＿；风险描述＿＿＿＿＿＿：责任认定：＿＿＿＿＿＿。

2. 漏报现象

□无　　　　　　　　□有

漏报报告名称：＿＿＿＿＿＿；补救措施＿＿＿＿＿＿：责任认定：＿＿＿＿＿＿。

3. 错报现象

□无　　　　　　　　□有

错报报告名称：＿＿＿＿＿＿；问题定位：＿＿＿＿＿＿：责任认定：＿＿＿＿＿＿。

三、报告期内业务失误或违规情况

这部分主要通过定量的方式，向报告对象展现公司整体的违规情况和违规风险。

□未发生违反法规及政策现象

发生少量（1~2次）轻微的违规行为

□发生较多（2次以上）轻微的违规行为和少量（1~2次）的重大违规行为

□发生较多（2次以上）重大的违规行为

□发生严重违法违规行为或发生过多违规行为

重大违规行为描述：＿＿＿＿＿＿＿＿＿

四、报告期内重要监管沟通文件

该部分主要列示汽车金融公司在报告期内收到的监管部门针对公司发布文件或相关沟通纪要，比如年度监管意见书、高管约谈纪要、现场检查意见书，使报告对象能够总括性地了解报告期内监管对公司的整体态度和要求。

五、报告期内发布的重要法律法规及其影响

该部分主要列示在报告期内监管部门发布的对汽车金融公司有重大影响的新法律法规和规范性文件，以及对这些文件可能产生的影响、需要执行的管理要求进行简要解读。

六、报告期内重要合规制度的颁布或修订

该部分主要列示在报告期内汽车金融公司颁布或修订的与合规管理有关的重要内部制度文件，以及文件的简单介绍。

七、报告期内"四新"及合规评估情况

该部分主要描述报告期内汽车金融公司推出的重要新业务、新产品、新流程、新系统的情况，以及合规管理部门对"四新"进行评估的情况，需要明确合规评估结论，并重点提示合规风险。

八、合规考试、合规培训

该部分主要描述报告期内，公司开展的所有与合规有关的考试和培训情况，需要对考试结果和培训效果进行简要阐述。

九、合规检查及整改

该部分主要描述报告期内，合规管理部门开展的合规检查，通过检查发现的重要合规风险或违规问题，以及对于整改意见的落实情况。

十、专项合规工作

该部分主要对消费者权益保护、反洗钱、案件防控、公司治理、关联交易管理等专项合规工作进行汇报。

附件：合规风险分析评估报告

合规管理部门可以通过附件的形式，对具体合规风险出具分析评估报告，使报告对象可以更加清晰地了解具体合规风险的内容、评估结论和改进措施，以便做出决策。

第四节　合规监测、检查及整改

合规监测和检查，是汽车金融公司主动发现合规风险的重要管理手段，通过对自主发现问题的整改，逐步完善公司合规管理体系，促进公司合规稳健运营。

一、合规监测

所谓合规监测，是汽车金融公司对公司内部经营管理活动是否符合法律法规、监管规定的要求而进行的持续的监督和审视工作。根据《商业银行合规风险管理指引》（以下简称《指引》）第十八条第（七）款的规定，汽车金融公司合规管理部门应当收集、筛选可能预示潜在合规问题的数据，如消费者投诉增长数、异常交易等，建立合规风险监测指标，按照风险矩阵衡量合规风险发生的可能性和影响，确定合规风险优先考虑序列。因此，合规监测主要包括合规指标监测和合规风险评估两方面内容。

（一）合规监测指标

设定合理可行的监测指标，是开展合规监测工作的基础。除了上述《指引》举例的投诉增长数和异常交易之外，结合汽车金融公司的业务实际和合规管理实践，本书认为以下定性和定量指标可供参考：

1. 消费者投诉情况

投诉数据毋庸置疑是公司经营的"消息树"，与合规风险具有高度关联性。因此对于投诉数据应当尽可能的多维度、细颗粒度地进行分析，才能找出合规风险的源头。

以投诉原因维度举例，汽车金融公司可以根据客户投诉中的问题描述，将投诉区分为服务态度、利率收费、信息披露、合同条款、催收等投诉类别，对每一类的投诉数量变动情况进行月度监测。对于总体投诉量较大、或者突然波动的投诉类别，应当及时进行分析，查找原因。比如是否存在贷款合同约定模糊导致客户误解的情况，或是否存在某一时间段因提升催收激励，出现催收人员频繁催收、用语过激等情况。

再如，汽车金融公司可以对每个经销商进件的合同所产生的投诉占比进行监测，对于占比超过平均水平的经销商，应当通过数据分析、现场检查、抽样回访等方式，定位产生客户投诉的问题源头，及时采取教育培训、约谈、违约追责等方式，加强渠道管理。

2. 异常交易情况

对于汽车金融公司而言，异常交易主要是指贷款过程中的欺诈问题。除了客户投诉中反映出来的欺诈以外，早期逾期率、附加品贷款占比等信用风险管理部门的指标，可能与贷款欺诈高度相关，也需要引起合规管理部门的关注。

早期逾期率一般是指贷款发放后前三个月内发生的逾期，是根据贷款欺诈一般在三个月内即发生逾期这个经验结论倒推出来的指标。早期逾期率高提示某一产品或某一渠道的欺诈风险较高，就需要特别关注贷款三查是否到位。

附加品贷款占比，是指附加品贷款与贷款总金额的比例。一般来讲，附加品贷款占比过高，或者按照附加品贷款政策"顶格"申请的贷款合同，附加品交易虚假的可能性较高，需要重新审视附加品贷款的核查手段是否到位。

3. 合规咨询和审查情况

通过对合规咨询和审查的数据分析，可以使合规管理部门掌握公司合规管理的"短板"。重复咨询的合规事项，或者在审查中重复出现的合规风险，提示相关部门或相关岗位在具体合规问题上可能存在理解偏差，或者相关产品设计存在合规问题，需要采取风险缓释措施。

4. 员工异常行为情况

本书后面章节将会介绍，汽车金融公司需要按照监管的要求，对员工开展异常行为监测，监测的结果可以反映公司是否存在案件防控、消费者权益保护、反洗钱等方面的风险或管理漏洞。比如通过异常行为监测发现员工存在背负巨额债务无法清偿的情况，则需要将其调离可能接触公司或客户资金的岗位。再如发现员工有参与网络赌博的情况，则提示相关部门在员工"八小时以外"管理方面，存在薄弱。

（二）合规风险评估

本书第一章对合规风险进行了界定，即汽车金融公司因没有遵循法律、规则和准则而可能遭受法律制裁、监管处罚、重大财务损失和声誉损失的风险。那么对合规风险的评估就是对遭受法律制裁、监管处罚、重大财务损失和声誉损失可能性的评估，以及风险发生后，对汽车金融公司整体运营的影响程度。

如果按照操作风险管理的方法论，风险评估包括定量评估和定性评估两种方式。定量评估是指通过数学的方法，收集和处理数据资料，通过特定的计算方法得出风险结果的数值。定性评估是指运用分析与综合、比较与分类、归纳与演绎等逻辑分析方法，对相关数据资料进行加工处理，得出风险结果的判断，这个判断不是以数值的方式呈现。[①]

根据本书作者的经验，合规风险的评估，很难用到定量评估的方法，因为评估的主要内容是对未来发生风险概率的判断，以及发生风险之后的影响，除了损失额可以用监管规定的处罚金额上限来计算以外，其他均是

---

① 惠平，周玮，童频．商业银行合规管理［M］．北京：中国金融出版社，2018.

带有一定主观性的经验判断，需要考虑一定时期内的监管趋势、同类行为的处罚记录、风险暴露的可能性、公司内部管理缓释风险的程度等较为复杂的因素，采用定性的评估方法较为合适。

（三）合规监测及评估示例

曾经汽车金融公司在为客户办理贷款时，会向客户销售人身意外险，该保险会在车辆发生意外事故，客户全残或死亡时，提供保险理赔资金，用于偿还客户所欠的贷款本息。那么可能发生的合规监测和评估过程是这样的：

1. 通过监测客户投诉发现：一段时期内客户对购买人身意外险的投诉量较大，投诉原因主要为强制购买或未向客户明确说明意外险保费。

2. 大前提：银监会《关于整治银行业金融机构不规范经营的通知》规定金融机构不得借贷搭售，不得在发放贷款或以其他方式提供融资时强制捆绑、搭售理财、保险、基金等金融产品。

3. 小前提：经合规管理部门检查或调研，汽车金融公司人身意外险产品销售过程中，存在经销商未明确告知客户自主选择权的情况，相关产品文件中也未明确说明。同时，如果客户选择不购买人身意外险，则根据公司政策，其无法享受相关利率优惠，实质上对客户的自主选择权造成了影响。

4. 其他考虑因素：出现新的处罚案例，将购买保险与享受利率优惠政策定性为借贷搭售；银保监会 2020 年重点清理整顿贷款搭售意外险的违规行为，并通报金融机构借贷搭售典型案例，部分案例与汽车金融公司实际操作类似；已有汽车金融公司完成整改，取消人身意外险产品，或改为赠送。

5. 可能的风险后果包括：银保监会对汽车金融公司处以二十万元以上、五十万元以下罚款（90%）；并对相关责任人员处以警告或罚款（60%）。同时存在没收违法所得，处违法所得 1 倍以上 5 倍以下罚款的可能（10%）[①]。同时银保监会公开行政处罚，并有可能作为典型案例进行通

---

① 括号中的比例，为根据历年监管处罚数据分析，得出的该项处罚实施的可能性。

报，对公司造成声誉风险。

6. 结论：人身意外险产品存在合规风险，综合考虑监管趋势、关注重点、同业情况等因素，风险暴露的可能性较高，综合评定合规风险为高风险，需要立即整改。

二、合规检查

与合规监测不同，合规检查是汽车金融公司对各部门、条线、岗位遵守法律法规、监管规定、内部制度的情况，以及合规管理体系的运行效果进行检验和评价的过程。根据《商业银行合规风险管理指引》的规定，合规管理部门应当实施充分且有代表性的合规风险评估和测试，包括通过现场审核对各项政策和程序的合规性进行测试，询问政策和程序存在的缺陷，并进行相应的调查。实施合规检查，需要关注的是合规检查的范围和方法。

（一）合规检查的范围

1. 汽车金融公司是否建立符合监管规定，并与公司战略目标相适应的合规管理体系。

2. 汽车金融公司的经营管理活动是否做到"有章可依""制度先行"，当相关法律法规、监管规定或公司业务实际发生变化时，是否及时修订和完善已有的规章制度。

3. 各部门、业务条线、岗位是否严格执行了合规管理政策、规定和流程，以及合规风险管理的充分性和有效性。

4. 汽车金融公司是否建立了与公司实际情况相适应的合规文化，员工是否能够正确理解和把握法律法规、监管规定，以及公司内部合规管理要求。

5. 对于各类合规风险、监管意见、审计发现，是否制订了整改计划，整改动作是否有效落实，是否存在屡查屡犯的情况。

（二）合规检查的方法

一般来讲，合规管理部门可以通过合规测试、书面检查和合规考试的方式，开展合规检查。

合规测试的方法论，其实是借鉴了财务审计中的概念，将穿行测试和控制性测试相结合。简单来讲，合规测试就是通过重现流程，或审查实例的方式，对合规制度的完备性和执行效果进行评价。比如对于有 App 的汽车金融公司，合规管理人员可以使用测试账号，对贷款申请流程进行测试，以查验是否符合贷款申请和消费者权益保护的相关要求。

书面检查是最常用的合规检查方法，是指通过调阅贷款档案、邮件记录、公司文件等书面材料，对相关合规管理要求执行的充分性和有效性进行评价的方法。根据本书作者的经验，书面检查可以用于合规体系建设评估这类整体性的合规检查，也可以用于信贷档案合规性这类专项合规检查。具体的实施方案，可以比照监管对消保和反洗钱工作的年度评价要求和具体事项的现场检查。

合规考试主要用于评价公司的合规文化建设情况，和考试对象对合规要求的掌握程度。根据考试对象的不同，合规考试可以分为全员考试、新员工考试和岗位合规考试。从实践操作的角度，汽车金融公司合规管理部门可以提前拟定不同考试类别的试题库，并根据需要安排考试，建议每年至少进行一次全员合规考试，根据新入职员工的情况安排数次新员工考试，以及制订计划在一定周期内确保岗位合规考试全覆盖。

（三）合规检查的流程

1. 制订合规检查计划

凡事预则立不预则废，合规检查需要调动公司资源和被检查对象的配合，通过制订合规检查计划，尽可能将合规检查进行有序安排并提前告知被检查对象，可以避免与公司重大事项争夺资源，导致被检查对象配合度降低。必要的时候，合规检查计划也可以报送管理层甚至董事会审批，并定期报告进展情况，获得高层的支持。

2. 确定合规检查方法

如前所述，合规管理部门可以根据检查的对象和目的，选择合适的合规检查方法。

3. 初步信息分析和制定工作底稿

合规管理部门需要对检查对象进行初步的信息分析，明确检查范围和重点关注的合规风险。在此基础上，制定合规检查工作底稿，通过工作底稿来指导合规检查的实施，并形成书面记录。

4. 发送检查通知

合规检查之前，需要提前向被检查对象发送正式的检查通知，明确检查内容、检查期间、检查人员等基本要素，以及需要被检查对象提供的材料或配合的动作。

5. 实施合规检查

根据合规检查底稿，收集相关资料，或实施穿行测试，识别检查对象的和合规风险点，做好详细记录。

6. 检查沟通

检查结束后，合规管理部门应当就检查过程中发现的问题，与检查对象进行深入沟通和仔细核对，听取检查对象的意见。对于明确的合规问题，确定切实可行的整改计划，明确整改时间和责任人。

7. 出具检查报告

合规管理部门根据检查和沟通的结果，将发现的问题和整改计划形成检查报告，向高级管理层或董事会进行报告。

三、合规整改

无论是合规监测还是合规检查，都是发现合规风险和问题的手段，最终需要落实到合规整改，通过整改的方式，不断缓释合规风险，提升汽车金融公司的合规管理水平。对于合规整改，合规管理部门需要关注整改实施闭环和整改标准。

汽车金融公司需要建立一个整改实施闭环，来确保已发现的问题得到有效整改，具体包括整改通知、整改与问责、整改结果确认、整改清单与跟踪。

第一，出具检查报告并经管理层或董事会审阅批准后，合规管理部门应当正式通知整改责任部门落实整改计划。需要注意的是，这里的整改责任部门不一定仅指检查对象部门，可能涉及其他职能部门。在必要的情况下，可以召开多部门联合会议，布置整改任务，明确整改要求。

第二，整改与问责。整改责任部门需要根据检查报告和整改计划，分析问题产生的原因，纠正错误、改进管理，包括但不限于暂停某一项业务或管理动作、修订业务流程、变更系统设置、增加管控环节、制定或修订内部制度等。同时，如果已经产生不利后果，需要根据汽车金融公司内部问责的相关办法，对负有责任的人员进行问责。

第三，结果报告。整改责任部门应当在整改期限前完成整改，并向合规管理部门报告整改结果。合规管理部门应当对整改结果进行评估，确认是否符合整改标准。

第四，整改清单与跟踪。合规管理部门应当制定待整改问题清单（也可以叫做整改问题库），对于符合整改标准的整改事项，予以关闭。对于整改期限即将届满、尚未完成整改的，进行定期提醒。并且可以分部门统计整改完成率，定期就整改完成情况向管理层或董事会进行汇报，督促整改责任主体履行整改义务。对于已经关闭的整改事项，可以在后续合规检查中作为检查对象，重新复查是否存在屡查屡犯的情况。

第三章　汽车金融监管体系

不可否认的是，金融监管拥有对一个行业强大的塑造能力，一个看似很小的规定，可能对一种业务模式的冲击是毁灭性的，也有可能直接引领了一个行业的井喷。但反过来，金融机构的实践也在不断推动金融监管"演化"。这一点，近几年来在理财领域和互联网金融领域得到了反复验证。

在汽车金融领域，同样存在这种"规律"。因此研究汽车金融监管体系，一方面要从汽车金融的沿革与发展开始说起。汽车金融从诞生之初，到之后的起起落落，无不伴随着金融监管的收放与变化。另一方面，我们也要关注中国金融监管体制的改革，因为每一次改革，无论是否产生政府部门组织架构上的变化，都会带来全新的监管理念和不同监管领域的思维碰撞。因此，本章的前两节将聚焦于汽车金融的发展历史和最近一次中国金融监管体制的改革成果，希望给予读者一个比较清晰的沿革脉络。

本章的后两节，将从实践角度出发，梳理不同的金融监管主体对汽车金融公司的监管职能，以及汽车金融公司所适用的监管体系和监管指标。第四节不可避免地重新触及了汽车金融监管制度的发展历程，读者可以与第一节进行对照与回应，发现其中奇妙的"规律"。

第一节　我国汽车金融的沿革与发展①

汽车金融起源于欧美国家，伴随着汽车消费的蓬勃发展而逐步兴起。最早的汽车金融服务机构可以追溯到 1919 年美国通用汽车设立的通用汽车票据承兑公司，这家公司的成立，加快了汽车销售回款的节奏，降低了购买汽车的短期资金压力，有力地促进了通用汽车的销售增长。此后，许多知名的汽车制造厂商纷纷投资设立专门的汽车金融公司，为经销商提供库存融资服务，为终端客户提供消费贷款服务，部分商业银行也嗅到了商机，涉足汽车金融领域。

我国的汽车金融起步较晚，一般认为肇始于 1993 年北方兵工汽贸公司首次提出分期付款购买汽车的概念。从 1993 年至今，可以将我国汽车金融的发展历程大致分为萌芽阶段、爆发阶段、调整阶段和稳步发展阶段。

一、萌芽阶段（1993 年至 1998 年 9 月）

1993 年北方兵工汽贸公司提出分期付款购买汽车时，并没有任何金融机构参与其中，当时主要以汽车经销商自筹资金为客户办理分期为主，即汽车经销商全款向汽车生产厂商购买汽车，销售给客户时，与其约定在支付一定首付款的基础上，分期偿还尾款。这种方式一定程度上减轻了客户购买汽车的经济压力，但是由于汽车经销商需要全款支付购车款项，再缓慢回收客户的月供款，对经销商的资金实力、管理能力和风险控制能力要求极高，因此仅仅属于极小部分经销商的一种尝试，总体规模十分有限。

1996 年开始，金融机构开始尝试参与汽车金融业务。1996 年 5 月，中国建设银行与一汽大众公司开展汽车贷款实验项目计划，开始在部分地区

---

① 本书主要参考李全民. 我国汽车金融服务发展现状 [J]. 汽车工业研究，2008（8）：19 - 22.

试点办理一汽大众轿车的汽车贷款业务，开始了国内商业银行个人汽车贷款业务的尝试。但由于参与各方缺乏相应的汽车金融经验和有效的风控手段，项目暴露出比较严重的问题，出现了较大的风险，同时当年宏观政策调整，多因素的叠加，导致仅仅 4 个月之后，人民银行叫停了该计划。在之后的近两年时间内，汽车金融业务少有金融机构涉足，截止到 1998 年，整体汽车消费贷款规模仅仅不足 5 亿元人民币。

二、爆发阶段（1998 年 10 月至 2003 年上半年）

中国人民银行于 1998 年 9 月出台了《汽车消费贷款管理办法》（以下简称《办法》），是这一阶段开始的最明显的标志。《办法》明确汽车消费贷款的贷款人只能是经中国人民银行批准的商业银行，并且在实际发文中明确仅限于四家国有银行，还要求四大行本着小范围试点的原则确定具体试点地区报人民银行审批，可谓慎之又慎。《办法》首次明确了汽车消费贷款的合法合规身份，正式得到监管部门的认可，并给出了一些初步的监管规范，使相关业务有了比较可靠的政策依据，是中国汽车金融市场的一大进步。

之后根据宏观经济调控的需要，为扩大国内需求，开拓国内市场，人民银行在 1999 年 2 月又出台了《关于开展个人消费信贷的指导意见》，允许所有中资商业银行开办消费信贷业务（包括汽车消费贷款），鼓励甚至要求金融机构加大信贷消费投入。这一时期，国内私人汽车消费逐步升温，北京、广州、成都、杭州等城市，私人购车比例已超过 50%。同时各大保险公司的汽车消费信贷保证保险业务也迅速发展，对汽车消费信贷也起到了推波助澜的作用。而商业银行也非常重视汽车消费信贷业务的开展，视之为改善信贷结构、优化信贷资产质量的重要途径。因此，在多种因素的共同推动下，汽车信贷消费出现了前所未有的"井喷"式爆发。汽车消费信贷余额呈几何倍数增长，1999 年末为 29 亿元，2000 年末为 186 亿元，2001 年末为 436 亿元，2002 年末为 945 亿元，而 2003 年达到了

2000 亿元以上的信贷规模。而在新增的私用车中有近 1/3 都是通过分期付款的方式购车，汽车消费信贷占整个汽车消费总量的比例由 1999 年的 1% 迅速升至 2001 年的 15%。

在这个阶段，银行、保险公司、汽车经销商、生产厂家四方合作的模式，成为推动汽车消费信贷高速发展的主流做法，其中保险公司在整个汽车信贷市场的作用和影响达到巅峰。但与此同时，由于银行不断降低贷款利率和首付比例，延长贷款年限，放宽贷款条件和范围，因而风险控制环节弱化，潜在风险不断积聚。

三、调整阶段（2003 年下半年至 2004 年 8 月）

由于当时国内征信体系不健全，金融机构出现了大量坏账，银行出于控制风险的需要，收紧银根，提高贷款首付比例，导致汽车消费贷款产品的吸引力下降。同时，居高不下的赔付率和作为抵押物的车辆价格下降，使保险公司的赔付压力甚至亏损越来越大，对车贷险业务也越来越谨慎，也引起了监管的关注。2004 年 1 月 15 日，中国保监会发布《关于规范汽车消费贷款保证保险业务有关问题的通知》，规定从 3 月 31 日开始，一律废止各保险公司现行车贷险条款费率，要求各保险公司根据通知要求重新制定车贷险条款费率，规范车贷险业务。这样的规定实质上是叫停了原来的以车贷险为核心的汽车消费贷款模式。

由此，商业银行主导的"商业银行 + 保险公司 + 汽车生产商和销售商 + 汽车消费者"这样一种并不稳定的汽车金融服务业模式基本瓦解，国内汽车金融服务业进入了阶段性低谷，甚至在银行和保险公司之间还产生了许多法律纠纷。国内汽车金融服务业进入了冬天，特别是严重依赖消费信贷的中重型商用车市场销售受到巨大打击。

四、稳步发展阶段（2004 年 9 月以后）

为了履行我国加入世界贸易组织的承诺，当时的中国银监会于 2003 年

10 月颁布了《汽车金融公司管理办法》，11 月又颁布了配套的实施细则，奠定了成立专业汽车金融公司的制度基础。经过近一年的申报审批，2004 年 8 月 18 日，上海通用汽车金融有限责任公司正式成立。这是《汽车金融公司管理办法》实施后我国首家汽车金融公司，标志着中国汽车金融业开始向汽车金融公司主导的专业化时期转换。随后福特、丰田、大众汽车金融服务公司相继成立。2004 年 10 月 1 日，中国银监会又出台了《汽车贷款管理办法》，以取代《汽车消费贷款管理办法》，进一步规范了汽车信贷业务。中国汽车消费信贷开始向专业化、规模化方向发展。在这个过程中，保险公司的车贷险业务在整个汽车消费信贷市场的作用日趋淡化，专业汽车信贷服务企业开始出现，银行与汽车金融公司开始进行全面竞争。

第二节　金融监管体系概述

中国的金融监管体系，在 2017 年至 2018 年经历过一轮调整，调整后在中央层面新增国务院金融稳定发展委员会、将原有中国银行业监督管理委员会和中国保险监督管理委员会合并为中国银行保险监督管理委员会，保留中国人民银行、中国证券监督管理委员会，地方上将原各级金融服务（工作）办公室升级为地方金融监督管理局。

一、国务院金融稳定发展委员会

2017 年 7 月，全国金融工作会议宣布设立国家金融稳定发展委员会（以下简称"金融委"），之后国务院确定在人民银行设立金融稳定发展委员会办公室作为常设机构，2017 年 11 月国务院金融稳定发展委员会宣告成立，并召开了第一次全体会议，一个全新的金融监管部门就此诞生。

金融委定位为"国务院统筹协调金融稳定和改革发展重大问题的议事协调机构"，其主要职能包括五个方面：一是落实党中央、国务院关于金融工作的决策部署；二是审议金融业改革发展重大规划；三是统筹金融改革发展与监管，协调货币政策与金融监管相关事项，统筹协调金融监管重大事项，协调金融政策与相关财政政策、产业政策等；四是分析研判国际国内金融形势，做好国际金融风险应对，研究系统性金融风险防范处置和维护金融稳定重大政策；五是指导地方金融改革发展与监管，对金融管理部门和地方政府进行业务监督和履职问责等。截至2020年1月，金融委主任由国务院副总理刘鹤担任，副主任包括中国人民银行行长易纲和国务院常务副秘书长丁学东，成员单位包括人民银行、银保监会、证监会、中央财经委员会办公室、发改委和财政部。

从上述金融委的定位、职责和成员组成可以看出，这个机构主要是在宏观层面制定金融政策，再由各部委制定实施细则予以落实。

二、中国人民银行

中国人民银行，是国务院的26个组成部门之一。人民银行的职能由《中国人民银行法》直接规定，包括：（一）发布与履行其职责有关的命令和规章；（二）依法制定和执行货币政策；（三）发行人民币，管理人民币流通；（四）监督管理银行间同业拆借市场和银行间债券市场；（五）实施外汇管理，监督管理银行间外汇市场；（六）监督管理黄金市场；（七）持有、管理、经营国家外汇储备、黄金储备；（八）经理国库；（九）维护支付、清算系统的正常运行；（十）指导、部署金融业反洗钱工作，负责反洗钱的资金监测； （十一）负责金融业的统计、调查、分析和预测；（十二）作为国家的中央银行，从事有关的国际金融活动；（十三）国务院规定的其他职责。

2018年通过的国务院机构改革方案中，将银监会和保监会拟订银行业、保险业重要法律法规草案和审慎监管基本制度的职责划入人民银行，同时将金融委的常设办公室设在了人民银行，可以说人民银行在金融监管方面，更加接近其宏观审慎管理的定位，同时还保留了部分微观审慎监管职能，比如外汇管理、反洗钱、支付清算监管等。

三、中国银行保险监督管理委员会

在 2018 年国务院机构改革中，银监会和保监会合并，组建中国银行保险监督管理委员会，仍然作为国务院直属事业单位。根据第十三届全国人民代表大会第一次会议《关于国务院机构改革方案的说明》，银保监会的主要职责是依照法律法规统一监督管理银行业和保险业，维护银行业和保险业合法、稳健运行，防范和化解金融风险，保护金融消费者合法权益，维护金融稳定。银保监会官网公布的具体职责如下：

（一）依法依规对全国银行业和保险业实行统一监督管理，维护银行业和保险业合法、稳健运行，对派出机构实行垂直领导。

（二）对银行业和保险业改革开放和监管有效性开展系统性研究。参与拟订金融业改革发展战略规划，参与起草银行业和保险业重要法律法规草案以及审慎监管和金融消费者保护基本制度。起草银行业和保险业其他法律法规草案，提出制定和修改建议。

（三）依据审慎监管和金融消费者保护基本制度，制定银行业和保险业审慎监管与行为监管规则。制定小额贷款公司、融资性担保公司、典当行、融资租赁公司、商业保理公司、地方资产管理公司等其他类型机构的经营规则和监管规则。制定网络借贷信息中介机构业务活动的监管制度。

（四）依法依规对银行业和保险业机构及其业务范围实行准入管理，审查高级管理人员任职资格。制定银行业和保险业从业人员行为管理规范。

（五）对银行业和保险业机构的公司治理、风险管理、内部控制、资本充足状况、偿付能力、经营行为和信息披露等实施监管。

（六）对银行业和保险业机构实行现场检查与非现场监管，开展风险与合规评估，保护金融消费者合法权益，依法查处违法违规行为。

（七）负责统一编制全国银行业和保险业监管数据报表，按照国家有关规定予以发布，履行金融业综合统计相关工作职责。

（八）建立银行业和保险业风险监控、评价和预警体系，跟踪分析、监测、预测银行业和保险业运行状况。

（九）会同有关部门提出存款类金融机构和保险业机构紧急风险处置的意见和建议并组织实施。

（十）依法依规打击非法金融活动，负责非法集资的认定、查处和取缔以及相关组织协调工作。

（十一）根据职责分工，负责指导和监督地方金融监管部门相关业务工作。

（十二）参加银行业和保险业国际组织与国际监管规则制定，开展银行业和保险业的对外交流与国际合作事务。

（十三）负责国有重点银行业金融机构监事会的日常管理工作。

（十四）完成党中央、国务院交办的其他任务。

（十五）职能转变。围绕国家金融工作的指导方针和任务，进一步明确职能定位，强化监管职责，加强微观审慎监管、行为监管与金融消费者保护，守住不发生系统性金融风险的底线。按照简政放权要求，逐步减少并依法规范事前审批，加强事中事后监管，优化金融服务，向派出机构适当转移监管和服务职能，推动银行业和保险业机构业务和服务下沉，更好地发挥金融服务实体经济功能。

四、地方金融监督管理局

2017 年全国金融工作会议以后，中央要求各地金融监管部门（包括地方金融办、地方金融工作局等）加挂地方金融监督管理局牌子。由此，监管职能将持续加强，与一行三局（地方人行、银监局、保监局、证监局）形成错位监管和补充。

目前，地方金融监督管理局的监管范围主要包括"7＋4"类机构，即小额贷款公司、融资担保公司、区域性股权市场、典当行、融资租赁公司、商业保理公司、地方资产管理公司 7 类金融机构和辖区内的投资公司、农民专业合作社、社会众筹机构、地方各类交易所4类机构的资本监管、行为监管和功能监管的三大监管职能。其中对于租赁、保理等机构的监管，根据2018年商务部办公厅发布的《关于融资租赁公司、商业保理公司和典当行管理职责调整有关事宜的通知》，这三类机构的业务经营和监管规则职责从2018年4月20日起划给银保监会。而根据银保监会下发的《融资租赁公司监督管理暂行办法》，银保监会负责制定融资租赁公司的业务经营和监督管理规则，省级人民政府负责制定促进本地区融资租赁行业发展的政策措施，对融资租赁公司实施监督管理，处置融资租赁公司风险。省级地方金融监管部门具体负责对本地区融资租赁公司的监督管理，实际是将日常监管职责下放到地方金融监督管理局。

五、建设现代金融监管体系

对于金融监管体系改革的讨论，早在2015年就已经开始，当时国外有三种主流的金融混业监管模式，一是美国多头监管模式，分业监管之上再设金融稳定委员会，由央行主导；二是英国超级大监管模式，央行与其他金融监管机构合并成一个超级大监管机构；三是澳大利亚的双峰模式，即"三会"合并成立新的金融监管机构，与央行共同监管，即"双峰"监管模式。

2016年6月，社科院国家金融与发展实验室发布《中国金融监管报告（2016）》指出，金融监管框架调整不能盲目照搬国外模式，不宜妄动，建议采取"三层＋双峰"模式。所谓"三层"指顶层的金稳会，中间层的具体金融监管机构，底层的地方监管部门；所谓"双峰"指中间层内部将具体的监管职能分为审慎监管机构和行为监管机构。之后2017年至2018年国务院和地方政府机构改革中，基本沿袭了上述思路，形成了前面讲到的"一委一行两会一局"格局。

党的十九届五中全会审议通过的《中共中央关于制定国民经济和社会发展第十四个五年规划和二〇三五年远景目标的建议》，对"完善现代金融监管体系"作出了专门部署，提出了明确要求。那么，时隔几年之后，为何又要提出完善现代金融监管体系的工作要求？何为"现代金融监管体系"？2020年12月，人民银行易纲行长发表《建设现代中央银行制度》，阐述了建设现代央行制度的意义、内涵和重大举措。几乎同一时期，银保监会郭树清主席也发表了《完善现代金融监管体系》一文，从吸取金融监管历史经验、正确认识现阶段金融形势和持续完善现代金融监管体系三个方面，论述了现代金融监管体系的要义。这两篇文章均收录在《〈中共中央关于制定国民经济和社会发展第十四个五年规划和二〇三五年远景目标的建议〉辅导读本》中，勾勒出了第十四个五年规划期间，金融监管的蓝图。

虽然两篇文章对完善现代金融监管体系内涵的阐述各有侧重，但结合二者的要素，本书作者总结以下几个方面的核心内涵，或对汽车金融公司监管体系产生长远影响。

第一，全面加强党对金融工作的集中统一领导，捋顺中央和地方的金融监管职责。

现代金融监管体系要求国家金融管理部门切实担当起监管主体责任的同时，充分发挥地方党委政府在金融监管中的重要作用。对持牌金融机构而言，地方政府对金融机构的治理要有担当，不能把所有金融机构的风险问题都扔给中央。尤其是从股东的角色和风险处置的角色，都应该是地方政府属地责任。因此地方金融监督管理局的监管职责职能会得到强化。

第二，健全宏观审慎、微观审慎、行为监管三个支柱。

关于宏观审慎的具体内涵，在易纲行长的《建立现代中央银行制度》表述：完善宏观审慎管理体系，加强对系统重要性金融机构、金融控股公司与金融基础设施统筹监管，逐步将主要金融活动、金融市场、金融机构和金融基础设施纳入宏观审慎管理，发挥宏观审慎压力测试在风险识别和监管校准中的积极作用。

微观审慎监管方面，主要是健全以资本约束为核心的审慎监管体系，加快完善存款保险制度，努力做到对风险的早发现、早预警、早介入、早处置。

行为监管方面，严厉打击侵害金融消费者合法权益的违法违规行为。金融监管作为整体，应当始终具备宏观审慎视野，以微观审慎为基础，以行为监管为支撑，实现三者既独立又协同的有机统一。

第三，强化金融基础设施建设，为金融监管提供支撑保障。

金融基础设施建设是两篇文章均提到的一个重点，强化监管科技运用，加快金融业综合统计和信息标准化立法。抓紧建设监管大数据平台，全力推动监管工作信息化、智能化转型，人民银行大力推动的金融基础数据以及银保监会的 EAST 监管数据采集和分析平台，都是这方面的具体落地措施。2020—2021 年，上述监管数据平台逐步覆盖汽车金融公司，后续将对汽车金融公司的规范运营和风险控制提出更高的挑战。

第四，健全金融风险预防、预警、处置、问责制度体系。

加快确定系统重要性金融机构名单，科学设定评估标准和程序，提出更高监管要求。抓紧建立恢复与处置计划，引导金融机构设立"生前遗嘱"，确保危机时得到快速有效处置。与此同时，要完善风险处置方式，在防范系统性风险的同时，努力减少道德风险。落实金融机构主体责任，尽量采取"自救"，能自行化解风险或市场出清的，政府不介入。动用公共资金，必须符合严格的条件和标准。尤为关键的是，要健全损失分担制度。全面做实股权吸收损失机制，首先由股东特别是大股东承担损失，其他资本工具和特定债权依法转股、减记。高管层要通过延迟支付抵扣、降薪以及事后退偿等承担相应责任。涉嫌违法犯罪的，要及时依法移送司法机关。

第五，提升监管水平，包括建立高效的监管决策协调沟通机制、提高金融监管透明度和法治化水平、培育忠诚干净担当的监管干部队伍三个方面。

第三节　汽车金融公司监管体系

在上述"一委一行两会一局"中，金融委的定位主要在于宏观金融政策和金融监管之间的协调，目前来看直接出台适用于汽车金融公司的监管规定的可能性较小；证监会方面，除了部分已上市的汽车金融公司以外（如东正汽车金融），一般不会和证监会打交道；地方金融监督管理局主要负责对"7＋4"地方金融主体（如融资租赁公司、小额贷款公司、融资担保公司等）进行监管，对汽车金融公司也没有直接的监管关系。因此对汽车金融公司而言，监管体系可以简化为"一行一会"，同时还应当考虑行业自律性组织——银行业协会汽车金融专业委员会。

一、人民银行对汽车金融公司的监管

（一）征信监管。作为汽车金融公司最主要、最有效的信用风险评估手段，查询借款人和担保人征信，需要接入人民银行征信中心的个人和企业征信数据库，并接受相应的监管。

（二）宏观审慎管理。2016 年起人民银行对包括汽车金融公司在内的金融机构引入"宏观审慎评估体系"（MPA）。MPA 对金融机构系统重要性进行区分，根据系统重要性程度实施差别考量主要指标包括：资本和杠杆情况、资产负债情况、流动性、定价行为、资产质量、跨境融资风险、信贷政策执行等七大类 16 项指标，其中适用于 AFC 的有四大类 7 项指标。

（三）金融统计数据监管。根据 2002 年《金融统计管理规定》，汽车金融公司需根据人民银行的要求，报送相关金融统计报表并接受统计监督和检查。2020 年，人民银行发布《关于建立金融基础数据统计制度的通知》，决定从当年 9 月起分步实施金融基础数据统计制度。汽车金融公司需要报送包括存量单位贷款信息、单位贷款发生额信息、存量个人贷款信息、个人贷款发生额信息、个人客户基础信息、担保合同信息、担保物信息、非同业单位客户基础信息在内的多张报表。

（四）存款准备金管理。虽然按照中国人民银行编制的《金融机构编码规范（2014）》，汽车金融公司属于 D 类：银行业非存款类金融机构，但根据《汽车金融公司管理办法》的规定，汽车金融公司允许接受境外股东及其所在集团在华全资子公司和境内股东 3 个月（含）以上定期存款，以及接受汽车经销商采购车辆贷款保证金和承租人汽车租赁保证金。2011 年中国人民银行《关于将保证金存款纳入存款准备金交存范围的通知》决定将保证金存款纳入一般性存款计交存款准备金；2014 年人民银行《关于存款口径调整后存款准备金政策和利率管理政策有关事项的通知》中规定"金融租赁公司和汽车金融公司参照存款类金融机构执行"。因此汽车金融公司需要对上述存款和保证金缴纳存款准备金并接受相应的存款准备金管理。

（五）反洗钱、反恐怖融资监管（以下统称为反洗钱）。根据 2006 年《金融机构反洗钱规定》（以下简称《规定》）第二条明确《规定》适用于汽车金融公司，需要按照《规定》的要求建立反洗钱内部控制体系，履行反洗钱义务。第三条规定中国人民银行是国务院反洗钱行政主管部门，依法对金融机构的反洗钱工作进行监督管理。

（六）消费者权益保护。根据《中国人民银行金融消费者权益保护实施办法》规定，在中华人民共和国境内依法设立的为金融消费者提供金融产品或者服务的银行业金融机构（以下简称银行），开展与下列业务相关的金融消费者权益保护工作，适用本办法：（1）与利率管理相关的；（2）与人民币管理相关的；（3）与外汇管理相关的；（4）与黄金市场管理相关的；（5）与国库管理相关的；（6）与支付、清算管理相关的；（7）与反洗钱管理相关的；（8）与征信管理相关的；（9）与上述第一项至第八项业务相关的金融营销宣传和消费者金融信息保护；（10）其他法律、行政法规规定的中国人民银行职责范围内的金融消费者权益保护工作。

根据汽车金融公司的经营范围，可能涉及人民银行消费者权益保护管辖的事项主要有利率管理、人民币管理、反洗钱管理、征信管理及上述管理事项的营销宣传和个人信息保护有关的管理。以利率管理为例，汽车金融公司如果设定过高的利率，或者营销宣传时未按照规定展示年化利率，借款人向人民银行投诉的，人民银行可立案受理。

二、银保监会对汽车金融公司的监管

银保监会对汽车金融公司实施监管的主要法律依据是《银行业监督管理法》其第二条的规定，其适用范围包括在中华人民共和国境内设立的金融资产管理公司、信托投资公司、财务公司、金融租赁公司以及国务院银行业监督管理机构批准设立的其他金融机构的监督管理。根据汽车金融公司的业务范围，银保监会对汽车金融公司直接行使的监管职责包括：

（一）依据审慎监管和金融消费者保护基本制度，制定审慎监管与行为监管规则。这里审慎监管规则包括风险管理、内部控制、资本充足率、资产质量、损失准备金、风险集中、关联交易、资产流动性等内容。需要注意的是，部分汽车金融公司具有保险兼业代理资格，开展相关保险兼业代理业务，也需要关注银保监会对保险机构的相关审慎监管与行为监管规则。

（二）依法依规对汽车金融公司及其业务范围实行准入管理，审查高级管理人员任职资格。制定的银行业从业人员行为管理规范，汽车金融公司也需要遵守；如开展保险兼业代理业务，也需要遵守保险机构和业务的准入管理，以及保险业从业人员行为管理规范。

（三）对汽车金融公司的公司治理、风险管理、内部控制、资本充足状况、经营行为和信息披露等实施监管。

（四）对汽车金融公司实行现场检查与非现场监管，开展风险与合规评估，保护金融消费者合法权益，依法查处违法违规行为。

（五）负责统一编制汽车金融公司监管数据报表，按照国家有关规定予以发布，履行金融业综合统计相关工作职责。

（六）建立汽车金融公司风险监控、评价和预警体系，跟踪分析、监测、预测汽车金融公司运行状况。

三、银行业协会汽车专业委员会

根据《汽车金融公司管理办法》第三十一条规定，汽车金融公司可以成立行业性自律组织，实行自律管理。自律组织开展活动，应当接受中国银监会的指导和监督。

汽车金融行业的自律组织全称为中国银行业协会汽车金融专业委员会（以下简称"汽车金融专业委员会"），成立于2014年6月，是中国银行业协会领导下的专业工作组织，依照《中国银行业协会章程》和《中国银行业协会汽车金融专业委员会工作规则》开展工作。汽车金融专业委员会的宗旨是维护汽车金融业和各成员单位的合法权益，提升汽车金融的社会及市场认知度，促进汽车金融行业的持续、健康发展。根据《中国银行业协会汽车金融专业委员会工作规则》，汽车金融专业委员会的职责主要为：

（一）履行汽车金融行业自律、维权、协调、服务职责；

（二）宣传与推行汽车金融理念，深化市场对汽车金融的理解；

（三）规范中国汽车金融市场，促进整个行业汽车金融业务操作的标准化，降低交易成本，提高交易效率；

（四）收集、公布相关统计数据，建立汽车金融信息交流平台，促进会员间的沟通与合作；

（五）研究与汽车金融相关的法律、会计、税务、监管等政策，并推动相关政策的建立和完善；

（六）举办汽车金融的培训、论坛、研讨会和国际交流等活动，与国内外机构开展合作；

（七）在必要时代表各成员与政府机关及其他相关方进行沟通；

（八）承办监管部门委托办理的事项；

（九）承办协会委托办理的事项。

四、对汽车金融公司的监督管理措施

根据《银行业监督管理法》《汽车金融公司管理办法》的规定，为了履行上述职责，银行业监督管理机构可以采取的监督管理措施包括：

（一）经营数据报送。要求汽车金融公司按照规定报送资产负债表、利润表和其他财务会计、统计报表、经营管理资料以及注册会计师出具的审计报告。根据《汽车金融公司管理办法》的规定，汽车金融公司需在每个会计年度结束后4个月内，将法定代表人签名确认的年度审计报告报送所在地银保监会派出机构。同时，银保监会及其派出机构可以要求汽车金融公司更换专业技能和独立性达不到监管要求的会计师事务所。

（二）现场检查。包括：进入汽车金融公司进行检查；询问汽车金融公司的工作人员，要求其对有关检查事项作出说明；查阅、复制汽车金融公司与检查事项有关的文件、资料，对可能被转移、隐匿或者毁损的文件、资料予以封存；检查银行业金融机构运用电子计算机管理业务数据的系统。

（三）高管约谈。是指与汽车金融公司董事、高级管理人员进行监督管理谈话，要求汽车金融公司董事、高级管理人员就汽车金融公司的业务活动和风险管理的重大事项作出说明。

（四）责令披露。包括责令汽车金融公司按照规定，如实向社会公众披露财务会计报告、风险管理状况、董事和高级管理人员变更以及其他重大事项等信息。

（五）责令整改及后续措施。汽车金融公司违反审慎经营规则的，责令限期改正。逾期未改正的，或者其行为严重危及该银行业金融机构的稳健运行、损害存款人和其他客户合法权益的，可采取下列措施：责令暂停部分业务、停止批准开办新业务；限制分配红利和其他收入；限制资产转让；责令控股股东转让股权或者限制有关股东的权利；责令调整董事、高级管理人员或者限制其权利；停止批准增设分支机构。

（六）撤销、接管、重组。有违法经营、经营管理不善等情形，不予撤销；将严重危害金融秩序、损害公众利益的，予以撤销。

汽车金融公司已经或者可能发生信用危机，严重影响存款人和其他客户合法权益的，可以依法对该银行业金融机构实行接管或者促成机构重组。

在接管、机构重组或者撤销清算期间，对直接负责的董事、高级管理人员和其他直接责任人员，可以采取下列措施：

1. 直接负责的董事、高级管理人员和其他直接责任人员出境将对国家利益造成重大损失的，通知出境管理机关依法阻止其出境；

2. 申请司法机关禁止其转移、转让财产或者对其财产设定其他权利。

（七）查询、申请冻结资金。有权查询涉嫌金融违法的汽车金融公司及其工作人员以及关联行为人的账户；对涉嫌转移或者隐匿违法资金的，经批准可以申请司法机关予以冻结。

（八）对汽车金融公司以外的单位和个人采取措施。经批准可以对与涉嫌违法事项有关的单位和个人采取下列措施：询问有关单位或者个人，要求其对有关情况作出说明；查阅、复制有关财务会计、财产权登记等文件、资料；对可能被转移、隐匿、毁损或者伪造的文件、资料，予以先行登记保存。

第四节　汽车金融公司监管制度、指标体系

一、我国汽车金融监管政策的发展历程

从本章第一节描述的汽车金融业务的发展历程可以看出，汽车金融的

起承转合、兴衰存亡、模式变迁，都伴随着监管政策的相应调整，或者说是监管政策的发展变化，才引起了汽车金融业务的起起伏伏。在这个过程中，最为重要且影响最大的，主要是汽车消费贷款业务的相关监管规定和汽车金融公司相关监管规定。

（一）汽车消费贷款业务的监管沿革

1. 最早的汽车消费贷款业务监管规定，是人民银行于 1998 年颁布的《汽车消费贷款管理办法（试点办法）》（银发〔1998〕429 号）（以下简称《办法》）。该《办法》明确了汽车消费贷款的定义，即汽车消费贷款是指贷款人向申请购买汽车的借款人发放的人民币担保贷款，并从贷款条件、贷款期限利率和限额、贷款程序、担保等方面提出了汽车消费贷款的合规要求。总体来说，该试点《办法》基于当时对汽车消费贷款业务及其风险的理解，提出了较多的监管限制，如：

（1）仅限于四大国有银行试点开办汽车消费贷款业务；

（2）所购汽车仅限于国产汽车；

（3）借款人必须采取抵押、质押或以第三方保证等形式提供担保。并且根据不同的担保方式，限定借款额占购车款的最高比例（60% ~80%）；

（4）相关产品和试点方案需要提前报人民银行审批。

2. 1999 年人民银行发布的《关于开展个人消费信贷的指导意见》（银发〔1999〕73 号），对上述限制进行了部分修订：

（1）取消了仅限四大国有银行开展汽车消费贷款业务的限制，允许所有中资商业银行从 1999 年起开办消费信贷业务；

（2）允许各银行在严格防范信贷风险的基础上，对汽车消费贷款的比例按不高于全部价款的 80% 掌握；

（3）变事前审批为报备，要求各银行对消费信贷发展规划、计划推出的品种方式和有关的实施办法，自行制定并组织实施，但必须报人民银行备案。

3. 2000 年 6 月人民银行发布《企业集团财务公司管理办法》，允许财务公司办理集团成员单位产品的消费信贷、买方信贷及融资租赁。由此，财务公司成为汽车消费贷款的参与者。

4. 2004 年 8 月，人民银行和银监会联合发布《汽车贷款管理办法》（中国人民银行、中国银行业监督管理委员会令 2004 年第 2 号），正式取代《汽车消费贷款管理办法（试点办法）》，主要变化为：

（1）进一步拓宽贷款人的范围，在中华人民共和国境内依法设立的、经中国银行业监督管理委员会及其派出机构批准经营人民币贷款业务的商业银行、城乡信用社及获准经营汽车贷款业务的非银行金融机构，可以发放汽车贷款。外资商业银行、城乡信用社和部分非银行金融机构（主要是指汽车金融公司和财务公司）得以进入汽车金融市场。

（2）根据借款人的不同，将汽车贷款分为个人汽车贷款、经销商汽车贷款和机构汽车贷款，正式奠定了汽车贷款业务的"三分法"，并一直沿用至今。《办法》对不同种类的汽车贷款，规定了不同的借款人资质条件和风险管理要求。

（3）将作为融资标的的车辆分为自用车、商用车和二手车，并分别设定贷款最高比例，即自用车贷款的金额不超过借款人所购汽车价格的 80%；商用车贷款的金额不得超过借款人所购汽车价格的 70%；二手车贷款的金额不得超过借款人所购汽车价格的 50%。

（4）强化汽车贷款的风险管理要求，单设"风险管理"一章，要求贷款人建立借款人资信评级系统，审慎确定借款人的资信级别；建立汽车贷款分类监控系统，对不同类别的汽车贷款风险进行定期检查、评估；建立汽车贷款预警监测分析系统，制定预警标准；建立不良贷款分类处理制度和审慎的贷款损失准备制度，计提相应的风险准备；从事二手车汽车贷款的，还应当建立二手车市场信息数据库和二手车残值估算体系。

5. 2016 年 3 月 24 日，人民银行和银监会发布《关于加大对新消费领域金融支持的指导意见》（银发〔2016〕92 号）（以下简称《意见》），明确鼓励汽车金融公司业务产品创新，扩大了个人汽车贷款的融资范围，允许汽车金融公司在向消费者提供购车贷款（或融资租赁）的同时，根据消费者意愿提供附属于所购车辆的附加产品（如导航设备、外观贴膜、充电桩等物理附属设备以及车辆延长质保、车辆保险等无形附加产品和服务）的融资。该《意见》新增的"增融项目"，后续成为各类汽车贷款的必备。

6. 2017 年 10 月，人民银行和银监会发布修订后的《汽车贷款管理办法》（中国人民银行、中国银行业监督管理委员会令 2017 年第 2 号），主要对以下几个方面进行了修改：

（1）继续扩大贷款人的范围，允许从农村信用社改制而来的农村合作银行开办汽车贷款业务；

（2）与时俱进地增加新能源汽车作为可贷款融资的对象。新能源汽车是指采用新型动力系统，完全或者主要依靠新型能源驱动的汽车，主要包括纯电动汽车、插电式混合动力汽车及燃料电池汽车。

（3）明确继续实施贷款最高发放比例要求制度，但不再具体规定汽车贷款的最高发放比例，而是授权人民银行、银监会，根据宏观经济、行业发展等实际情况另行规定。因此，人民银行和银监会在发布《办法》的同时，下发了《关于调整汽车贷款有关政策的通知》（银发〔2017〕234 号），设定自用传统动力汽车贷款最高发放比例为 80%，商用传统动力汽车贷款最高发放比例为 70%；自用新能源汽车贷款最高发放比例为 85%，商用新能源汽车贷款最高发放比例为 75%；二手车贷款最高发放比例为 70%。

（4）取消借款人必须提供担保的限制，明确经贷款人审查、评估，确认借款人信用良好，确能偿还贷款的，可以不提供担保。

（二）汽车金融公司的监管沿革

1. 2003 年《汽车金融公司管理办法》

作为我国履行加入世贸组织有关承诺、规范汽车消费信贷业务管理的重要举措，2003 年 10 月 3 日中国银监会颁布了《汽车金融公司管理办法》，标志着我国正式允许设立非银行金融机构从事汽车消费信贷业务，并且根据入世承诺，我国汽车金融公司市场的开放对出资设立汽车金融公司的股东身份不作限制，对中外方股东一视同仁。2003 年《汽车金融公司管理办法》主要内容为：

（1）规定了汽车金融公司的出资人条件，主要出资人须为汽车企业或非银行金融机构。不同类型的出资人，应当满足不同的最低资本要求，并且最近 3 年连续盈利；

（2）规定了汽车金融公司的设立条件和程序，包括注册资本应当为 5 亿元人民币以上；设立汽车金融公司须经银监会批准，并经过筹建和开业两个阶段；

（3）规定了汽车金融公司可从事的 7 项业务范围，包括接受境内股东单位 3 个月以上期限的存款、提供购车贷款业务、办理汽车经销商采购车辆贷款和营运设备贷款等；

（4）规定了汽车金融公司的监管要求，包括实行资本总额与风险资产比例控制管理，汽车金融公司资本充足率不得低于 10%，汽车金融公司应建立、健全各项业务管理制度与内部控制制度，并在该制度施行前报告银监会等。

2. 2003 年《汽车金融公司管理办法实施细则》

2003 年 11 月，中国银监会颁布了《汽车金融公司管理办法实施细则》（以下简称《实施细则》），作为落实《汽车金融公司管理办法》的监管细化规定，汽车金融公司的设立进入实际操作阶段。《实施细则》的主要内容为：

（1）细化汽车金融公司要求，把散见于《金融许可证管理办法》《外资金融机构管理条例》及《实施细则》《向金融机构投资入股的规定》等多个管理办法中的准入要求集中在一起，对市场准入事项作出了较为完整的规定。汽车金融公司市场准入程序可以概括为：两个阶段，两级审查，两个证书，程式化管理。

（2）进一步明确高级管理人员任职资格管理要求，包括高级管理人员任职资格的条件、申请任职资格核准的程序、未经批准在任职期内不得兼任党政机关职务或其他营业性机构的高级管理人员以及离任审计的要求等。

（3）借鉴国外汽车金融的经验。创新汽车金融公司的风险控制监管要求是《实施细则》的最大特点，也为后续汽车金融公司的监管奠定了基础。汽车金融公司的监管坚持四条原则：以风险监管为核心，风险监管与合规性监管并重；实施资产风险五级分类监管；实行以 10% 资本充足率为基本标准的风险监管，对最低资本充足率实施浮动性管理；低于资本充足率规定标准的公司，对其业务实施必要的强制性管理。具体是：①以资产五级分类为基础，对汽车金融公司个人消费贷款、机构贷款和其他资产实行五级分类制度，并按分类结果及时足额提取损失准备。②以 10% 为资本充足率最低标准，即按资产分类结果计算出资本充足率，每一个正常经营的公司都必须达到资本充足率 10% 的要求。③对资本充足率实行浮动性管理。即监管部门根据风险状况和风险管理能力，可提高单个公司资本充足率最低标准，实施更高标准的资本充足率要求。④资本充足率低于规定标准的公司，其业务将实施强制性管理。即对经营管理不善或内部管理控制不力的、资产风险较大的或资本充足率在限期内达不到要求的公司，监管部门有权要求有关公司进行业务整改或暂停其部分或全部业务、进行停业整顿等。

另外，《实施细则》在合规性管理上规定了 6 个指标。其中，重要的指标有对单一借款人授信比例、对最大 10 家借款人授信比例、对单一股东及其关联人授信比例。通过这些指标，促使公司防范风险过度集中，有效控制关联交易，防范恶性关联交易可能带来的潜在风险。在管理关联交易时，一是将担保等表外项目纳入考核范围。二是将考核对象从股东扩大到关联人。其中包括关联自然人和关联法人，其外延大于其他办法中常见的关联企业。三是将对单一股东及其关联人授信与其出资额比例上限控制为

100%。这些规定体现了从严监管原则。①

2003 年《办法》和《实施细则》出台后，2004 年 8 月银监会正式批准上汽通用汽车金融有限公司开业，这是我国正式开业的第一家汽车金融公司。之后大众、丰田、戴姆勒－克莱斯勒等国外汽车公司纷纷以合资或独资的形式设立汽车金融公司，试水中国的汽车金融市场。截至 2007 年 12 月底，银监会陆续批准设立了 9 家汽车金融公司，已开业的 8 家公司资产总额 284.98 亿元，其中：贷款余额 255.15 亿元，负债总额 228.22 亿元，所有者权益 56.76 亿元，当年累计实现盈利 1647 万元。

3. 2008 年《汽车金融公司管理办法》

2003 年的《办法》和《实施细则》为汽车金融公司这一全新的金融服务提供者和金融市场参与者在中国落地开花奠定了基础，但随着汽车金融公司业务的持续开展，原有监管规定的不足之处也逐步显现出来，例如在贷款利率的限制、业务范围、融资渠道等方面，对汽车金融公司与商业银行开展公平竞争形成了限制。

因此，2008 年初，基于对汽车金融行业长远发展趋势及其功能作用的基本判断，银监会颁布了新的《汽车金融公司管理办法》，对原《办法》不适应发展需要的条款进行了修改，从有利于促进汽车金融行业发展和提高监管有效性的角度，从机构准入、业务界定及风险管理等方面对汽车金融公司做出一般性的原则规定，着重体现银监会新的监管理念和规制监管与原则性监管相结合的监管要求。与原《办法》相比，新《办法》主要在以下四个方面进一步完善：

（1）在总体构架设置上更加合理，将原《办法》及细则合二为一，并注重与近几年出台的有关行政许可事项管理办法和规定相衔接；

（2）在准入资格条件和业务内容规定上，更加突出汽车金融公司专业化发展和核心主业的要求。强调设立汽车金融公司的出资人应具有丰富的

---

① 银监会负责人就《汽车金融公司管理办法实施细则》答记者问。

汽车金融管理经验或专业管理团队。强调以"促进汽车销售与购买"为核心的金融服务，即在原有汽车零售贷款业务、批发贷款（特指对经销商的采购车辆贷款，有别于一般意义上的公司贷款业务）基础上，新增加了汽车融资租赁业务，从而形成汽车金融公司的三大核心业务；

（3）风险监管指标设置更为科学，更加注重体现汽车金融业务及风险管理特性的要求。如根据汽车金融业务特性需要，取消了原有对最大 10 家客户授信的限制性规定，同时为防止和分散关联交易风险，增加了对单一集团客户授信的比例限制；

（4）在明确汽车金融公司功能定位和汽车金融主业的前提下，扩宽融资渠道，新增加了允许发行金融债券、进入同业拆借市场等融资业务，以解决汽车金融公司业务发展的合理资金来源问题。[①]

2018 年以后，在几家规模较大的汽车金融公司和行业协会的推动下，修订《汽车金融公司管理办法》提上了银保监会的日程。汽车金融公司的主要诉求在于进一步扩大业务范围，明确风险控制要求，降低首付比例，以便提升市场竞争力，减少对股东方汽车生产厂商的依赖。相关草案文本，在行业内多次讨论，甚至有说法将在 2021 年底至 2022 年初正式发布。但截至本书成文时，尚未看到银保监会就《办法》修订公开征求意见。

4.《非银行金融机构行政许可事项实施办法》（以下简称《办法》）

该《办法》主要规定了汽车金融公司设立的条件和程序：变更名称、变更股权或调整股权结构、变更注册资本、变更住所、修改公司章程、分立或合并等条件和程序；机构终止的条件和程序；调整业务范围和增加业务品种的条件和程序；董事和高级管理人员任职资格许可的条件和程序。

该《办法》于 2007 年制定实施，并于 2015 年和 2020 年两次修订。2020 年的修订着力于进一步强化监管政策引领，合理划分监管事权，提升

---

① 《完善监管法规　为汽车金融公司发展创造良好政策环境　银监会发布实施新的〈汽车金融公司管理办法〉》，中央政府门户网站，2008 年 1 月 30 日，http：//www. gov. cn/gzdt/2008 - 01/30/content_874826. htm。

准入监管质效，比如取消部分许可事项，包括：取消对非银机构股东首次持有或累计增持股权不足5%事项的审批；取消因行政区划调整等原因引起的变更住所、因股东名称变更引起的变更章程的审批；取消董事和高管在同质同类机构间平级调动职务（平级兼任）或改任（兼任）较低职务等许可事项的审批。再如简化部分审批流程，包括：简化非银机构合并事项许可程序，规定因非银机构合并引起的变更股权、注册资本等相关许可事项可与合并事项一并申请办理。

二、现行监管制度体系

根据《银行业监督管理法》规定，"银行业监督管理的目标是促进银行业合法、稳健运行，维护公众对银行业的信心。银行业监督管理应当保护银行业公平竞争，提高银行业竞争能力"。如前所述，金融监管部门对于汽车金融公司的监管属于"同宗同源"，基于上述监管目标，对于汽车金融公司的监管制度体系大致可以分为以下六类：

1. 市场准入监管类。主要包括汽车金融公司的设立、变更（住址、股权、章程等）、终止、调整业务范围、增加业务品种等，以及董事和高级管理人员任职资格许可。

2. 业务监管类。主要包括对汽车贷款业务、投融资业务、代理保险业务、融资租赁业务、保证金存款业务、外包业务等的管理要求。

3. 审慎监管类。主要包括贷款的五级分类、贷款损失的拨备规定、资本充足率、核心资本充足率、流动性及其他经营比率等。

4. 风险管理监管类。主要包括全面风险管理，以及对市场风险、信用风险、操作风险、法律合规风险、信息科技风险等具体风险的管理要求。

5. 公司治理监管类。主要包括现代金融企业治理和决策制度、董监高职权及行为、关联交易、内外部审计等的管理要求。

6. 专项合规监管类。主要包括反洗钱、消费者权益保护、案防管理等的管理要求。

本书对汽车金融公司所适用的主要监管制度进行了梳理，详见本书附件一:《汽车金融公司主要监管法规清单》。

三、监管指标体系

金融监管对汽车金融公司的监管要求体现在日常运营中的方方面面，但有一些指标是监管机构特别关注，并且需要汽车金融公司定期跟踪的。目前汽车金融公司适用的监管指标体系主要可以分为银保监会审慎监管指标和人民银行 MPA 评级指标。

（一）银保监会审慎监管指标

1. 资本充足率，是金融机构总资本净额与风险加权资产之间的比率。根据《汽车金融公司管理办法》第二十三条规定，汽车金融公司的资本充足率不低于 8%，核心资本充足率不低于 4%。但是 2012 年《商业银行资本管理办法（试行）》、《中国银监会关于实施〈商业银行资本管理办法（试行）〉过渡期安排相关事项的通知》要求，汽车金融公司需要在 2018年底前满足除最低资本要求之外的储备资本要求，即其资本充足率不低于10.5%，一级资本充足率不低于 8.5%，核心资本充足率不低于 7.5%。

2. 不良贷款率，是指不良贷款（包含次级、可疑、损失三类）与各项贷款余额之间的比率。不同于商业银行，对不良贷款率有不高于 5% 的明确监管要求，这两项指标对汽车金融公司是监测、评级指标。得益于业务单一、风控得力以及销售场景的实体化和股东方对销售渠道的控制力，汽车金融公司在本品牌业务（包括零售和批发贷款业务）的不良贷款率控制得比较不错，普遍在 0.5% 以下。不过随着部分汽车金融公司逐步开展国外品牌新车和二手车汽车贷款业务，并与市场上的金融服务提供商合作，汽车金融公司的不良贷款率控制压力在逐渐增加。

3. 贷款拨备率、拨备覆盖率。贷款拨备率是指贷款损失准备计提余额与贷款余额的比率，拨备覆盖率是金融机构贷款损失准备与不良贷款余额之间的比率。根据2018年《关于调整商业银行贷款损失准备监管要求的通知》，银保监会于2018年明确将商业银行的贷款拨备率监管要求由2.5%调整为1.5%~2.5%，拨备覆盖率监管要求由150%调整为120%~150%，尽管该通知并不适用于汽车金融公司，但绝大部分地区的银保监局按照这个标准要求汽车金融公司执行。

2020年11月银保监会发布《关于促进消费金融公司和汽车金融公司增强可持续发展能力　提升金融服务质效的通知》，明确在做实资产风险分类、真实反映资产质量，实现将逾期60天以上贷款全部纳入不良以及资本充足率不低于最低监管要求的前提下，汽车金融公司可以向属地银保监局申请将拨备覆盖率监管要求降至不低于130%，将贷款拨备率监管要求降至不低于1.5%。对于拨备指标下调释放的贷款损失准备，要优先用于不良贷款核销，不得用于发放薪酬和分红。需要注意的是，上述政策放宽，需要汽车金融公司主动申请才能获得。

4. 授信集中度。包括单一客户授信集中度、单一集团客户授信集中度和单一股东及其关联方授信集中度。根据《汽车金融公司管理办法》第二十三条规定，汽车金融公司对单一借款人的授信余额不得超过资本净额的15%，对单一集团客户的授信余额不得超过资本净额的50%，对单一股东及其关联方授信余额不得超过该股东在汽车金融公司的出资额。

5. 30天平均流动性比例。是指一个月内到期可变现的资产总额的算术平均值与一个月内到期的负债总额的算术平均值之间的比率。这个指标是银保监会对汽车金融公司的监测、评级指标，主要通过汽车金融公司填报1104报表中的G22《流动性比例监测表》进行监控。

6. 自用固定资产比例。根据《汽车金融公司管理办法》第二十三条的规定，汽车金融公司自用固定资产比例不得超过资本净额的40%。不同于银行，由于汽车金融公司不能广设分支机构，属于轻资产运营，因此该指标对绝大多数汽车金融公司基本没有压力，很多甚至在0.1%以下。

本书梳理了适用于汽车金融公司的银保监会监管主表，详见附件四：

汽车金融公司主要监管指标（银保监会）。请读者特别注意，这些指标是有监管依据且普遍适用的指标，部分地方银保监局还会有单独的监控指标，不在本书的收纳范围。

（二）人民银行 MPA 评级指标

如前所述，人民银行 MPA 的指标包括资本和杠杆情况、资产负债情况、流动性、定价行为、资产质量、跨境融资风险、信贷政策执行等七大类 16 项指标，其中适用于 AFC 的有四大类 7 项指标，分别是：

1. 资本和杠杆情况中的资本充足率、杠杆率。其中资本充足率是指汽车金融公司持有的资本与风险加权资产之间的比率。杠杆率是指汽车金融公司持有的一级资本与调整后的表内外资产余额的比率。

2. 资产负债情况中的广义信贷季度同比增速，是指广义信贷最新季末余额的同比增速。其中广义信贷指人民币信贷收支表中的各项贷款、债券投资、股权及其他投资、买入返售资产、存放非存款类金融机构款项的余额合计数。

3. 流动性中的遵守准备金制度情况，评估汽车金融公司是否存在违反存款准备金政策的相关行为。

4. 定价行为，评估汽车金融公司的利率定价行为是否符合市场竞争秩序等要求，就利率定价行为进行具体考察，特别是对不理性利率定价行为进行甄别。需要说明的是，在人民银行推行 MPA 初期，该指标并不适用于汽车金融公司，但在 2019 年推行 LPR 的过程中，人民银行要求各汽车金融公司执行 LPR 相关要求，并将执行情况纳入定价行为考核指标。2020 年在推行贷款明示年化利率的《贷款/信用卡明示年化利率的计算规则及展示模板》中，又明确汽车金融公司对贷款年化利率进行明示的情况将纳入定价行为考核。

5. 资产质量中的不良贷款率和贷款拨备率。这两个指标与银保监会的监管指标口径一致，此处不再展开。

需要说明的是，由于 MPA 指标体系是一个完整的评分系统，因此对于不适用的指标，部分地方人民银行的做法是给予基础分值，以此来确保所有参与 MPA 评估体系的金融机构标准的一致性。以北京地区为例，根据《北京地区宏观审慎评估体系操作指引》，MPA 的各项指标满分均为 100 分，优秀线为 90 分，达标线为 60 分。七大类指标均为优秀的为 A 档机构，资本和杠杆情况、定价行为任意一者不达标，或剩余五大类任意两项及以上不达标，为 C 档机构，剩余为 B 档机构。对部分汽车金融公司不适用的评价指标，人行营管部评分时只按照基础分值统计，不按照优秀档次统计。比如北京地区的汽车金融公司在"流动性"的评分最高分不超过 84 分、"信贷政策执行"的评分最高分不超过 80 分，均未超过 90 分，即未达到优秀线；"跨境融资风险"默认为 100 分；定价行为，在不违反监管规定的情况下默认为 100 分。所以理论上，北京地区汽车金融公司的 MPA 评分等级最高不超过 B 档。

MPA 评级对汽车金融公司的主要意义在于人民银行会根据不同金融机构的 MPA 评分等级采取对应的奖惩措施。人民银行可以采取的主要手段包括：差别存款准备金率；差别存款准备金利率等。金融机构的 MPA 如果不达标，央行可以动用增加准备金、降低央行存款准备金利率、金融市场产品的准入限制、限制金融债、限制 ABS 发行等措施对未达标金融机构进行惩罚；对于 MPA 指标完成较为优秀的，则采取奖励措施，例如：奖励性的法定存款准备金利率、优先发放支农支小再贷款和再贴现、优先金融市场准入及各类金融债券发审、金融创新产品先行先试、在"执行人民银行政策评价"中加分等。为便于查找，汽车金融公司适用的 MPA 指标及评分标准详见本书附件五：汽车金融公司适用 MPA 指标（人民银行）。

【讨论】汽车金融监管展望

从本章的论述可以看出，汽车金融公司的监管既有属于汽车金融比较特色的监管体系，比如较为限定的业务范围和贷款规范；也有与商业银行同质化的监管要求，比如在公司治理、内控合规、反洗钱、消费者权益保护等方面几乎"参考适用"了商业银行的相关监管规定。

但是近年来，随着汽车金融公司的资产规模不断提升，非银监管相关监管资源的充实，对于汽车金融公司的精细化监管也在逐步加强。本书作者认为，未来几年监管的趋势，主要有以下三个方面。

一、以不发生"系统性金融风险"为监管底线

在 2020 年下半年某汽车金融公司发生流动性危机之前，可能谁也不会想到，拥有汽车生产厂商强大背景支持的汽车金融公司，也会产生"金融风险"。但如同一枚硬币的两面，作为汽车金融公司主要股东的汽车生产厂商可以给汽车金融公司带来稳定的客源、高额的贴息利润和良好的信用背书的同时，也将汽车金融公司与自身进行了绑定。一旦出现主机厂资不抵债或重大不利变故，将会对汽车金融公司的市场声誉和融资能力造成影响。

因此，监管部门会对汽车金融公司的股东经营情况越来越关注，并以商业银行股东的标准，来规范汽车金融公司的股东行为。2021 年以来发布的一系列公司治理相关文件，如《银行保险机构大股东行为监管办法（试行）》，已经将汽车金融公司明确列举在适用范围之内。《银行保险机构关联交易管理办法》还专章规定了包括汽车金融公司在内的非银行金融机构关联交易种类。

同时，为了确保汽车金融公司在发生风险时有章可依，不排除监管部门根据《银行保险机构恢复和处置计划实施暂行办法》的规定，要求部分股东方存在经营风险的汽车金融公司，提前制订"恢复计划"或"处置计划"，提前立好"生前遗嘱"。

二、以《汽车金融公司管理办法》修订为契机

如本章所述，现行有效的《汽车金融公司管理办法》颁布于 2008 年，是对 2003 年《汽车金融公司管理办法》及其实施细则的整合修订，距今也已经 14 年了。在这 14 年中，汽车金融公司不光在资产规模上完成了

"大跃进"，在业务模式上也是创新不断，原来的《管理办法》部分条款限制了汽车金融公司的合理发展，同时也造成了市场竞争的不平等。2018年以来，中国银行业协会汽车金融专业委员会一直致力于推动银保监会对《汽车金融公司管理办法》进行修订，组织了多次行业研讨，并向银保监会提交相关修订建议稿。念念不忘必有回响，虽然《管理办法》迟迟不见向社会公众征求意见，但在内部讨论稿中，汽车金融公司的部分诉求已经得到了监管的回应。本书认为，以下内容如果在《管理办法》修订中能够得以落地，可能对汽车金融公司的发展产生长远的影响。

第一，是否允许汽车金融公司设立分公司并明确汽车金融公司设立分公司的条件和程序。因为《管理办法》中对汽车金融公司设立分支机构的规定不明确，实践操作中一刀切的不允许汽车金融公司设立分支机构，由此汽车金融公司只能通过认证经销商"金融专员"的代理模式和金融服务提供商（SP）的助贷模式展业。但是无论是代理模式还是SP模式，汽车金融公司的获客渠道始终掌握在别人手中，"寄人篱下"的后果就是汽车金融公司对合作机构的话语权减弱，无法进行有效的交易场景核实和合规管理，导致乱收费、贷款欺诈等风险和问题层出不穷。2021年7月银保监会非银部发布《关于助贷业务有关风险的提示》，要求汽车金融公司加强自主获客和自主风控能力建设，避免获客和风控过度依赖合作机构。

因此，可以畅想如果新的《管理办法》放开汽车金融公司设立分支机构后，可能会有公司主动寻求突破，开始探索类似平安银行的"直营模式"，通过打造属地化的营销团队，凭借互联网科技，建设自己掌控的获客渠道。同时，取消了分支机构限制后，监管对于汽车金融公司对合作机构的管理，会逐步提升标准和要求，最终向商业银行消费信贷业务或信用卡业务的监管标准"看齐"。

第二，是否允许汽车金融公司拓展业务范围，丰富展业手段。一是部分汽车金融公司提出，根据近年来用车、养车商业生态的发展，市场上涌现出越来越多的独立第三方售后服务商，因此建议新增"售后服务商"与经销商并列，规定汽车金融公司可以向其提供库存采购、展厅建设、零配件和维修设备购买等贷款，拓展对公贷款业务的借款人范围，可以想见市场上类似"途虎养车"等已经成熟的独立汽车售后服务商，将是汽车金融公司的又一"战场"。二是部分汽车金融公司提出，应当删除2008年《管理办法》中对汽车金融公司开展"售后回租"业务的限制。售后回租作为近年来融资租赁公司与汽车金融公司进行竞争的主要业务模式，已逐渐被市场认识和接受。有能力的汽车金融公司，可以利用售后回租模式，打造租赁+信贷的全品类金融产品体系，满足不同客户的融资需求。三是部分汽车金融公司提出，应当允许汽车金融公司办理汽车经销商库存采购商业汇票承兑。商业汇票的加入，丰富了汽车金融公司的产品"工具箱"，也能解决汽车生产厂商、经销商、金融公司之间的资金结算问题，减少实际资金占用，丰富对公贷款产品体系。

第三，是否会对汽车金融公司公司治理、内部控制、消费者权益保护等方面提出进一步的要求。一是明确汽车金融公司建立健全公司治理架构的要求，加强股权管理，提升"董监高"治理水平。这其实是对前期汽车金融公司"参考"适用商业银行相关规定的制度确认，有助于从根本上扭转汽车金融公司被汽车生产厂商控制的情况。二是明确提出对汽车金融公司信息科技能力的要求。金融机构的合规、持续运营和金融监管，离不开信息系统的支持，金融数据、资产的安全，与信息科技基础设施安全息息相关，汽车金融公司也不例外。三是进一步明确汽车金融公司消费者权益保护工作以及对合作机构的管理要求。可以看到银保监会对汽车金融公司的内控合规监管正在全面向商业银行看齐，需要加大内控合规管理资源的投入。

三、以治理汽车金融乱象为抓手

第一个乱象是"首付比例"问题。《汽车贷款管理办法》对个人汽车贷款和机构汽车贷款业务，规定了首付比例的要求。随着融资租赁、银行信用卡、担保系民间借贷资金等入局汽车金融，"零首付""低首付"渐渐成了汽车金融的"标配"。汽车金融公司守着最低首付比例的监管红线，被逼无奈动起了车价和附加品贷款的脑筋。于是车价高评、虚假附加品贷款等乱象层出不穷，实际客户支付的首付款比例越来越低。

汽车贷款首付比例虽然经历过几次调整，监管部门降低了首付比例，并且2020年以来商务部多次在促消费相关文件中明确提出继续调低首付比例要求的规划。但本书作者认为，汽车贷款中作为贷款抵押物的车辆，贬值速度快，在贷款期内残值能够覆盖贷款本金的车型少之又少，因此首付款是确保借款人不轻易"断供"的安全带。短期内，人民银行和银保监会不会将首付比例一降到底，反而会加大执法力度，打击突破首付比例红线的违规行为。2021年12月北京银保监局对某汽车金融公司首付款比例和附加品贷款管理不审慎的处罚，就是很好的证明。

第二个乱象是对公贷款中转嫁成本的行为。出于盈利性的需要，部分汽车金融公司在经销商贷款和机构贷款中，会要求借款人支付贷款手续费、承诺费、抵押物评估费、登记费，或者强制购买GPS、保险等。这些乱象从2017年"乱象整治"专项行动开始，经过多轮打击，许多汽车金融公司已经自行整改，但整体汽车金融行业由于竞争激烈，参与资金方合规水平参差不齐，相关乱象还是时有发生。2020年以来对商业银行更是提升监管强度，多次通报、处罚商业银行转嫁成本、提升中小企业融资成本的违规行为。可以预见的是，随着商业银行的逐步规范，监管的注意力也会逐渐转移到汽车金融公司这类中小机构。

第三个乱象是与助贷机构的合作。2021年7月银保监会《关于助贷业务有关风险的提示》，归纳出汽车金融公司与助贷机构的合作的五大乱象，分别是助贷机构涉嫌开展非法经营活动、推升信用风险、诱发操作风险、传递声誉风险、弱化核心风控能力。2022年1月正式发布的征求意见稿《关于规范银行服务市场调节价管理的指导意见》，也是将矛头直指金融机构外包服务提供商和合作机构的管理。

第四章 公司治理

近年来，公司治理已经成为金融监管的一个热门话题和监管重点。从安邦集团的风险事件中，监管部门总结的经验教训就是公司治理是银行保险机构防风险、稳发展的"牛鼻子"。安邦集团的风险根源就是其机构股权管理混乱，治理机制失效，"三会一层"形同虚设，风险不断积聚①。同样的论断，在后来的包商银行等风险事件中，不断得到印证。由此，公司治理工作逐步成为银保监会的重点监管领域，2018 年合并成立银保监会时，专门设置了"公司治理监管部"，成为银保监会中依照监管职能划分的一个重要独立部门。

随着监管力度的加强，银行保险机构的公司治理监管逐步体系化、制度化和精细化。

在规划层面，2020 年 8 月，银保监会发布《健全银行业保险业公司治理三年行动方案（2020—2022 年）》，对银保监会全系统未来三年公司治理监管工作进行统筹安排，提升我国银行业保险业公司治理的科学性、稳健性和有效性。

在制度层面，银保监会相继出台了《商业银行股权管理暂行办法》（中国银行业监督管理委员会令 2018 年第 1 号）、《银行保险机构公司治理监管评估办法（试行）》（银保监发〔2019〕43 号）、《银行保险机构公司

---

① 详见 2019 年 7 月 4 日银保监会副主席梁涛在"推进金融供给侧结构性改革的措施成效举行发布会"上答记者问。

治理准则》（银保监发〔2021〕14 号）、《银行保险机构大股东行为监管办法（试行）》（银保监发〔2021〕43 号）等一系列政策文件，为推动银行保险机构股权乱象治理奠定制度基础。

在执行层面，银保监会持续开展股东股权与关联交易问题专项整治，有效遏制市场乱象。2019 年开展的专项整治工作，查处 3000 多个股东股权违规问题，清理 1400 多个自然人或法人代持股东，2020 年持续开展专项整治的"回头看"工作。

经过近三年的专项治理，银行保险机构尤其是大型机构的公司治理水平得到了显著提升，中小银行的公司治理取得了初步成效。在这个过程中监管平稳处理了一些产生风险的金融机构，积累了监管经验。2021 年初，银保监会对金融租赁公司、企业集团财务公司、汽车金融公司、消费金融公司等四类非银机构公司治理情况开展了专题调研，并通过媒体发布了调研结论，银保监会认为四类机构公司治理日趋规范，机制运作整体顺畅，公司治理有效性逐步提升，但仍存在四大问题，包括股东行为不合规不审慎，以及关联交易管理不到位等情况。因此可以预见的是，下一步银保监会将会扩大公司治理的监管覆盖面，将汽车金融公司、消费金融公司等非银行金融机构纳入监管范围，并根据这些机构的特点，提出更加明确的公司治理要求。

根据银保监会最新发布的《银行保险机构公司治理准则》（以下简称《准则》），良好的公司治理主要包括十大方面，分别是：清晰的股权结构、健全的组织架构、明确的职责边界、科学的发展战略、高标准的职业道德准则、有效的风险管理与内部控制、健全的信息披露机制、合理的激励约束机制、良好的利益相关者保护机制和较强的社会责任意识。与 2013 年《商业银行公司治理指引》相比，《准则》增加了股权结构、职业道德、利益相关者保护和社会责任意识几个方面，可以说是近几年监管经验的总结。

为了使读者能够更好地了解公司治理的实践操作，对相关要求有一个体系性、框架性的认识，本章将参考银保监会 2019 年发布的《银行保险机构公司治理监管评估办法（试行）》及其附件，以及《健全银行业保险业公司治理三年行动方案（2020—2022 年）》中的框架体系，重点从党的领导、股东治理、董监高治理、关联交易治理、激励与约束机制五个方面进行介绍，对于风险内控治理、利益相关者治理、信息披露等，将在本书其他章节涉及，本章不再赘述。同时需要说明的是，目前监管尚未发布针对汽车金融公司等非银行金融机构的公司治理监管细则，本书将主要参考商业银行的公司治理相关规定，对其中可能不适用于汽车金融公司的要求进行单独说明和探讨。

第一节　党的领导

现代企业公司治理的相关理论和实践起源于西方，经过多年的发展，国际社会对现代市场经济体制条件下的公司治理规则进行了科学总结，形成了《二十国集团/经合组织公司治理原则》，2016 年《二十国集团领导人杭州峰会公报》明确提出，支持《公司治理原则》的有效实施。但需要看到的是，这套公司治理原则并不是放之四海而皆准的就是良药。相反，2008 年以来的历次国际金融危机，暴露出西方金融业公司治理问题的严重。例如，激励短期化导致股东、高管，甚至包括一部分员工都愿意过度冒险[①]；以及大股东操纵和内部人控制的问题，利用关联交易进行利益输送。这种缺陷将会导致巨大的社会成本。

对于西方国家在公司治理实践中产生的种种问题，党中央给出了中国自己的解决方案，那就是"把加强党的领导和完善公司治理统一起来，建设中国特色现代国有企业制度"[②]。2021 年 5 月 30 日，中共中央办公厅印发了

---

① 郭树清：《完善现代金融监管体系》，选自《中共中央关于制定国民经济和社会发展第十四个五年规划和二〇三五年远景目标的建议》辅导读本。

② 习近平总书记在全国国有企业党的建设工作会议上的讲话，2016 年 10 月。

《关于中央企业在完善公司治理中加强党的领导的意见》（以下简称《意见》），对中央企业进一步把加强党的领导和完善公司治理统一起来、加快完善中国特色现代企业制度作出部署、提出要求。《意见》明确了中央企业党委（党组）在公司治理中的法定地位，在明晰中央企业党委（党组）讨论和决定重大事项的职责范围，规范党委（党组）前置研究讨论重大经营管理事项的要求和程序，明确党委（党组）在董事会授权决策和总经理办公会决策中发挥作用的方式，强化党委（党组）在执行、监督环节的责任担当，以及加强党委（党组）自身建设等方面，作出了制度性安排。

具体到金融机构，银保监会在 2019 年发布的《银行保险机构公司治理监管评估办法（试行）》中，明确要求国有及国有控股的银行保险机构（以下简称"国有金融机构"）要将党的领导与公司治理有机融合；在 2020 年的银行保险机构公司治理评估中，将党的领导作为国有金融机构治理有效性评价中的一个关键要素。根据评估标准，国有金融机构应主要从以下三个方面，推动党的领导与公司治理有机结合，落实相关要求。

一、将党建纳入公司章程

将党建纳入公司章程的要求，最早见于 2015 年 8 月中共中央、国务院印发的《关于深化国有企业改革的指导意见》（以下简称《指导意见》）。《指导意见》强调，把加强党的领导和完善公司治理统一起来，将党建工作总体要求纳入国有企业章程，明确国有企业党组织在公司法人治理结构中的法定地位。根据《银行保险机构公司治理监管评估办法（试行）》附件商业银行"公司治理评价表"的标准，国有汽车金融公司落实党建入章程的要求，需要做到：

1. 公司章程中明确党建工作总体要求，包括明确党组织在公司治理中的地位，确保党组织真正发挥把方向、管大局、保落实作用。

2. 公司章程中写入党组织的职责权限、机构设置、运行机制、基础保障。

二、双向进入、交叉任职

所谓双向进入、交叉任职，主要是指党委（党组）书记、董事长由一人担任，党委成员通过法定程序分别进入董事会、监事会和经理班子，董事会、监事会、经理班子中的党员依照有关规定进入党委会。

2014 年《中共中央组织部、国务院国资委党委关于加强和改进中央企业党建工作的意见》中正式提出"双向进入、交叉任职"的概念，之后在 2015 年中共中央、国务院印发《关于深化国有企业改革的指导意见》、2019 年《国有企业基层组织工作条例（试行）》中不断深化、完善。总结来说，"双向进入、交叉任职"的主要要求包括：

1. 党委（党组）书记、董事长一般由一人担任，党员总经理担任副书记。确因工作需要由上级企业领导人员兼任董事长的，根据企业实际，党委书记可以由党员总经理担任，也可以单独配备。

2. 不设董事会只设执行董事的独立法人企业，党委书记和执行董事一般由一人担任。总经理单设且是党员的，一般应当担任党委副书记。

3. 分公司等非独立法人企业，党委书记和总经理是否分设，结合实际确定。分设的一般由党委书记担任副总经理、党员总经理担任党委副书记。

4. 中央企业党委（党组）配备专职副书记，专职副书记一般进入董事会且不在经理层任职，专责抓好党建工作。规模较大、职工和党员人数较多的中央企业所属企业（单位）和地方国有企业党委，可以配备专职副书记。国有企业党委（党组）班子中的内设纪检组织负责人，一般不兼任其他职务，确需兼任的，报上级党组织批准。

5. 国有企业党组织实行集体领导和个人分工负责相结合的制度，进入董事会、监事会、经理层的党组织领导班子成员必须落实党组织决定。

三、机构重大问题通过党委前置研究

习近平总书记在全国国有企业党的建设工作会议上指出，要把加强党的领导与完善公司治理统一起来，建设中国特色现代国有企业制度；要明确党组织研究讨论是董事会、经理层决策重大问题的前置程序，国有企业重大经营管理事项必须经党委研究讨论后，再由董事会或者经理层作出决定①。银保监会在《健全银行业保险业公司治理三年行动方案（2020—2022年）》提出了落实方案，即2020年进一步明确并严格落实党的领导融入公司治理的具体要求，结合机构实际制定和完善党委前置研究讨论的重大经营管理事项清单，重大经营管理事项必须经党委研究讨论后，再由董事会或高管层作出决定。

在实践层面，国有汽车金融公司重大问题通过党委前置研究，需要关注以下合规要点。

（一）制定党委前置清单

哪些属于重大问题，需要经过党委前置研究，《中国共产党国有企业基层组织工作条例（试行）》第十五条给出了基本的要求，即：

1. 贯彻党中央决策部署和落实国家发展战略的重大举措；

2. 企业发展战略、中长期发展规划，重要改革方案；

3. 企业资产重组、产权转让、资本运作和大额投资中的原则性、方向性问题；

4. 企业组织架构设置和调整，重要规章制度的制定和修改；

5. 涉及企业安全生产、维护稳定、职工权益、社会责任等方面的重大事项；

---

① 龚继先. 规范国有企业党委前置研究讨论　推进党的领导和公司治理相统一 [J]. 人民周刊，2021（7）.

6. 其他应当由党委（党组）研究讨论的重要事项。

2020 年下半年以来，部分省份制定了"国有企业党委前置讨论研究重大事项清单及程序示范文本"，从上述 6 个基本方面出发，进一步细化和明确了重大事项清单。国有汽车金融公司可以在此基础上制定本公司的清单。

（二）前置研究不能替代董事会、经理层的决策

党委包办一切不符合党委的功能定位，党委不能作为企业的生产经营决策和指挥中心。重大事项不是由党委决定，而是经党委前置研究讨论后，最后由董事会或经理层作出决定。党委前置研究主要是对重大事项进行把关定向，重点是四个"是否"：

1. 是否符合党的路线方针政策。

2. 是否契合党和国家的战略部署。

3. 是否有利于提高企业效益、增强企业竞争力、实现国有资产保值增值。

4. 是否有利于维护社会公众利益和职工群众合法权益。

（三）建立党委前置研究的规范流程

从治理角色上讲，党委、董事会和管理层是一项决策流程的三个环节，应当做到每个环节各有侧重，避免简单重复演化为形式主义。在实际操作中，需要关注的合规要点包括：

1. 党委前置研究主要是对重大事项进行把关定向，是解决"能不能干"的问题；而董事会是解决"干不干"的问题，总经理办公会是解决"如何干"的问题，三者各有分工、互相协同①。

2. 在党委前置研究流程中，不能以党政联席会议代替党组织会议，不

---

① 龚继先. 规范国有企业党委前置研究讨论 推进党的领导和公司治理相统一 [J]. 人民周刊，2021（7）.

能以党组织书记或党组织班子其他成员个人参与决策代替党组织集体研究讨论，不能以个别征求意见、领导圈阅等形式代替党组织集体讨论决定。

3. 党委前置研究程序中，需要由公司总法律顾问，对相关问题进行法律审核，确保相关议题的合法性。

四、外商投资汽车金融公司建立党组织

由于我国汽车工业发展初期，主要通过与国外主要汽车生产厂商合资合营的方式，引进先进技术和知名品牌，因此汽车金融公司外商投资的情况也比较常见。据统计，25 家已经成立的汽车金融公司中，中外合资的有13 家，外商独资的有 6 家。在这些机构的公司治理中融入党建工作，需要重点关注以下要点：

（一）《关于加强和改进非公有制企业党的建设工作的意见（试行）》是规范依据和基本工作方法，以设立职工党组织为抓手，积极开展以发扬党员先锋模范作用为核心的党建活动，让外方投资方、管理层逐步消除顾虑。

（二）在外商独资企业或外资控股的合资企业中，党组织要积极发挥政治引领作用，宣传贯彻党的路线方针政策，团结凝聚职工群众，维护各方合法权益，建设先进企业文化，促进健康发展[1]。

（三）要按照企业需要、党员欢迎、职工赞成的原则建立双向互动工作机制，把党组织活动与企业生产经营管理紧密结合起来[2]。

第二节　股东治理

本章开篇讲到，银保监会在历次的风险事件处置中，总结出公司治理

---

① 银保监会北京监管局《关于健全辖内银行业保险业公司治理有关工作的通知》（京银保监发〔2020〕462 号）。

② 同上。

是银行保险机构防风险、稳发展的"牛鼻子"。随着监管的进一步深入、金融乱象的进一步整顿,"牛鼻子"理论得到了进一步发展,即在公司治理乱象整治过程中,股东股权乱象治理,是防范化解金融风险的"牛鼻子",也是推动各项监管工作的"牛鼻子"①。结合《银行保险机构公司治理监管评估办法(试行)》和《银行保险机构公司治理准则》相关规定,本节主要从股东资质、股东会、股东行为三个方面分析股东治理的合规要点。

一、股东资质

根据《汽车金融公司管理办法》和《非银行金融机构行政许可事项实施办法》的规定,汽车金融公司的股东资质条件包括以下四个方面。

(一)基本条件

出资人为中国境内外依法设立的企业法人,其中主要出资人须为生产或销售汽车整车的企业或非银行金融机构。主要出资人是指出资数额最多且出资数额不低于拟设汽车金融公司全部股本30%的出资人。

需要特别说明的是,银保监会正在修订《汽车金融公司管理办法》,可能会进一步严格非银行金融机构作为主要出资人的条件,非银行金融机构需具有5年以上汽车消费信贷业务经验。

(二)财务条件

1. 资产或注册资本要求。非金融机构作为出资人的,最近1个会计年度末总资产不低于80亿元人民币或等值的可自由兑换货币,年营业收入不低于50亿元人民币或等值的可自由兑换货币。最近1个会计年度末净资产

---

① 2020年5月18日,《银保监会有关部门负责人答记者问》,http://www.cbirc.gov.cn/cn/view/pages/ItemDetail.html? docId=904791&itemId=915&generaltype=0。

不低于总资产的30%。非银行金融机构作为出资人的，注册资本不低于3亿元人民币或等值的可自由兑换货币。

2. 财务状况和盈利性要求。财务状况良好，最近2个会计年度连续盈利；非金融机构作为汽车金融公司控股股东的，最近3个会计年度连续盈利。

3. 权益性投资比例符合要求。权益性投资余额原则上不得超过本企业净资产的50%（含本次投资金额）；非金融机构作为汽车金融公司控股股东的，权益性投资余额原则上不得超过本企业净资产的40%（含本次投资金额）。

4. 入股资金为自有资金，不得以委托资金、债务资金等非自有资金入股。

5. 遵守注册地法律法规，最近2年内无重大违法违规行为，或者已整改到位并经银保监会或其派出机构认可。

6. 具有良好的公司治理结构、内部控制机制和健全的风险管理体系。

7. 银保监会规章规定的其他审慎性条件。

（三）消极条件

《非银行金融机构行政许可事项实施办法》第四十一条规定了作为汽车金融公司出资人的消极条件，即存在这些情况的企业不得作为出资人，包括：

1. 公司治理结构与机制存在明显缺陷；核心主业不突出且其经营范围涉及行业过多。

2. 关联企业众多、股权关系复杂且不透明、关联交易频繁且异常；代他人持有汽车金融公司股权。

3. 现金流量波动受经济景气影响较大；资产负债率、财务杠杆率高于行业平均水平。

4. 被列为相关部门失信联合惩戒对象；存在严重逃废银行债务行为；提供虚假材料或者作不实声明。

5. 因违法违规行为被金融监管部门或政府有关部门查处，造成恶劣影响；或存在其他对汽车金融公司产生重大不利影响的情况。

（四）参控股数量限制

《非银行金融机构行政许可事项实施办法》规定，同一出资人及其控股股东、实际控制人、控股子公司、一致行动人、实际控制人控制或共同控制的其他企业作为主要股东入股非银行金融机构的数量原则上不得超过2家，其中对同一类型非银行金融机构控股不得超过1家或参股不得超过2家。

这一条限制，在原《实施办法》之前，只对金融租赁公司和财务公司有效，2020年修订后扩展到所有非银行金融机构。这就意味着，同一实际控制人入股的非银行金融机构总数2家，并且同一类型控股1家或参股2家的限制，同样适用于汽车金融公司的股东。这里要注意的是：

第一，根据《实施办法》主要股东是指持有或控制非银行金融机构百分之五以上股份或表决权，或持有资本总额或股份总额不足百分之五但对非银行金融机构经营管理有重大影响的股东。只要符合这个标准的企业，原则上入股的非银行金融机构总数就不得超过2家。

第二，所谓同一类型非银行金融机构，《实施办法》没有明确定义，但从上下文及监管意图来看，本书认为《实施办法》明确非银行金融机构主要包括金融资产管理公司、企业集团财务公司、金融租赁公司、汽车金融公司、货币经纪公司、消费金融公司、境外非银行金融机构驻华代表处，同一类型应当指同属于上述某一类机构。例如，同一实际控制人不得同时控股2家汽车金融公司，但财务公司和汽车金融公司，应当属于不同类型的金融机构，因此可以同时控股1家汽车金融公司和1家财务公司。

第三，对同一类型的非银行金融机构，是否可以"一控一参"或"一控两参"。本书认为，《实施办法》第一百一十三条第一款最后一句，"其中对同一类型非银行金融机构控股不得超过1家或参股不得超过2家"的规定，有不明确的地方，但结合《实施办法》上下文和国家金融监管对其他金融机构股权管理的要求，可以做出比较明确的解读：

首先，"一控一参"同一类非银行金融机构，应该不会违反《实施办法》的限制。因为无论对条款中的连接词"或"作何解读，"一控一参"均满足前后两个条件。同时，无论是银保监会体系的《商业银行股权管理暂行办法》，还是证监会体系的《关于证券公司控制关系的认定标准及相关指导意见》，或者是人民银行体系的《非银行支付机构条例》，上限均为"一参一控"。

其次，"一控两参"从总数上已经超过了前一条作为主要股东入股的非银行金融机构总数不得超过2家，除非对其中1家或2家参股比例不到5%，且没有重大影响。但即使这种情况下，由于控股是参股的更高级形态，因此将控股等同于参股也在情理之中，这就相当于参股了3家同一类型的非银行金融机构，不符合要求。因此本书认为"一控两参"获得监管批准的可能性较小。

第四，对于历史原因形成的超过入股数量标准的情况，根据本书作者的实践经验，应该不会追溯要求汽车金融公司的股东方退出股权。但在进行股权转让时，银保监会需对受让方股东的资质进行审查，会形成障碍。这种情况下，相关企业只能依据《实施办法》第一百一十三条第二款的规定，看是否能申请豁免，即"国务院规定的投资公司和控股公司、根据国务院授权持有非银行金融机构股权的投资主体入股非银行金融机构的，投资人经银保监会批准入股或并购重组高风险非银行金融机构的，不受本条前款规定限制"。

二、股东（大）会

对于公司形式为股份有限公司的汽车金融公司，应当根据《公司法》的要求，设立股东大会；对于公司形式为有限责任公司的，应当设立股东会。除了遵守《公司法》规定的相关股东（大）会要求外，还应遵守银保监会《银行保险机构公司治理准则》相关规定。

（一）股东（大）会职权

除《公司法》规定的职权外，汽车金融公司股东大会职权还应当包括：对公司上市作出决议；审议批准股东大会、董事会和监事会议事规则；审议批准股权激励计划方案；依照法律规定对收购本公司股份作出决议；对聘用或解聘为公司财务报告进行定期法定审计的会计师事务所作出决议；审议批准法律法规、监管规定或者公司章程规定的应当由股东大会决定的其他事项。

股东（大）会的职权应当在公司章程中列明，并且不得授予董事会、其他机构或者个人行使。

（二）股东（大）会组织形式

股东（大）会应当按时召开。年度股东大会应当于每一会计年度结束后六个月内召开。临时股东（大）会的召开，根据《公司法》的规定召开，同时《银行保险机构公司治理准则》规定，二分之一以上且不少于两名独立董事提议召开临时股东大会的，银行保险机构应当在两个月内召开临时股东大会。未能在上述规定期限内召开的，汽车金融公司需要向银保监会书面报告并说明原因。

股东大会应当以现场会议的方式召开，但中小股东可以通过网络或其他方式参会。有限责任公司的股东会，如股东对股东会职权范围内的事项以书面形式一致表示同意的，可以不召开股东会会议，直接作出决定，并由全体股东在决定文件上签名、盖章。

（三）股东（大）会决策规则

根据《公司法》和《银行保险机构公司治理准则》的规定，股东（大）会的决议事项，需要达到约定或法定比例表决权的股东通过，才能形成有法律效力的决议。具体分为：

对于股份有限公司的股东大会决议，应当经出席会议的股东所持表决权过半数通过。但是，股东大会作出修改公司章程、增加或者减少注册资本的决议，以及公司合并、分立、解散或者变更公司形式的决议，必须经出席会议的股东所持表决权的三分之二以上通过。除此之外，根据《银行保险机构公司治理准则》的规定，发行公司债券或公司上市、罢免独立董事、审议批准股权激励计划方案的决议，也需要经出席会议的股东所持表决权的三分之二以上通过。

对于有限责任公司的股东会，《公司法》同样规定了修改公司章程、增加或者减少注册资本的决议，以及公司合并、分立、解散或者变更公司形式的决议，需要经代表三分之二以上表决权的股东通过。其余事项可由股东通过章程规定。不过考虑到《银行保险机构公司治理准则》要求有限责任公司形式的金融机构参照执行，因此建议有限责任公司形式的汽车金融公司的股东会参考股东大会的决策规则。

股东会会议记录应当永久保存。

需要特别注意的是，《银行保险机构公司治理准则》取消了原《商业银行公司治理指引》（银监发〔2013〕34号）中要求股东大会会议实行律师见证制度，并由律师出具法律意见书的规定。因此预计后续公司治理评价标准也会做出相应修订。

（四）外资汽车金融公司的股东（大）会

由于英美国家在公司治理中主要奉行"董事会中心主义"，在早期迫切引进外资的大环境下，尊重和允许"董事会中心主义"成为当时的选择。因此虽然我国《公司法》一直以来秉承"股东会中心主义"的原则进行立法，但对于外商独资企业和合资企业，在《中华人民共和国外资企业法》《中华人民共和国中外合资经营企业法》《中华人民共和国中外合作经营企业法》以及相关实施细则中，允许企业自行选择董事会作为公司最高权力机构。如前所述，汽车金融公司中有很大比例是外商投资企业。因此，部分外资或合资汽车金融公司的公司治理模式采用了"董事会中心主义"，即不设股东会。

但是，2020年1月1日起正式实施的《外商投资法》，废止了上述三部法规，要求外商投资企业按照《中华人民共和国公司法》《中华人民共和国合伙企业法》等法律的规定，完善企业组织形式、组织机构及其活动准则，并且《外商投资法实施细则》给了5年的过渡期，自2025年1月1日起，对未依法调整组织形式、组织机构等并办理变更登记的现有外商投资企业，市场监督管理部门不予办理其申请的其他登记事项。因此，上述汽车金融公司需要根据自身的公司治理情况和《公司法》的相关要求，做出如下或有变更：

1. 公司最高权力机构由董事会变更为股东会，明确股东会和董事会的权力分配。

2. 重大事项表决机制由经出席会议的董事一致通过，变为经代表2/3以上表决权的股东通过，当然也可以通过章程约定经全体股东一致通过。

3. 董事不再由合资各方委派，而是由股东（大）会选举产生，职工代表董事由公司职工通过职工代表大会、职工大会或者其他形式民主选举产生。

4. 董事任期由4年变为不超过3年。

5. 经理由董事会决定聘任，除股东人数较少或者规模较小的有限责任公司的执行董事可以兼任经理外，董事长、副董事长和其他董事不能兼任经理。

6. 企业法定代表人不再限定为董事长，企业可以根据实际公司治理需要由董事长、执行董事或经理担任。

三、股东行为

（一）股东承诺

建立完善股东承诺制度，是银保监会压实金融机构股东责任、促进股东规范履行义务的一项重要抓手。2013 年《商业银行公司治理指引》中，就提出商业银行主要股东应当以书面形式向商业银行做出资本补充的长期承诺，并作为商业银行资本规划的一部分。之后在《商业银行股权管理暂行办法》《银行保险机构公司治理准则》等法规中，均对股东承诺提出了详细的要求，在《非银行金融机构行政许可事项实施办法》中，还将股东承诺作为申请行政许可的一项必要材料。2021 年 9 月 10 日，银保监会办公厅发布了《关于进一步加强银行保险机构股东承诺管理有关事项的通知》（银保监办发〔2021〕100 号）（以下简称《通知》），进一步规范了股东承诺事项和相关管理要求，汽车金融公司参照执行。

1. 股东承诺事项

根据《通知》规定，股东承诺事项可分为声明类、合规类和尽责类。

声明类承诺，是指股东对过去或现在某项事实状态的确认或声明，主要包括：

（1）入股汽车金融公司的目的。

（2）自有资金入股及自持股的声明，包括依法履行出资义务，入股汽车金融公司的资金为自有资金且资金来源合法，不存在以委托资金、债务资金等非自有资金入股的情形，不存在以发行、管理或通过其他手段控制的金融产品持有股份的行为，不存在委托他人或接受他人委托持有汽车金融公司股权的情形。

（3）自身财务、信誉状态的声明，包括有良好的社会声誉、诚信记录、纳税记录和财务状况，符合法律法规规定和监管要求。不存在被列为失信联合惩戒对象、严重逃废银行债务、提供虚假材料或作不实声明、对金融机构经营失败或重大违法违规行为负有重大责任、拒绝或阻碍监督部门依法实施监管、因违法违规行为被金融监管部门或政府有关部门查处造成恶劣影响等可能对汽车金融公司产生不利影响的情形。

（4）与关联方、一致行动人有关的声明，包括本股东与控股股东、实际控制人、关联方、一致行动人、最终受益人等各方关系清晰透明；本股东作为关联方、一致行动人作为主要股东参股、控股非银行金融机构和汽车金融公司的数量符合监管规定（总数原则上不超过 2 家，同一类型非银行金融机构控股不超过 1 家，参股不超过 2 家），并列明入股其他金融机构的名称、股份数额及比例。

（5）向监管部门及汽车金融公司提供的有关资质条件、关联关系、入股资金等信息真实、有效、完整、准确。承担因提供虚假信息或不实声明造成的后果。

合规类承诺，指股东对未来依法合规开展某项活动的承诺，主要包括：

（1）不干预汽车金融公司经营的承诺，如严格按照法规规定履行出资人义务、行使出资人权利，不滥用股东权利；不干预汽车金融公司的日常经营，不施加不当的指标压力，不干预董事会、高级管理层享有的决策权和管理权，不越过董事会、高级管理层直接干预经营管理。

（2）规范开展关联交易、股权质押的承诺，如在关联关系发生变化时及时向汽车金融公司报告；不与汽车金融公司进行违规、不当关联交易，不谋求优于其他股东、非关联方同类交易条件的关联交易，不获取不正当利益。

（3）转让、质押股权的承诺，比如除法律法规、监管对应的特殊情形外，自取得股权之日起 5 年内不转让所持有的股权；遵守关于股权质押的相关规定，质押股权时不损害其他股东和汽车金融公司的利益。

（4）风险隔离和利益冲突防范，如建立有效的风险隔离机制，防止风险在股东、汽车金融公司和股东其他关联方之间传染和转移；对董事会成员、监事会成员和高级管理人员的交叉任职进行有效管理，防范利益冲突。

尽责类承诺，指股东对未来履行相应承诺和义务的承诺。主要为风险救助承诺，如必要时向汽车金融公司补充资本；出现流动性问题时不撤资，并尽可能提供流动性支持；支持汽车金融公司董事会制订的恢复计划并履行必要义务；被监管采取风险处置或接管等措施时，积极配合监管开展风险处置等工作。

2. 股东承诺的管理机制

根据《通知》规定，汽车金融公司应当建立主要股东承诺管理制度，具体包括：

（1）完善公司章程，通过章程规范股东承诺及履约行为。根据《公司法》《非银行金融机构行政许可事项实施办法》《银行保险机构公司治理准则》等规定，汽车金融公司章程中应约定股东在必要时向汽车金融公司补充资本、在授信逾期或有滥用股东权利等不当行为时可以限制股东权利、合法自有资金出资等事项。

（2）建立主要股东承诺档案，记录承诺方、具体事项、承诺履行方式和时间、承诺履行情况以及对违法承诺的股东已采取的措施等内容。

（3）建立主要股东承诺评估机制，每年对股东承诺履行情况进行评估，及时了解和评估主要股东承诺履行情况，积极督促主要股东履行承诺。

（4）将主要股东承诺评估纳入公司治理评估，将评估情况以及评估中存在的主要问题，及时报告银保监会或派出机构。

（二）报告信息

根据《银行保险机构公司治理准则》的规定，汽车金融公司的股东应当在章程中承诺履行下列信息报告义务：

1. 如实向汽车金融公司告知财务信息、股权结构、入股资金来源、控股股东、实际控制人、关联方、一致行动人、最终受益人、投资其他金融机构情况等信息；

2. 股东的控股股东、实际控制人、关联方、一致行动人、最终受益人发生变化的，相关股东应当按照法律法规及监管规定，及时将变更情况书面告知汽车金融公司；

3. 股东发生合并、分立，被采取责令停业整顿、指定托管、接管、撤销等措施，或者进入解散、清算、破产程序，或者其法定代表人、公司名称、经营场所、经营范围及其他重大事项发生变化的，应当按照法律法规及监管规定，及时将相关情况书面告知汽车金融公司；

4. 股东所持汽车金融公司股份涉及诉讼、仲裁、被司法机关等采取法律强制措施、被质押或者解质押的，应当按照法律法规及监管规定，及时将相关情况书面告知汽车金融公司。并且根据 2021 年 10 月 14 日发布的《银行保险机构大股东行为监管办法（试行）》规定，大股东所持汽车金融公司股份的质押、解质押信息，应当在汽车金融公司年报中予以披露。

（三）禁止性行为

根据《商业银行股权管理办法》《中国银监会关于加强商业银行股权质押管理的通知》（银监发〔2013〕43 号）、《银行保险机构大股东行为监管办法（试行）》等法规要求，汽车金融公司股东的禁止性行为主要包括：

1. 委托他人或接受他人委托持有汽车金融公司股权。

2. 违规出质所持有的汽车金融公司股份，包括未经汽车金融公司董事会备案通过出质股份、出质股份比例超过法规限制、要求汽车金融公司接受以本公司股份作为质押并提供授信服务、以所持股权为股东自身及其关联方以外的债务提供担保、利用股权质押形式代持汽车金融公司股权、违规关联持股以及变相转让股权等。

并且，根据最新《银行保险机构大股东行为监管办法（试行）》的规定，银行保险机构大股东质押银行保险机构股权数量超过其所持股权数量的 50% 时，大股东及其所提名董事不得行使在股东（大）会和董事会上的表决权。

3. 不支持银行董事会制定的合理的资本规划，存在阻碍其他股东对银行补充资本或合格新股东的进入的情况。

4. 不当干预汽车金融公司的独立运作和经营管理，包括对股东（大）会和董事会决议设置前置批准程序；干预汽车金融公司工作人员的正常选聘程序，或越过股东（大）会、董事会直接任免工作人员；干预汽车金融公司董事、监事和其他工作人员的绩效评价；干预汽车金融公司正常经营决策程序；干预汽车金融公司的财务核算、资金调动、资产管理和费用管理等财务、会计活动；向汽车金融公司下达经营计划或指令；要求汽车金融公司发放贷款或者提供担保。

5. 违规委托他人参加股东（大）会，如委托股东自身及其关联方、一致行动人、所提名董事和监事以外的人员参加股东（大）会；汽车金融公司的大股东接受非关联方、一致行动人的委托参加股东（大）会；长期多次委托其他股东参加股东（大）会。

6. 违规通过不当关联交易，或利用其对银行保险机构的影响力获取不正当利益，主要包括：

（1）以优于对非关联方同类交易的条件获取贷款、票据承兑和贴现、债券投资、特定目的载体投资等授信；

（2）通过借款、担保等方式，非法占用、支配汽车金融公司资金或其他权益；

（3）由汽车金融公司承担不合理的或应由大股东及其关联方承担的相关费用；

（4）以优于对非关联方同类交易的条件购买、租赁汽车金融公司的资产，或将劣质资产出售、租赁给汽车金融公司；

（5）无偿或以优于对非关联方同类交易的条件使用汽车金融公司的无形资产，或向汽车金融公司收取过高的无形资产使用费；

（6）利用大股东地位，谋取属于汽车金融公司的商业机会；

（7）利用汽车金融公司的未公开信息或商业秘密谋取利益。

第三节　董事会、监事会、高级管理层治理

董事会和高级管理层是公司经营管理的主导，监事会是对董事会和高级管理层的监督，三者在公司治理中至关重要，我们一般把股东（大）会、董事会、监事会和高级管理层统称为"三会一层"。

一、董事会治理

董事会是公司经营管理的最终责任主体，负责制定公司发展战略、聘任高级管理人员、制定增/减资方案等，对股东（大）会负责。

（一）董事会的构成

根据《银行保险机构公司治理准则》的规定，董事会由执行董事、非执行董事（含独立董事）构成。其中执行董事是指在汽车金融公司除担任董事外，还承担高级管理人员职责的董事。非执行董事是指在汽车金融公司不担任除董事外的其他职务，且不承担高级管理人员职责的董事。

董事会设董事长一人，可以设副董事长。董事长和副董事长由全体董事过半数选举产生。不设董事会的公司，执行董事可兼任公司经理。

关于职工董事，根据《公司法》的规定，两个以上的国有企业或者两个以上的其他国有投资主体投资设立的、组织形式为有限责任公司的汽车金融公司，或者国有独资的汽车金融公司，董事会成员中应当有公司职工代表。董事会中的职工代表由公司职工通过职工代表大会、职工大会或者其他形式民主选举产生。但《银行保险机构公司治理准则》对于职工董事的要求，仅仅是第二十五条规定的"鼓励"。本书认为，按照法律效力的解释原则，《公司法》作为上位法，效力优于《准则》，因此符合上述条件的汽车金融公司，还是应当设置职工董事。

关于独立董事，《准则》专门单节进行了规定，要求银行保险机构建

立独立董事制度，独立董事人数原则上不低于董事会成员总数三分之一，并且明确规定了独立董事的职责、任职要求、履职保障等。但汽车金融公司由于是"参照"执行《准则》，是否必须设独立董事，目前并未有明确定论。董事会秘书的设置同理。

在董事会人数方面，根据《公司法》的规定，组织形式为有限责任公司的汽车金融公司，董事会成员人数为三人至十三人，股东人数较少或者规模较小的有限责任公司，可以设一名执行董事，不设董事会。组织形式为股份有限公司的，则为五人至十九人。董事会的人数应当具体确定，并在公司章程中明确规定董事会的构成。

在任期方面，董事任期不得超过三年，连选可以连任。董事任期届满，应当在半年内产生董事候选人。

（二）董事会会议与决议

董事会会议分为定期会议和临时会议。对于定期会议，原《商业银行公司治理指引》要求董事会每季度召开一次，但《银行保险机构公司治理准则》对此进行了修订，规定定期会议每年度至少召开四次。每次会议应当至少于会议召开十日前通知全体董事和监事。需要注意的是，部分地区的银保监会派出机构要求汽车金融公司在董事会会议召开前十日内，将会议召开信息进行报备。

对于临时会议，根据《准则》的规定，汽车金融公司当发生以下情况时应当召开董事会临时会议：一是代表十分之一以上表决权的股东提议时；二是三分之一以上董事提议时；三是两名以上独立董事提议时；四是监事会提议时；五是董事长认为有必要的。

董事会会议应有过半数的董事出席方可举行。当然，汽车金融公司章程也可以根据《公司法》，规定高于上述标准的最低出席人数。董事因故不能亲自出席的，可以书面委托其他董事代为出席，但独立董事不得委托非独立董事代为出席。一名董事原则上最多接受两名未亲自出席会议董事的委托。在审议关联交易事项时，非关联董事不得委托关联董事代为出席。

董事会决议可以采用现场会议表决和书面传签表决两种方式作出。董事会表决实行一人一票。董事会作出决议，必须经全体董事过半数通过。但是，利润分配方案、薪酬方案、重大投资、重大资产处置方案、聘任或解聘高级管理人员、资本补充方案等重大事项不得采取书面传签方式表决，并且应当由三分之二以上董事表决通过。

《准则》规定董事会职权由董事会集体行使。《公司法》规定的董事会职权原则上不得授予董事长、董事、其他机构或个人行使。某些具体决策事项确有必要授权的，应当通过董事会决议的方式依法进行。授权应当一事一授，不得将董事会职权笼统或永久授予其他机构或个人行使。

董事会应当将现场会议所议事项的决定作成会议记录，出席会议的董事应当在会议记录上签名。董事对会议记录有不同意见的，可以在签字时附加说明。会议记录保存期限为永久，并应当及时将会议记录和决议等文件及时报送银保监会备案。需要注意的是，《准则》要求董事会汇报监管意见和整改情况，因此相关内容最好单独作为议题并写入董事会会议记录，以便后续监管检查。

《准则》规定汽车金融公司应当采取录音、录像等方式记录董事会现场会议情况。但汽车金融公司是否要严格遵照执行，目前仍不明确。

（三）董事会专业委员会

根据《准则》规定，汽车金融公司的董事会应当根据法律法规、监管规定和公司情况，单独或合并设立专门委员会，如战略、审计、提名、薪酬、关联交易控制、风险管理、消费者权益保护等专门委员会。

董事会专业委员会由董事组成，专业委员会成员的专业知识和工作经验应当符合要求，如审计委员会成员应当具有财务、审计和会计等某一方面的专业知识和工作经验；风险管理委员会负责人应当具有对各类风险进行判断与管理的经验。

对于组织规模较大、设有独立董事的汽车金融公司，参照《准则》可以要求审计、提名、薪酬、风险管理、关联交易控制委员会中独立董事占比不低于三分之一，审计、提名、薪酬、关联交易控制委员会由独立董事担任主任委员或负责人。

（四）董事任职资格

根据《非银行金融机构行政许可事项实施办法》的规定，汽车金融公司的董事应在取得监管机构任职资格核准后方可任职。担任汽车金融公司的董事应具备本科以上学历，从事金融工作 5 年以上，或从事汽车生产销售管理工作 10 年，同时还要满足以下条件：

1. 具有完全民事行为能力；

2. 具有良好的守法合规记录；

3. 具有良好的品行、声誉；

4. 具有担任拟任职务所需的相关知识、经验及能力；

5. 具有良好的经济、金融从业记录；

6. 个人及家庭财务稳健；

7. 具有担任拟任职务所需的独立性；

8. 履行对金融机构的忠实与勤勉义务。

如果拟任人选如有犯罪记录或不良执业记录的，将被视为不符合上述第 2、3、5 项条件，如：有故意或重大过失犯罪记录的；有违反社会公德的不良行为，造成恶劣影响的；对曾任职机构违法违规经营活动或重大损失负有个人责任或直接领导责任，情节严重的；担任或曾任被接管、撤销、宣告破产或吊销营业执照的机构的董事或高级管理人员且负有个人责任的；因违反职业道德、操守或者工作严重失职，造成重大损失或恶劣影响的；指使、参与所任职机构不配合依法监管或案件查处的；被取消终身的董事和高级管理人员任职资格，或受到监管机构或其他金融管理部门处罚累计达到 2 次以上的。

如果拟任人选有不良信用记录、较大数额未偿债务或与汽车金融公司有超限额的持股和授信关系的，将被视为不符合第 6、7 项条件，如截至申请任职资格时，本人或其配偶仍有数额较大的逾期债务未能偿还，包括但不限于在该金融机构的逾期贷款；本人及其近亲属合并持有该金融机构 5% 以上股份，且从该金融机构获得的授信总额明显超过其持有的该金融机构股权净值；本人及其所控股的股东单位合并持有该金融机构 5% 以上股份，且从该金融机构获得的授信总额明显超过其持有的该金融机构股权净值；本人或其配偶在持有该金融机构 5% 以上股份的股东单位任职，且该股东单位从该金融机构获得的授信总额明显超过其持有的该金融机构股权净值，但能够证明授信与本人及其配偶没有关系的除外；存在其他所任职务与其在该金融机构拟任、现任职务有明显利益冲突，或明显分散其在该金融机构履职时间和精力的情形。

作为一个行政许可事项，汽车金融公司需就具体的拟任人选向所属地区银保监会派出机构提出正式的书面申请。2020 年 12 月，银保监会办公厅发布《关于深化银行业保险业"放管服"改革优化营商环境的通知》（银保监办发〔2020〕129 号），正式取消了实施已久的董事、监事（保险业）和高级管理人员任职资格考试，改为通过审核申请材料、考察谈话等方式对拟任人是否具备履职基本条件进行审查。之后各地银保监局相继出台相关任职资格审批办法，规范审批流程。以北京银保监局为例，2021 年 4 月发布《北京汽车金融公司高管人员任职资格审批暂行办法》，规定了书面审查、考察谈话等相关流程要求。

考虑到任职资格审批需要一定的时间，因此《非银行金融机构行政许可事项实施办法》（以下简称《实施办法》）允许汽车金融公司在拟任董事长任职资格未获核准前，指定符合相应任职资格条件的人员代为履职，并自作出指定决定之日起 3 日内向监管机构报告。代为履职的期限最长为 6 个月，可以延期一次，延长期不超过 6 个月，但需要汽车金融公司在代为履职期限届满前 1 个月，向银保监局提交代为履职延期报告。

为了进一步简政放权，《实施办法》规定，具有董事、高级管理人员任职资格且未连续中断任职 1 年以上的拟任人在同一法人机构内以及在同质同类机构间，同类性质平级调动职务（平级兼任）或改任（兼任）较低职务的，不需重新申请核准任职资格。拟任人应当在任职后 5 日内向银保监会或任职机构所在地银保监会派出机构报告。

二、监事会

监事会是专门的监督机构，负责监督公司的日常经营活动，以及董事会的行为是否违反法律法规、公司章程。在现代公司制度中，对公司的所有权和控制权事实上是分离的，股东拥有所有权，却必须依赖董事会对公司的治理。为了避免董事会、董事追求自身利益而损害公司、股东、债权人、职工等相关者的利益，有必要通过一定的制度安排，对董事会进行监督，防止其滥用权力或怠于履行法定职责。监事会对股东（大）会负责，主要负责监督董事会、对公司发展战略进行评估、对公司进行监督检查、对公司薪酬进行监督。汽车金融公司需要关注以下合规要点：

（一）根据《银行保险机构公司治理准则》的规定，监事会由股东监事、外部监事和职工监事组成。外部监事是指在银行保险机构不担任除监事以外的其他职务，并且与银行保险机构及其股东、实际控制人不存在可能影响其独立客观判断关系的监事。

（二）监事由股东大会或职工大会选举、罢免。监事每届任期不得超过三年，任期届满，可以连选连任。外部监事在一家银行保险机构累计任职不得超过六年。董事、高级管理人员不得兼任监事。

（三）在人数上，根据《公司法》的规定，监事会人数不得少于三人，股东人数较少或者规模较小的有限责任公司，可以设一至二名监事，不设监事会。监事会或监事的人数应当具体确定，并在公司章程中明确规定监事会的构成。

（四）监事会设主席一人，可以设副主席。监事会主席和副主席由全体监事过半数选举产生。

（五）可以根据本公司情况，在监事会设立提名委员会、监督委员会等专门委员会。

（六）监事会会议每年度至少召开4次，监事可以提议召开监事会临时会议。监事会决议可以采用现场会议表决和书面传签表决两种方式作出。监事会作出决议，必须经全体监事过半数通过。应当将现场会议所议事项的决定作成会议记录，出席会议的监事应当在会议记录上签名。会议记录保存期限为永久。

（七）监事会应当能够对监管要求的财务活动、风险管理、内部控制、内部审计等事项进行监督，按规定提出意见。监事会需按规定向股东大会报告工作。

（八）汽车金融公司重大决策事项事前告知监事会，及时向监事会提供经营状况、财务状况等重要情况及其他监事会要求提供的信息，监事会派员列席董事会会议。

（九）监事会应当按照规定对董事会和高管层及其成员开展履职评价，对监事会工作情况进行自我评价，并对监事履职情况进行评价，评价结果及时报告监管部门及股东（大）会。

（十）汽车金融公司的监事无须经过任职资格审批，但在完成工商变更登记后，需要作为重大事项向银保监局报告。

三、高级管理层

高级管理层是公司股东（大）会和董事会决议的执行机构，负责公司的日常经营管理，对董事会负责，并受监事会监督。汽车金融公司需要关注以下合规要点：

（一）汽车金融公司的经理不得由董事长兼任，除非是股东人数较少或者规模较小的有限责任制汽车金融公司，不设董事会，可由执行董事兼任公司经理。

（二）汽车金融公司的高级管理层中，应当有明确的高级管理人员负责全面风险管理、消费者权益保护、案防管理、反洗钱管理等职能。

（三）高级管理层应当始终满足任职资格条件，并取得任职资格审批后才能开始履职。除满足上文提到的 8 项基本条件之外，高级管理层还需要满足以下条件：

担任汽车金融公司总经理（首席执行官、总裁）、副总经理（副总裁），应具备本科以上学历，从事金融工作 5 年以上，或从事汽车生产销售管理工作 10 年以上。

担任汽车金融公司财务总监（首席财务官）、总会计师、总审计师（总稽核）的，应具备本科以上学历，从事财务、会计或审计工作 6 年以上。

担任汽车金融公司风险总监（首席风险官），应具备本科以上学历，从事金融机构风险管理工作 3 年以上，或从事其他金融工作 6 年以上。

担任汽车金融公司合规总监（首席合规官），应具备本科以上学历，从事金融或法律工作 6 年以上。

担任汽车金融公司信息总监（首席信息官），应具备本科以上学历，从事信息科技工作 6 年以上。

第四节　关联交易治理

关联交易在公司治理和运营中，可谓是一把"双刃剑"。一方面，金融机构可以充分利用关联方的优势，实现交易的最优解，为金融机构带来一定的利润；另一方面，如果被不当利用，关联交易也可以成为大股东或实际控制人进行利益输送的工具，最终侵害金融机构、债权人、投资者及消费者的合法利益。问题股东违规控制金融机构的目的就是将其变为不受限制的"提款机"。实际操作中，问题股东或实际控制人往往通过直接贷款、股权质押、理财产品、信托计划、保险产品投资等方式，大量占用金融机构资金，穿透来看，融资余额一般远超股本金，贷款集中度等指标远超监管要求。此类违法违规操作导致了包商银行、华夏人寿等金融机构的风险积累，也是部分农村金融机构风险的重要成因。[①]

以包商银行为例，"明天系"在控股包商银行期间，通过虚构业务，以应收款项投资、对公贷款、理财产品等多种交易形式，共占用包商银行资金逾1500亿元，占包商银行资产总规模近30%。"明天系"长期占用资金，无法归还，严重侵蚀包商银行的利润和资产质量。[②]

事实上面对近年来关联交易的乱象，监管方一直本着从严监管，穿透监管的原则，对关联交易始终保持高压态势。在制度层面，先后出台了《商业银行与内部人和股东关联交易管理办法》（中国银行业监督管理委员会令2004年第3号）、《商业银行股权管理暂行办法》等文件，进一步完善制度机制、补齐短板。在系统层面，2020年7月发布《银行业保险业关联交易监管系统上线试运行的通知》，正式上线关联交易监管系统，要求各银行业保险业金融机构分批次逐步接入，实现关联方、关联交易的系统化管理。在监管行动方面，2017年以来银保监会全面深入开展银行业市场乱象整治工作，重点对公司治理、股东股权、影子银行和交叉金融等方面存在的问题进行了综合治理；2018年确定为农商行"强化公司治理年"，制定了《农合机构股东股权专项排查整治三年规划》，全面周密部署所有农合机构按照100%的比例开展自查；2019年开展银行保险机构股权和关联交易专项整治工作；2020年开展股权和关联交易专项整治"回头看"；2021年决定推动股权和关联交易专项整治工作常态化。

2022年1月11日，为进一步加强关联交易监管，规范银行保险机构关联交易行为，在经过半年的征求意见之后，银保监会正式发布《银行保险机构关联交易管理办法》，并设置了一年的过渡期（从2022年3月1日

[①] 参见人民银行《中国金融稳定报告（2021）》专题十四：违规控制金融机构的主要问题及处置探索。

[②] 参见人民银行《中国金融稳定报告（2021）》专题十三：依法稳妥处置包商银行风险。

开始计算）。新《办法》基于近年来的监管实践，对 2004 年 3 号令《商业银行与内部人和股东关联交易管理办法》进行了大幅修改，并且明确规定汽车金融公司适用《办法》，改变了汽车金融公司关联交易管理"无法可依"的情况①。因此，本节将主要基于新《办法》的相关监管规定，从关联方、关联交易和关联交易管理三个方面，梳理汽车金融公司关联交易治理的相关合规要点，同时兼顾与 3 号令的比较。

一、关联方

汽车金融公司开展关联交易管理，第一步就是需要认定关联方。关联方的认定标准，银保监会、《公司法》、会计准则、上市地证券交易所都有相应的规定，并且相互之间存在细微的差别。汽车金融公司需要区分不同的场合和报告对象，来确定适用的认定标准。本书将以银保监会最新的《银行保险机构关联交易管理办法》（以下简称新《办法》）作为分析的基础。

根据新《办法》第五条规定，汽车金融公司的关联方是指与汽车金融公司存在一方控制另一方或对另一方施加重大影响，以及与汽车金融公司同受一方控制或重大影响的关联自然人、关联法人或非法人组织。

（一）关联自然人

根据新《办法》规定，汽车金融公司的关联自然人包括：

1. 自然人控股股东、实际控制人，及其一致行动人、最终受益人。

2. 除此之外，持有或控制银行保险机构 5% 以上股权的自然人，或者持股不足 5% 但对银行保险机构经营管理有重大影响的自然人。

3. 董事、监事、总行和重要分行（总公司和重要分公司）的高级管理

---

① 2004 年 3 号令的适用范围在中华人民共和国境内依法设立的商业银行，包括中资商业银行、外商独资银行、中外合资银行，外国银行分行、农村合作银行、城市信用合作社，并不适用于汽车金融公司。

人员，以及具有大额授信、资产转移、保险资金运用等核心业务审批或决策权的人员。

4. 上述关联自然人的配偶、父母、子女及兄弟姐妹。

5. 关联法人的董事、监事、高级管理人员。

与 2004 年 3 号令相比，新《办法》对关联自然人的认定范围进行了大幅缩减，认定标准进行了更有可操作性的简化，需要关注的要点包括[①]：

第一，新增实际控制人的一致行动人。此前的 3 号令只提及 5% 以上股份或表决权股东，但是实际控制人的一致行动人很可能自身持股比例很低，和其他股东一起仍然构成对金融机构的重大影响，所以也列入关联方定义。

第二，对标《公司法》，将监事纳入关联自然人的范围。

第三，取消原来 2004 年 3 号令中"内部人"的概念，统一为高级管理人员和核心业务审批或决策人员。高级管理人员的范围限定为总行/总公司或重要分行/分公司。这主要是排除了银行的二级分行、支行的行长、主任等。汽车金融公司前期基本没有设立分支机构，这条暂无影响。

第四，将此前有权决定或者参与银行授信和资产转移人员，修改为具有大额授信、资产转移等授核心业务审批或决策的人员。新增"大额"的限定，也即一般金额较小的授信审批人员不属于关联方；而且必须是核心业务审批人员。实践中这部分的关联自然人将大幅减少。

第五，近亲属的范围仅限于配偶、父母、子女及兄弟姐妹，2004 年 3 号令规定的父母的兄弟姐妹及其配偶、成年子女及其配偶，以及配偶的兄弟姐妹及其配偶，还有兄弟姐妹的配偶、成年子女及其配偶，都不再属于关联自然人的认定范围。其实由于 2004 年 3 号令的规定过于复杂和宽泛，

---

① 该部分主要参考孙海波、译文：《刚刚银行关联交易重大变革！一张图读懂关联方！》，https://www.banklaw.com/articles/3683.html，访问日期 2021 年 10 月 21 日。

实践中极少有金融机构能够维护如此庞杂的关联自然人名单，此次修订大幅缩小了近亲属的范围，避免金融机构"被动违规"。

（二）关联法人

根据新《办法》规定，汽车金融公司的关联法人和非法人组织包括：

1. 汽车金融公司的法人控股股东、实际控制人，及其一致行动人、最终受益人。

2. 持有或控制汽车金融公司5%以上股权的，或者持股不足5%但对汽车金融公司经营管理有重大影响的法人或非法人组织，及其控股股东、实际控制人、一致行动人、最终受益人。

3. 上述第1项关联法人所控制或施加重大影响的法人或非法人组织；上述第2项关联法人所控制的法人或非法人组织。

4. 汽车金融公司控制或施加重大影响的法人或非法人组织。

5. 前述第1至第3项关联自然人所控制或施加重大影响的法人或非法人组织；前述第2至第4项关联自然人所控制的法人或非法人组织。

与2004年3号令相比，新《办法》对关联法人的认定范围进行了扩充，需要关注的要点包括[①]：

第一，将关联法人的范围扩展至主要非自然人股东的控股股东和实际控制人。结合第3点的要求，这些控股股东、实际控制人所控制或施加重大影响的非自然人组织，也属于关联法人，而3号令中仅要求与商业银行同受某一企业直接、间接控制的法人或非法人组织。举例来说，原来受同一企业控制的公司（类似于亲兄弟）才是关联方，比如汽车金融公司的大股东所控制的融资租赁公司，现在二股东、三股东下面的公司（类比于堂兄弟）也成了关联方。不仅如此，在新《办法》规定中，汽车金融公司股东的股东所控制

---

① 该部分主要参考孙海波、译文：《刚刚银行关联交易重大变革！一张图读懂关联方!》，https://www.banklaw.com/articles/3683.html，访问日期2021年10月21日。

的公司（类比于叔伯）也纳入了关联方范畴。具体可见图1示例。

第二，新增实控人的一致行动人，以及汽车金融公司自己控制的子公司或有重大影响的公司，作为关联方。

第三，新增关联方认定的时间维度。原来在3号令下，是按照时点的状态来判断是否属于关联方，但是考虑到股权比例，控制力是动态变化，所以此次新《办法》规定只要曾经12个月内是关联方或者未来12个月内根据协议即将成为关联方的，按照实质重于形式的原则，也可以认定为关联方。所以一旦进入关联方名单，后来又因为股权比例变化或者职位变动或者婚姻关系变动暂时不符合关联方定义，根据新规也要12个月后才能正式退出关联方名单。

第四，明确了"实质重于形式"的兜底认定标准，即自然人、法人或非法人组织因对银行保险机构有影响，与银行保险机构发生未遵守商业原则、有失公允的交易行为，并可据以从交易中获取利益，银行保险机构可以按照实质重于形式和穿透的原则将其认定为关联方。

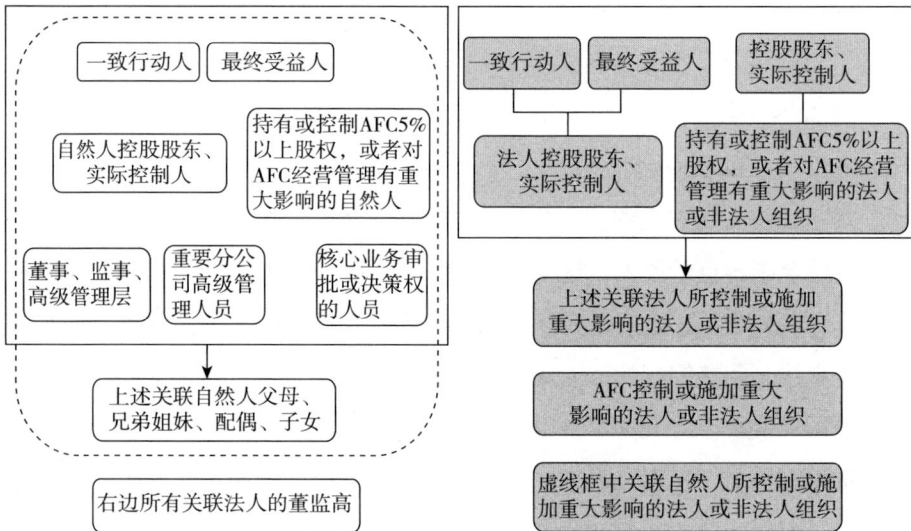

图1　《银行保险机构关联交易管理办法》

项下汽车金融公司关联方示意图

二、关联交易

新《办法》对关联交易进行了定义，即只要是与关联方之间发生的利益转移事项，都被认定为是金融机构的关联交易，这也符合上述"实质重于形式"的立法原则。对于关联交易，重点要关注以下合规要点。

（一）关联交易的类型

新《办法》首次单独规定了其他非金融机构的关联交易，列举了其他非金融机构的关联交易类型，可以说是精细化监管的一大举措。根据新《办法》，非银行金融机构关联交易主要包括：

1. 以资产为基础的关联交易：包括资产买卖与委托（代理）处置、资产重组（置换）、资产租赁等，例如汽车金融公司从关联方租赁办公场所、车辆，或向关联方出售资产等。

2. 以资金为基础的关联交易：包括投资、贷款、融资租赁、借款、拆借、存款、担保等。在汽车金融公司日常经营中最常见的包括向关联方经销商提供的授信、股东存款等。

3. 以中间服务为基础的关联交易：包括评级服务、评估服务、审计服务、法律服务、拍卖服务、咨询服务、业务代理、中介服务等。比如部分汽车金融公司具有保险兼业代理资质，可以为关联方提供保险中介服务。

4. 其他类型关联交易以及根据实质重于形式原则认定的可能引致其他非银行金融机构利益转移的事项。

（二）重大关联交易

根据交易金额的大小，关联交易又可以分为重大关联交易和一般关联交易。一直以来，关联交易的管理重点在重大关联交易，因此准确掌握重大关联交易的标准至关重要。根据新《办法》，汽车金融公司的重大关联交易判断标准为：

1. 汽车金融公司与一个关联方之间单笔交易金额占汽车金融公司上季末资本净额 1% 以上。

2. 汽车金融公司与该关联方交易余额占汽车金融公司上季末资本净额 5% 以上的交易。

3. 汽车金融公司与一个关联方的交易余额达到前款标准后，其后发生的关联交易，如再次达到上季末资本净额 1% 以上，则应当重新认定为重大关联交易。

与 3 号令相比，新《办法》没有改变重大关联交易的判断标准，但进行了细化，比如明确资本净额为季末时点值；再比如达到重大关联交易标准之后发生的关联交易，并不需要每笔都认定为重大，只需要在交易额累计再次达到上季末资本净额 1% 以上时，重新认定为重大关联交易即可。同时，考虑到关联交易的种类繁多，新《办法》还对关联交易的交易金额计算方式进行了明确：

1. 以资产为基础的关联交易以交易价格计算交易金额；

2. 以资金为基础的关联交易以签订协议的金额计算交易金额；

3. 以中间服务为基础的关联交易以业务收入或支出金额计算交易金额；

4. 计算关联自然人与汽车金融公司的关联交易金额时，其配偶、父母、子女、兄弟姐妹等与该汽车金融公司的关联交易应当合并计算；计算关联法人或非法人组织与汽车金融公司的关联交易金额时，与其构成集团客户的法人或非法人组织与该汽车金融公司的关联交易应当合并计算。这一点与 3 号令相同。

对于重大关联交易的管理，需要关注的是交易审批和报告。根据新《办法》的规定，重大关联交易需经由关联交易控制委员会审查后，提交董事会批准。董事会会议所作决议须经参会的非关联董事 2/3 以上通过。出席董事会会议的非关联董事人数不足三人的，应当将关联交易提交股东（大）会审议。这里对于非关联董事 2/3 以上通过的要求，比 3 号令更加严格。同时对于重大关联交易，需要在签订交易协议后 15 个工作日内逐笔向银保监会或其派出机构报告。

（三）禁止性和限制性规定

新《办法》用单独一节规定金融机构从事关联交易的禁止性规定，这些规定并非全新，其实在前期各项规范性文件中都有提及，汽车金融公司需要关注的主要包括：

1. 不得通过掩盖关联关系、拆分交易等各种隐蔽方式规避重大关联交易审批或监管要求。

2. 不得利用各种嵌套交易拉长融资链条、模糊业务实质，规避监管规定，为股东及其关联方违规融资、腾挪资产、空转套利、隐匿风险等。

3. 不得直接通过或借道同业、理财、表外等业务，突破比例限制或违反规定向股东及其关联方提供资金。

4. 公司治理评估结果为 E 级的汽车金融公司，不得开展授信类或投资类关联交易。经银保监会认可的情形除外。

5. 汽车金融公司违反关联交易规定的，银保监会及其派出机构可以责令汽车金融公司禁止与特定关联方开展关联交易，或缩减对一个或全部关联方交易金额的比例要求，直至停止关联交易。

6. 持有汽车金融公司 5% 以上股权的股东质押股权数量超过其持有该银行保险机构股权总量 50% 的，银保监会或其派出机构可以限制其与汽车金融公司开展关联交易。

这里需要特别注意的是，3 号令和新《办法》都规定了商业银行向关联方提供授信发生损失的，自发现损失之日起二年内不得再向该关联方提供授信。区别在于 3 号令笼统地要求汽车金融公司参考适用，并没有明确具体的"参考适用"规则，而新《办法》明确了适用主体为银行机构，根据第二条的定义，并不包括汽车金融公司。

三、关联交易的内部管理

(一)关联交易管理体系

新《办法》要求汽车金融公司董事会设立关联交易控制委员会,负责关联交易管理、审查和风险控制。董事会对关联交易管理承担最终责任,关联交易控制委员会、涉及业务部门、风险审批及合规审查的部门负责人对关联交易的合规性承担相应责任。

关联交易控制委员会由三名以上董事组成,由独立董事担任负责人。关联交易控制委员会应重点关注关联交易的合规性、公允性和必要性。银保监会另有规定的从其规定。对于仅设执行董事,以及董事会中未设置独立董事的汽车金融公司,如何执行上述要求,是否存在变通或豁免机制,目前新《办法》没有给出明确规定。

《办法》要求汽车金融公司在管理层面设立跨部门的关联交易管理办公室,成员应当包括合规、业务、风控、财务等相关部门人员,并明确牵头部门、设置专岗,负责关联方识别维护、关联交易管理等日常事务。这对于规模较小、人员较少的汽车金融公司来讲,也存在一定的执行困难,有待于后续监管解释。

(二)关联交易管理机制

汽车金融公司应当制定关联交易管理制度。制度内容应当包括关联交易的管理架构和相应职责分工,关联方的识别、报告、信息收集与管理,关联交易的定价、审查、回避、报告、披露、审计和责任追究等内容。除此之外,关联交易管理机制还应当关注以下要点:

1. 关联交易应当订立书面交易协议,按照商业原则,以不优于对非关联方同类交易的条件进行。

2. 应当完善关联交易内控机制,优化关联交易管理流程,关键环节的审查意见以及关联交易控制委员会等会议决议、记录应当清晰可查。

3. 一般关联交易按照公司内部管理制度和授权程序审查，报关联交易控制委员会备案。重大关联交易经由关联交易控制委员会审查后，提交董事会批准，并且符合前述重大关联交易的最低表决权要求，如果不能满足最低表决权要求，则需要提交股东（大）会审议。

4. 汽车金融公司关联交易控制委员会、董事会及股东（大）会对关联交易进行表决或决策时，与该关联交易有关联关系的人员应当回避。相较于3号令，新《办法》考虑到实际情况，提供了一个豁免回避的方案，即对于没有成立股东（大）会的汽车金融公司，可以仍由董事会审议且关联董事不用回避，但关联董事应出具不存在不当利益输送的声明。

5. 汽车金融公司与同一关联方之间长期持续发生的，需要反复签订交易协议的提供服务类及其他经银保监会认可的关联交易，可以签订统一交易协议，但统一交易协议的期限不得超过三年；签订、续签、实质性变更应按照重大关联交易进行内部审查、报告和信息披露；并在季度报告中说明执行情况。

6. 汽车金融公司应当每年至少对关联交易进行一次专项审计，并将审计结果报董事会和监事会。

对于有控股子公司或分支机构、分公司的汽车金融管理公司（目前几乎没有），还应当制定内部管理制度，确定重要分行或分公司标准或名单，明确大额授信、资产转移、保险资金运用等核心业务审批或决策权的人员范围，明确对关联交易合规性承担责任的部门负责人，以及控股子公司与汽车金融公司关联方发生关联交易的内部管理规定，并向银保监会或其派出机构报备。

（三）授信类关联交易限额

新《办法》参考《汽车金融公司管理办法》的规定，明确汽车金融公司对单个股东及其关联方的授信余额不得超过该股东在汽车金融公司的出资额。但这并不意味着相关限制解除，因为《商业银行股权管理暂行办法》对授信类关联交易限额进行了明确，同时《汽车金融公司管理办法》中还规定了其他限额的要求，需要汽车金融公司特别关注。

《暂行办法》规定商业银行对主要股东或其控股股东、实际控制人、关联方、一致行动人、最终受益人等单个主体的授信余额不得超过商业银行资本净额的百分之十。同时规定对单个主要股东及其控股股东、实际控制人、关联方、一致行动人、最终受益人的合计授信余额不得超过商业银行资本净额的百分之十五。

《汽车金融公司管理办法》规定对单一借款人的授信余额不得超过资本净额的百分之十五，对单一集团客户的授信余额不得超过资本净额的50%，对单一股东及其关联方的授信余额不得超过该股东在汽车金融公司的出资额，这几条的规定比上述《暂行办法》的规定更为宽松。

举个例子，一个汽车金融公司注册资本 10 亿元，假设刚刚开业，资本净额约等于 10 亿元。它的股东 A，持股 7 亿元人民币，占比 70%，A 集团内部有一家全资子公司 B 做汽车销售。则不考虑其他关联方的情况下，按照《暂行办法》的规定，这家汽车金融公司对 B 的授信余额不得超过 1 亿元，对 A 和 B 的授信余额合计不得超过 1.5 亿元。但是按照《汽车金融公司管理办法》的规定，对 B 的授信余额为 1.5 亿元，但对 A 和 B 的授信余额，按照孰低的原则，不能超过 5 亿元。在资本净额高于 14 亿元的情况下，对 A 和 B 的授信余额不能超过 7 亿元。

这样的规定，主要是因为汽车金融公司设立的初衷，就是为股东方汽车生产厂家提供金融产品，以促进汽车销售和资金运转，因此汽车经销商贷款业务的主要授信对象为股东方集团内部的经销商群体，关联交易更为频繁。

（四）关联交易报告和披露

新《办法》要求各金融机构通过关联交易监测系统报送关联方信息档

案、重大关联交易、季度关联交易情况等信息。为此，2020 年银保监会委托中保保险资产登记交易系统有限公司开发了银行保险业关联交易监管系统，并要求各类型金融机构分批次上线。汽车金融公司作为第三批上线的机构，根据《银行保险业关联交易监管系统第三批机构上线试运行的通知》规定，应于 2021 年 11 月 15 日前完成关联方信息档案和 2021 年 1～3 季度关联交易信息的报送。汽车金融公司关联交易相关的报告义务，需要关注的合规要点主要包括：

1. 以下信息需要在签订交易协议后 15 个工作日内，通过关联交易监管系统逐笔报告：

（1）重大关联交易。

（2）统一交易协议的签订、续签或实质性变更。

（3）银保监会要求报告的其他交易信息。

2. 在每季度结束后 30 日内，报送授信类关联交易明细表、授信－用信情况明细表、非授信类关联交易明细表、与所有关联方关联交易余额统计表。

3. 建立关联关系或发生关联关系变动后 15 个工作日内，根据关联方的性质（法人或自然人），报送法人或其他组织关联方档案或自然人关联方档案，以及关联关系图谱。

4. 报送汽车金融公司关联交易管理制度，并按年更新，或根据内部管理制度更新情况适时更新。

5. 新《办法》要求董事会应当每年向股东大会就关联交易整体情况做出专项报告，并向银保监会或其派出机构报送。

关于关联交易的披露，新《办法》进一步明确了披露的要求，包括在公司网站中披露关联交易信息，在公司年报中披露当年关联交易的总体情况。按规定需逐笔报告的关联交易应当在签订交易协议后 15 个工作日内逐笔披露，一般关联交易应在每季度结束后 30 日内按交易类型合并披露。对于汽车金融公司而言，这个披露要求尚属首次，尤其是未上市的汽车金融公司，一般选择不公开披露公司年报，一些关联交易还可能涉及汽车生产厂家和经销商的商业秘密。能否依据新《办法》第五十八条的规定，申请豁免披露，目前尚未可知。

第五节　激励与约束机制

《银行保险机构公司治理准则》专章规定了激励约束机制，包括建立科学合理的薪酬管理机制、绩效考核机制、绩效薪酬延期支付和追索扣回制度、董监高人员履职评价制度、内部审计等。本章将重点从董监高人员履职评价、绩效和薪酬、内部审计三个方面，对激励和约束机制进行梳理。

一、董监事履职评价

董事、监事忠实勤勉地履职，是银行保险机构公司治理有效性的基础。而履职评价，作为督促董监事勤勉尽责的一项行之有效的制度安排，已经被国际社会广泛接受和认可。《二十国集团/经合组织公司治理原则》、巴塞尔银行监管委员会《银行公司治理原则》、国际保险监督官协会《保险核心原则》中均有相关要求。在国内，2010年12月银监会颁布了《商业银行董事履职评价办法》，对董事履职评价进行了积极探索。在借鉴吸收国际良好实践和国内有益探索的基础上，2021年5月银保监会发布实施了《银行保险机构董事监事履职评价办法（试行）》，汽车金融公司作为银保监会监管的金融机构，参照执行。

《办法》将履职评价的范围扩展到监事，明确了监事会对董事监事履职评价工作承担最终责任，梳理了银行保险机构董事监事的基本职责和具体义务，强调了差异化的履职要求，要求履职评价应当至少包括五个维度，以及规定了评价的制度、程序、方法与标准。汽车金融公司需要关注的要点主要包括：

（一）评价内容

根据《办法》规定，汽车金融公司应当从履行忠实义务、履行勤勉义务、履职专业性、履职独立性与道德水准、履职合规性五个维度对董监事履职情况进行评价，结合《办法》对董监事基本职责的规定，参考《银行保险机构公司治理监管评估办法（试行）》附件《商业银行公司治理评价表》中列举的评估标准①，各维度的主要内容包括：

1. 履行忠实义务，包括但不限于董事监事能够以银行保险机构的最佳利益行事，严格保守汽车金融公司秘密，高度关注可能损害汽车金融公司利益的事项，及时向董事会、监事会报告并推动问题纠正等。董事监事不得在履职过程中接受不正当利益，不得利用职务、地位谋取私利或侵占汽车金融公司财产，不得为股东利益损害汽车金融公司利益，不得损害利益相关者合法权益。

2. 履行勤勉义务，包括但不限于董事监事能够投入足够的时间和精力参与汽车金融公司事务，及时了解经营管理和风险状况，按要求出席董事会及其专门委员会、监事会及其专门委员会会议，对提交董事会、监事会审议的事项认真研究并作出审慎判断等。特别地，独立董事、外部监事每年在汽车金融公司工作的时间不得少于15个工作日，董事会风险管理委员会、审计委员会、关联交易控制委员会主任委员每年在汽车金融公司工作的时间不得少于20个工作日。董事监事每年应当亲自出席三分之二以上的董事会、监事会现场会议，因故不能出席的，应当书面委托其他董事监事代为出席，委托书中应当载明董事监事本人对议案的个人意见和表决意向。

3. 履职专业性，包括但不限于董事监事能够持续提升自身专业水平，

---

① 《银行保险机构公司治理监管评估办法（试行）》（银保监发〔2019〕43号）不适用于汽车金融公司，但汽车金融公司可参考其附件列明标准，评估自身的公司治理成熟度。

立足董事会、监事会职责定位，结合自身的专业知识、从业经历和工作经验，研究提出科学合理的意见建议，推动董事会科学决策、监事会有效监督等。需要特别关注的是，董事应当在取得监管机构任职资格核准后方可任职。

4. 履职独立性与道德水准，包括但不限于董事监事能够坚持高标准的职业道德准则，不受主要股东和内部人控制或干预，独立自主地履行职责，推动汽车金融公司公平对待全体股东、维护利益相关者的合法权益、积极履行社会责任等。需要特别关注的是，董事本职、兼职是否与其在汽车金融公司的任职存在利益冲突；在审议关联交易时，关联董事是否按规定履行了回避义务。

5. 履职合规性，包括但不限于董事监事能够遵守法律法规、监管规定及公司章程，持续规范自身履职行为，依法合规履行相应的职责，推动和监督银行保险机构守法合规经营等。需要特别关注的是，汽车金融公司应当将监管部门通过监管通报、监管意见、现场检查意见书等监管文书，对公司提出的监管意见及公司整改情况在董事会上予以通报，董事会对上述情况应当进行督促整改并及时审议整改进展。

（二）评价机制

汽车金融公司应当建立董监事履职评价管理机制，主要包括履职评价制度、履职档案、评价程序和方法等。

在履职评价制度方面，汽车金融公司应当对董事监事的评价内容、评价原则、实施主体、资源保障、评价方式、评价流程、评价等级、结果应用、工作责任等重要内容作出明确规定，同时应当考虑到不同类型董事监事的特点，作出差异化的规定。履职评价制度应当向银保监会或派出机构报告。

汽车金融公司应当建立董监事履职档案，记录董监事日常履职情况以及履职评价工作开展情况。以下董监事履职档案模板可供参考：

表1 **董监事履职档案模板**

××汽车金融公司　第×届董事会20____年董/监事履职档案								
基本信息	姓名		性别		出生年月		国籍	
	公司职务		董事类别		任职时间		任职资格批复文号	
	董事会专门委员会职务		公司外职务		提名股东		直接或间接持有公司股份数量	
出席会议/活动情况	会议/活动名称		会议日期	审议方案	亲自/委托他人出席		履职时长	
发表意见或建议情况	意见或建议主要内容		提交时间	提交渠道	采纳结果			
履职评价工作开展情况	评价期间	评价结果	改进要求及期限		整改情况			
其他需要登记事项								

履职评价的频率方面，汽车金融公司应当每年对董事监事的履职情况进行评价。对于评价年度内职位发生变动但任职时间超过半年的董事监事，应当根据其在任期间的履职表现开展评价。

在评价程序和方法方面，董事履职评价可以包括董事自评、董事互评、董事会评价、外部评价、监事会最终评价等环节。监事履职评价可以包括监事自评、监事互评、外部评价、监事会最终评价等环节。评价方法可以包括资料分析、行为观察、问卷调查、履职测评、座谈访谈等。

（三）评价结果及应用

根据《办法》的规定，董监事履职评价的结果分为称职、基本称职和不称职三个类别，由汽车金融公司根据履职评价情况进行划分。但董事或监事出现表 2 中的情况的，当年的评价结果不得为"称职"，或应当直接划分为"不称职"。

表 2   董监事履职评价标准

不得评为"称职"的情况	应评为"不称职"的情况
该年度内未能亲自出席三分之二以上的董事会、监事会现场会议	泄露秘密，损害汽车金融公司合法权益的
董事会审议通过违反法律法规或严重违反监管规定、公司章程的事项，董事投赞成票的；董事会、高级管理层决策事项违反法律法规，或严重违反监管规定、公司章程，监事知悉或应当知悉，但未进行质询或及时提请监事会关注并予以纠正的	在履职过程中接受不正当利益，或者利用董事监事地位谋取私利的
董事会违反公司章程、议事规则和决策程序审议重大事项，董事未提出反对意见的；董事会、高级管理层违反公司章程、议事规则和决策程序决定重大事项，或对股东（大）会、董事会、监事会决议落实不到位，监事知悉或应当知悉，但未进行质询或及时提请监事会关注并予以纠正的	参与或协助股东对汽车金融公司进行不当干预，导致汽车金融公司出现重大风险和损失的
董事会运作低效，出现长期未换届、长期无法正常召开会议等公司治理问题，董事未能及时反映情况并推动纠正的；监事会运作低效，对董事会、高级管理层及其成员的履职监督严重弱化，监事未及时提出意见并推动有效整改的	隐瞒重要事实、提供虚假材料或参与汽车金融公司编造虚假材料的

不得评为"称职"的情况	应评为"不称职"的情况
股权和关联交易管理严重违规，经营战略出现重大偏差，风险管理政策出现重大失误，内部控制体系存在明显漏洞，董事未及时提出意见或修正要求的；监事会未能按照要求有效履行在经营战略、风险管理、内部控制、财务会计、激励约束机制等方面的监督职责，监事未及时提出意见并推动有效整改的	对汽车金融公司及相关人员重大违法违规违纪问题隐匿不报的
资本充足率、资产质量、偿付能力等主要监管指标未达到监管要求，董事监事未及时提出意见建议并依责推动有效整改的	
知悉或应当知悉符合履职回避情形，而未按规定执行的	董事会、监事会决议违反法律法规、监管规定及公司章程，导致汽车金融公司重大风险和严重损失，董事监事没有提出异议的
对监管发现并指出的重大违法违规问题，董事监事未依责推动有效整改的	对履职评价发现的严重问题拒不改正的
董事监事个人被监管部门行政处罚或受到纪律处分的	中国银保监会认定的其他严重失职行为
中国银保监会认定的其他不当履职情形	

　　只有将董监事履职评价的评价结果应用落到实处，才能真正发挥其在公司治理中的作用，避免成为一张废纸。因此《办法》规定了董监事履职评价应用要求，包括：

　　1. 监事会负责，根据评价结果提出改进建议，并将评价结果和改进建议报告股东会，反馈董事会和董事本人。

　　2. 对于评价结果为"基本称职"的，董事会和监事会应当组织会谈，由董事监事本人提出限期改进要求。

　　3. 对于评价结果为"不称职"的，董事会、监事会应向其问责。该董事或监事可以"引咎辞职"，也可以由董事会或监事会发起罢免，同时扣减薪酬。因董监事不称职的行为，造成汽车金融公司损失的，应当向其追偿，涉嫌犯罪的，移送司法机关。

4. 董事监事履职情况及评价结果报告，应在每年 4 月 30 日前向中国银保监会或其派出机构报告。

二、绩效考核及薪酬

2020 年 8 月，银保监会在《健全银行业保险业公司治理三年行动方案（2020—2022 年）》中提出，激励约束机制是机构经营管理的指挥棒。近年来，部分机构考核机制存在明显的短视化倾向，薪酬分配过于向业务部门倾斜，高管人员薪酬与其承担的风险责任不够匹配，薪酬形式过于单一，中长期激励不足，不利于机构的可持续发展。要着力构建风险与收益兼顾、长期与短期并重、精神与物质兼备的激励约束机制。牢固树立"党建是生产力、反腐是生产力、管理是生产力"的理念，坚持对党务工作、风险管理、内控内审等人员一体激励。

（一）绩效考核

根据《银行保险机构公司治理准则》的要求，汽车金融公司应当按照收益与风险兼顾、长期与短期激励并重的原则，建立指标科学完备、流程清晰规范的绩效考核机制。一般来讲，绩效考核指标由董事会确定，高级管理层负责执行，人力部门负责具体落地实施，但在制定相关绩效考核机制时，需要关注以下合规要点：

1. 绩效考核指标应当包括合规经营指标、风险管理指标、经济效益指标和社会责任指标，且合规经营指标和风险管理指标权重应当高于其他指标。2020 年 1 月，漳州银保监分局对漳州农商银行业绩考核不科学的行为罚款 50 万元，并对主要责任人处以警告及罚款。这里"业绩考核不科学"可能就是在考核指标设置上重业绩，轻风险合规类指标。

2.《银行业金融机构绩效考评监管指引》适用于汽车金融公司，因此应当关注《指引》第十二条规定的"四个不得"，即不得设立时点性规模考核指标；不得在综合绩效考评指标体系之外设定单项或临时性考评指标；不得设定没有具体指标值、单纯以市场份额或市场排名为要求的考评指标；分支机构自行制定考评办法或提高考评标准及相关要求。

3. 考核指标中应当包括消费者权益保护、反洗钱、案件防控等监管规定要求必须包含的单项合规指标。

4. 对风险管理、内控合规、内部审计等部门的绩效考评，应当有利于其独立、全面地履行职能。上述部门员工的薪酬应独立于其业务线，且薪酬水平应得到适当保证，以确保能够吸引与其职责相匹配的专业人员。

（二）薪酬

根据《银行保险机构公司治理准则》的规定，汽车金融公司应当建立绩效薪酬延期支付和追索扣回制度。

所谓绩效薪酬延期支付制度，是指汽车金融公司合理确定一定比例的绩效薪酬，根据经营情况和风险成本分期考核情况随基本薪酬一起支付，剩余部分在财务年度结束后，根据年度考核结果支付[①]。

应当执行薪酬延期支付的范围，包括汽车金融公司执行董事、高级管理人员和对汽车金融公司经营风险有直接或重要影响的关键岗位人员。

延期支付的期限，应当充分考虑相应业务的风险持续时期，且不得少于三年，并定期根据业绩实现和风险变化情况对延期支付制度进行调整。

延期支付的比例，对汽车金融公司并没有明确的强制性要求，可参考《商业银行稳健薪酬监管指引》的规定，高级管理人员延期支付的比例不低于50%；对汽车金融公司经营风险有直接或重要影响的关键岗位人员，延期支付的比例不低于40%。在延期支付时段中应当遵循等分原则，不得前重后轻。

所谓追索扣回，是指如果在规定期限内其高级管理人员和相关员工职

---

① 《商业银行稳健薪酬监管指引》（银监发〔2010〕14号），汽车金融公司参考执行。

责内的风险损失超常暴露，则汽车金融公司有权将相应期限内已发放的绩效薪酬全部追回，并止付所有未支付部分。

2021 年 1 月，银保监会办公厅发布《关于建立完善银行保险机构绩效薪酬追索扣回机制的指导意见》（银保监办发〔2021〕17 号）（以下简称《指导意见》），汽车金融公司需要遵照执行。《指导意见》要求汽车金融公司制定绩效薪酬追索扣回制度，制度内容应包括绩效薪酬追索扣回的适用情形、追索扣回比例、工作程序、责任部门、争议处理、内部监督及问责等内容。

《指导意见》明确，在发生以下情况时，汽车金融公司可以追回向高级管理人员和关键岗位人员超额发放的所有绩效薪酬和其他激励性报酬：

1. 汽车金融公司发生财务报表重述等情形，导致绩效薪酬所依据的财务信息发生较大调整的；

2. 绩效考核结果存在弄虚作假的；

3. 违反薪酬管理程序擅自发放绩效薪酬或擅自增加薪酬激励项目的；

4. 其他违规或基于错误信息发放薪酬的。

在发生以下情况时，汽车金融公司应当追索扣回负有主要责任的高级管理人员和关键岗位人员相应期限内的全部绩效薪酬，追索扣回其他责任人员相应期限内的部分绩效薪酬：

1. 重要监管指标严重不达标或偏离合理区间的；

2. 被银保监会及其派出机构或其他金融监管部门采取接管等风险处置措施的；

3. 发生重大风险事件，对金融市场秩序造成恶劣影响的；

4. 其他对银行保险机构的财产、声誉等造成重大损害的情形。

在组织架构上，董事会对薪酬管理负最终责任，负责本行的薪酬管理制度和政策设计；董事会下设相对独立的薪酬管理委员会（小组），组成人员中至少要有三分之一以上的财务专业人员，且薪酬管理委员会（小组）应熟悉各产品线风险、成本及演变情况，以有效和负责地审议有关薪酬制度和政策。高级管理层组织实施董事会薪酬管理方面的决议。人力资源部门负责具体事项的落实，制定薪酬延期支付的人员清单，明确人员范围、延期支付比例、延期期限等事项，并在每年薪酬发放时予以执行。风险控制、合规、财务等部门参与并监督薪酬机制的执行和完善性反馈工作。审计部门对延期支付和追索扣回的情况进行审计，并向董事会汇报。

三、审计

审计作为风险管理的第三道防线，对汽车金融公司的稳健运营起到"压舱石"的作用，由于审计部门和外部审计机构不隶属于公司高级管理层，直接向董事会和监事会汇报，具有独立性、专业性的特点，因此作为公司治理中约束机制的重要抓手，逐渐得到监管的重视和强调。《健全银行业保险业公司治理三年行动方案（2020—2022年）》中就提出，2020年重点加强对机构外部审计工作的规范，2021年银行业应重点完善内部审计工作机制。

审计分为内部审计和外部审计。对于内部审计，汽车金融公司参考执行《商业银行内部审计指引》（银监发〔2016〕12号）的规定，需要关注以下合规要点：

1. 建立独立垂直的内部审计体系，董事会对内部审计的独立性和有效性承担最终责任，监事会对内部审计工作进行监督。

2. 制定内部审计章程，经董事会批准并报监管部门备案。

3. 内部审计人员不少于员工总数的1%，内部审计人员的薪酬水平不低于本机构其他部门同职级人员平均水平。

4. 内部审计结果和整改情况作为审计对象绩效考评的重要依据。内部审计部门定期对内部审计人员的专业胜任能力进行评价。

5. 内部审计部门应当定期对表3所列事项进行专项审计[①]。

---

① 节选自黄哲：《从5年监管处罚案例，总结36项提升银行业审计工作质量重点措施》，https://www.banklaw.com/articles/3446.html，访问日期：2021年11月8日。

表 3 　　　　　　　　　　　定期专项审计事项

事项	审计周期	依据
印章管理制度落实情况	至少每年一次	《关于银行业金融机构加强印章管理的通知》（银监办发〔2017〕161 号）
押品管理	至少每年一次	《商业银行押品管理指引》（银监发〔2017〕16 号），汽车金融公司参照执行
关联交易	至少每年一次	《银行保险机构关联交易管理办法（征求意见稿）》
消费者权益保护工作	纳入年度审计范畴	《关于银行保险机构加强消费者权益保护工作体制机制建设的指导意见》（银保监发〔2019〕38 号）
薪酬制度的设计和执行情况	每年	《商业银行稳健薪酬监管指引》（银监发〔2010〕14 号），汽车金融公司参照执行
外包活动	定期	《银行业金融机构外包风险管理指引》（银监发〔2010〕44 号）
信息科技外包风险管理	至少每三年一次	《银行业金融机构信息科技外包风险监管指引》（银监发〔2013〕5 号），汽车金融公司参照执行
检查内部资本充足评估程序相关政策和执行情况 评估资本规划的执行情况 评估资本充足率管理计划的执行情况 向董事会提交资本充足率管理审计报告、内部资本充足评估程序执行情况、审计报告、资本计量高级方法管理审计报告	至少每年一次	《商业银行资本管理办法（试行）》（中国银行业监督管理委员会令 2012 年第 1 号），汽车金融公司参照执行
数据中心	至少每三年一次	《商业银行数据中心监管指引》（银监办发〔2010〕114 号），汽车金融公司参照执行
重大信息科技事件或重大信息科技风险隐患	至少每三年完成一次全面信息科技风险审计	《关于加强非银行金融机构信息科技建设和管理的指导意见》（银监办发〔2016〕188 号）

续表

事项	审计周期	依据
市场风险管理体系各个组成部分和环节的准确、可靠、充分和有效性	至少每年一次	《商业银行市场风险管理指引》（中国银行业监督管理委员会令2004年第10号），汽车金融公司参照执行
信贷资产分类政策、程序和执行情况	至少每年一次	《贷款风险分类指引》（银监发〔2007〕54号），汽车金融公司参照执行
反洗钱反恐怖融资	每年	《银行业金融机构反洗钱和反恐怖融资管理办法》（银保监会令〔2019〕1号）

对于外部审计，需要关注的合规要点主要包括：

1. 汽车金融公司应当聘请外部审计机构对年度财务报告进行审计。

2. 根据《银行保险机构公司治理准则》的规定，汽车金融公司聘用、解聘为公司财务报告进行定期法定审计的会计师事务所，应当依照公司章程的规定，由董事会提请股东会、股东大会决定。

3. 汽车金融公司应当委托具有独立性、专业胜任能力和声誉良好的外部审计机构从事审计业务。应当对外部审计报告质量及审计业务约定书的履行情况进行评估。

【讨论】汽车金融公司汽车生产厂商贴息款往来是否属于关联交易

对于这个问题，不同地区的汽车金融公司有不同的理解，监管要求也不尽相同。2021年12月初汽车金融委员会召开同业研讨会，在会上笔者进行了一项不完全的调研，发现北京地区的汽车金融公司一直以来均作为关联交易在1104报表中进行报送，因此在关联交易管理系统中同样报送。但是上海、广州等地的汽车金融公司，并没有将贴息作为关联交易进行管理和报送。本书认为，贴息虽然是汽车金融公司与汽车生产厂商之间进行的大额资金往来，但本身不应该属于关联交易，具体理由如下：

第一，贴息虽然由汽车生产厂商与汽车金融公司之间直接结算，但如

155

果据此归为以资金为基础的关联交易，似乎又与征求意见稿中列举的交易有本质上的区别。同时汽车金融公司又没有因为贴息与汽车生产厂商之间有中间服务的关系。归为其他类，如第一点所述又不存在利益转移。因此在归类上会存在一定的困难。

第二，贴息会产生汽车生产厂商和汽车金融公司的资金结算，按照3号令的定义，授信、服务和资产转移都套不上，而"其他"类是需要有"银保监会的规定"。所以很难说贴息具体属于哪一类。

第三，从调研的情况来看，汽车金融公司与汽车生产厂商之间的贴息款项往往金额较大，很容易达到重大关联交易的标准。但是贴息事项，是汽车生产厂商给予的补贴，基本是股东方的安排，汽车金融公司自身对于贴息的比例、金额等事项一般没有主动权，因此在履行重大关联交易董事会审批程序时，存在"无事可批"的尴尬。

但不可否认的是，贴息毕竟产生了汽车金融公司与关联方之间的资金往来，并且从根本上讲，贴息的比例和范围，的确会影响汽车金融公司的利益，贴息越高，汽车金融公司对外的产品利率越低，产品越具有竞争力，会切实影响汽车金融公司在品牌汽车中的"渗透率"。因此，是否要将贴息纳入关联交易范畴进行管理，需要监管明确和统一标准，以便所有汽车金融公司遵照执行。

第五章　汽车金融业务合规要点

　　汽车金融公司能够开展的业务，或者叫"展业范围"，受《汽车金融公司管理办法》（以下简称《办法》）的严格限制。《办法》第十九条列举了十二项展业范围，其中第一至第四项主要为汽车金融公司的融资业务范围，第六至第八项主要为贷款及融资租赁业务的范围限定，第九和第十项是资产处置业务的范围限定，第十一项是中间业务的范围限定，第十二项是投资业务的范围限定。通过对这十三项展业范围的界定，将汽车金融公司的业务严格限定在与股东方、汽车经销商以及与汽车销售、购车融资有关的领域内。2021 年银保监会发布《汽车金融公司管理办法》修订征求意见稿，虽然对展业范围作了一定程度的扩大，但本质上还是没有离开汽车领域①。从中我们可以看出，金融监管对汽车金融公司的定位，以及与银行、消费金融公司在金融领域的"职能划分"。

　　对于汽车金融公司而言，贷款和融资两块业务，分别对应公司的资产端和资金端，是绝对的核心业务。只有确保这两块业务依法合规，才能保证汽车金融公司平稳运营。对于贷款业务，汽车金融行业普遍根据借款人性质的不同，分为零售贷款（对私）和批发贷款（对公），其中的合规要点又各有不同。同时，汽车金融公司开展贷款审批，又离不开征信信息的支持，因此征信业务的合规性也是重中之重。

---

　　① 详见本书第三章讨论部分。

因此本章将从零售贷款业务、批发贷款业务、融资业务、征信业务四个方面，分别梳理相应的合规要点。

第一节　零售业务合规要点

零售业务，在法规中正式的名称叫个人汽车贷款业务，是指汽车金融公司向个人借款人发放的用于购买汽车的贷款。《汽车贷款管理办法》第八条至第十二条，规定了个人汽车贷款的借款人条件、贷款条件的考量因素、信贷档案基本要素，构成了汽车金融公司开展个人汽车贷款业务的基本监管要求。同时，个人汽车贷款业务也要参考适用银保监会发布的《个人贷款管理暂行办法》及其他与个人贷款有关的相关监管规定。

一、产品设计

在设计个人汽车贷款产品时，应当关注的合规要点包括贷款年限、贷款发放比例、贷款支付方式和贷款利率。

（一）贷款年限

根据《汽车贷款管理办法》第六条规定，汽车贷款的期限（含展期）不得超过 5 年，其中二手车贷款的贷款期限（含展期）不得超过 3 年。

从上面的规定可以看出，汽车贷款是一种中期贷款[①]。在如此明确的年限规定下，汽车金融公司的贷款产品年限一般不会出现明显的违规问题，但要注意的是对于"含展期"的理解。

贷款展期是指借款人不能按期归还贷款的，在贷款到期日之前，经借款人申请且贷款人审批同意，延长还款期限的贷款行为。根据《个人贷款

[①] 一般来讲，短期贷款是指贷款期限在一年以内（含一年）的贷款，中期贷款是一年以上五年以下（含五年）的贷款，长期贷款是五年以上。

管理暂行办法》第三十九条规定，一年以内（含）的个人贷款，展期期限累计不得超过原贷款期限；一年以上的个人贷款，展期期限累计与原贷款期限相加，不得超过该贷款品种规定的最长贷款期限。由此，我们可以通过计算得出某一个贷款产品的最长展期期限。以 3 年期二手车贷款为例，其最长贷款期限为 3 年，则无论是根据《汽车贷款管理办法》还是《个人贷款管理暂行办法》，此类产品均不得展期。

（二）贷款发放比例

根据《汽车贷款管理办法》规定，汽车贷款发放实施贷款最高发放比例要求制度，贷款人发放的汽车贷款金额占借款人所购汽车价格的比例，不得超过贷款最高发放比例要求。对贷款最高发放比例做出限制，意味着客户必须支付一定比例的首付款，不能是"零首付"或"低首付"。在贷款发放比例方面，需要关注以下要点：

1. 具体的贷款最高发放比例由中国人民银行、中国银行业监督管理委员会规定，现行有效的规定是 2017 年《关于调整汽车贷款有关政策的通知》第一条规定的：自用传统动力汽车贷款最高发放比例为 80%，商用传统动力汽车贷款最高发放比例为 70%；自用新能源汽车贷款最高发放比例为 85%，商用新能源汽车贷款最高发放比例为 75%；二手车贷款最高发放比例为 70%。

2. 提高贷款最高发放比例，降低首付，促进汽车消费，一直是市场的呼声，相关部委也多次发布指导性意见。如 2020 年 4 月，发改委等 11 部门联合发布《关于稳定和扩大汽车消费若干措施的通知》，提出通过适当下调首付比例和贷款利率、延长还款期限等方式，加大对汽车个人消费信贷支持力度，持续释放汽车消费潜力。2021 年 2 月 9 日，商务部办公厅发布《商务领域促进汽车消费工作指引》，也明确提出积极协调金融机构加大对汽车个人消费信贷支持力度，适当下调首付比例和贷款利率，延长还款期限。但由于《汽车贷款管理办法》仅授权人民银行和银保监会规定贷款发放最高比例，因此需要类似2017年的一行一会共同通知，才能作为金融机构降低首付比例的依据。

3. 所谓贷款最高发放比例，是指贷款人发放的汽车贷款金额占借款人所购汽车价格的比例。其中汽车价格，对新车而言是指汽车实际成交价格（扣除政府补贴、且不含各类附加税、费及保费等）与汽车生产商公布价格中的较低者；对二手车是指汽车实际成交价格（扣除政府补贴、且不含各类附加税、费及保费等）与贷款人评估价格较低者。

4. 附加品融资，也需遵守贷款最高发放比例的要求。根据2016年《关于加大对新消费领域金融支持的指导意见》规定，允许汽车金融公司在向消费者提供购车贷款（或融资租赁）的同时，根据消费者的实际需要，对充电桩等物理附属设备以及车辆延长质保、车辆保险等无形附加产品和服务的融资。汽车金融公司开展购车附加产品融资业务时，执行与汽车贷款一致的管理制度。以2万元传统动力新车的购置税为例，最高贷款比例为80%，客户最低需要支付4000元首付。

（三）贷款支付方式

贷款支付方式一般分为受托支付和自主支付。所谓受托支付，是指贷款人根据借款人的提款申请和支付委托，将贷款资金支付给符合合同约定用途的借款人交易对象。自主支付是指贷款人根据借款人的提款申请将贷款资金直接发放至借款人账户，并由借款人自主支付给符合合同约定用途的借款人交易对象。汽车金融公司普遍采用受托支付的方式，完成贷款支付，主要考虑是：

一方面是汽车金融公司的贷款业务的对象严格限定于汽车购买者或销售者，监管规定对贷款资金的用途有严格的限制。通过受托支付可以有效满足贷款对象和贷款资金用途的合规性要求，避免出现"车抵贷"等违规业务。

另一方面，根据《个人贷款管理暂行办法》① 的规定，贷款发放原则上应当通过受托支付的方式进行，只有满足下列条件之一的，才能自主支付：（1）借款人无法事先确定具体交易对象且金额不超过三十万元人民币的；（2）借款人交易对象不具备条件有效使用非现金结算方式的；（3）贷款资金用于生产经营且金额不超过五十万元人民币的。很显然在个人汽车贷款的业务场景下，这些条件都无法满足。

需要特别注意的是，受托支付的支付对象应当是"符合合同约定用途的借款人交易对象"。实践操作中，部分汽车金融公司通过第三方服务提供商（Service Provider，SP）开展汽车贷款业务，将贷款资金支付给 SP，再由 SP 支付给汽车经销商。严格意义上讲，并不符合上述受托支付的支付对象要求，存在一定的合规风险。

（四）贷款利率与费用

1. 贷款利率上下限

2004 年之前，人民银行为规范金融机构贷款业务，在公布不同贷款期限贷款基准利率的基础上，会对银行等金融机构的贷款利率规定一个上下浮动的空间，成为贷款利率的上下限。但随着人民币利率市场化改革进程的推进，2004 年人民银行发布《关于调整金融机构存、贷款利率的通知》（银发〔2004〕251 号），取消了金融机构（城乡信用社除外）贷款利率上限；又于 2013 年发布《关于进一步推进利率市场化改革的通知》，取消金融机构贷款利率不得低于贷款基本利率 0.7 倍的下限，由金融机构根据商业原则自主确定贷款利率水平。

因此，汽车金融公司的贷款产品利率，没有上下限。但需要关注的是

---

① 根据《个人贷款管理暂行办法》第四十三条规定，汽车金融公司"可参照本办法执行"，因此实践操作中并没有直接引用《个人贷款管理暂行办法》处罚汽车金融公司的案例，但《办法》较为完整地规定了贷款各个环节的基本要求，建议汽车金融公司作为业务合规的判断依据。

24%、36%和4倍LPR①这三个利率上限，常常会引起各种争论。

（1）24%和36%，这两个利率上限规定于最高人民法院《关于审理民间借贷案件适用法律若干问题的规定》（法释〔2015〕18号），规定借贷双方约定的利率未超过年利率24%的，人民法院予以支持，超过36%的，超过36%的部分约定无效，在24%～36%中间的为自然债务，债务人已支付的，不得要求返还，未支付的，人民法院不支持贷款人要求支付的请求。由此，形成了所谓的"两线三区"，即24%的绿线和36%的红线，将利率区间分割为24%以下的合法区、24%～36%的自然债务区和36%以上的违法区。

（2）上述司法解释从名字即可看出，仅适用于民间借贷，对金融机构无约束力。但2017年8月最高人民法院《关于进一步加强金融审判工作的若干意见》（法发〔2017〕22号）（以下简称《意见》）第二条明确指出，金融借款合同的借款人以贷款人同时主张的利息、复利、罚息、违约金和其他费用过高，显著背离实际损失为由，请求对总计超过年利率24%的部分予以调减的，应予支持。之后，部分案例援引上述《意见》，将金融机构受司法保护的利率上限，限定在了24%。《意见》作为司法文件而不是司法解释，能否被直接援引作为判决依据还存在一定的争议。

2017年互联网金融风险专项整治工作领导小组办公室、P2P网贷风险专项整治工作领导小组办公室联合印发的《关于规范整顿"现金贷"业务的通知》（整治办函〔2017〕141号）规定："各类机构以利率和各种费用形式对借款人收取的综合资金成本应符合最高人民法院关于民间借贷利率的规定"。虽然上述《通知》规范对象仅限于现金贷，且并非传统的金融机构监管部门发布，但许多金融机构为了确保业务合规合法，纷纷将贷款综合年化成本（包括利息、违约金、手续费等）调整至24%以下。

（3）4倍LPR上限。2020年8月20日，最高人民法院发布新修订的《关于审理民间借贷案件适用法律若干问题的规定》（以下简称《规定》），

---

① 即贷款市场报价利率，以下简称为"LPR"。

大幅度降低民间借贷利率的司法保护上限，以 LPR 的 4 倍为标准确定民间借贷利率的司法保护上限。按照 2020 年 7 月人民银行公布的 LPR 利率 3.85% 的 4 倍计算，民间借贷利率的司法保护上限为 15.4%。但《规定》同时明确："经金融监管部门批准设立的从事贷款业务的金融机构及其分支机构，因发放贷款等相关金融业务引发的纠纷，不适用本规定"。虽然如此，新规一出，部分法院开始援引《规定》来审理银行等金融机构的借贷纠纷案件，引起市场广泛讨论，各地的法院的判决也出现了差异①。最终，2020 年 12 月 29 日，最高人民法院以司法解释形式批复广东高院，明确由地方金融监管部门监管的小额贷款公司等七类地方金融组织，属于经金融监管部门批准设立的金融机构，不适用新民间借贷司法解释，并以"举重以明清"的方式，再次强调金融机构不适用《规定》4 倍 LPR 的利率上限。

因此，可以明确的是，无论是 24% 和 35% 的"两线三区"，还是 4 倍 LPR 的司法保护上限，均不适用于汽车金融公司。但这是否意味着汽车金融公司可以无节制地提高贷款产品的利率，答案显然是否定的。因为作为金融机构，对利率的监管理应严于民间借贷，更应顺应国家降低融资成本的政策趋势，并从保护金融消费者的角度出发，主动降低贷款产品的利率水平，避免借款人陷入债务泥潭。2020 年金融监管部门高层在谈及消费者保护领域所存在的六类乱象时，提到"个别消费金融公司息费过高，强制搭售保险，部分客户综合融资成本超过 24%，甚至接近 30%"，也是对金融机构利率上限的一个侧面回应。

2. 利率基准、计算公式及相关要求

根据人民银行《关于改革完善贷款市场报价利率（LPR）形成机制的

---

① 根据新闻报道，浙江省温州市瓯海区人民法院民事判决书（2020）浙 0304 民初 3808 号，对于原告平安银行股份有限公司温州分行与被告的金融借款合同纠纷的判决，利率参考了一年期贷款市场报价利率（LPR）四倍进行计算。不过该判决随后从裁判文书网上撤下，且二审予以改判。

公告》和关于《存量浮动利率贷款的定价基准转换为 LPR 有关事宜公告》，汽车金融公司的贷款利率报价，如属于浮动利率，最终的利率应当以 LPR 为定价基准加点形成，汽车金融公司需要与客户约定参考 LPR 的期限品种、加点数值、重定价周期、重定价日等基本要素。根据通知要求，自 2020 年 1 月 1 日起，各金融机构不得签订参考贷款基准利率定价的浮动利率贷款合同，2020 年 8 月 31 日前，原则上应完成存量浮动利率贷款定价基准转换工作。

根据人民银行《关于内部收益率法明示贷款年化利率》的要求，汽车金融公司在网站、移动端应用程序、宣传海报等渠道进行营销时，应当以明显的方式向借款人展示年化利率，并在签订贷款合同时载明，也可根据需要同时展示日利率、月利率等信息，但不应比年化利率更明显。无论哪一种报价方式，均应以对借款人收取的所有贷款成本与其实际占用的贷款本金的比例计算，并折算为年化形式。其中，贷款成本应包括利息及与贷款直接相关的各类费用。若采用分期偿还本金方式，则应以每期还款后剩余本金计算实际占用的贷款本金。

贷款年化利率可采用复利或单利方法计算。采用单利计算方法的，应说明是单利。复利计算方法即内部收益率法，计算公式为：

$$本金 = \sum_{i=0}^{nT} \frac{第\,i\,期支付金额}{(1 + IRR)^{i/n}}$$

利率计算口径是 APR（年化收益率，Annual Percentage Rate，也称名义利率）还是 IRR（内部收益率，Internal Rate of Return，也称实际利率），在 2020 年人民银行发文明确前，其实是有争论的，尤其是在一些比较激进的互联网金融机构、小额贷款公司、消费金融公司，而在法院过往的判例中，两种口径的案例都出现过，最高院在"民间借贷司法解释"中规定"以最初借款本金为基数"，利息是"以合同成立时一年期贷款市场报价利率四倍计算的整个借款期间的利息"，这实际上是对名义利率的规定。

如果用 APR，那么年化利率不变而调整还款方式，实际上会极大提高实际利率，而且这种隐蔽的做法往往是一般非专业人士难以发现的。依据规定的名义利率，如果采用到期一次还本付息，或分期付息到期一次性还本，实际利率基本等于名义利率，不会出现问题；但如果采取等额本息分期还款、或先还本后付息、或信用卡的分期还款等方式，实际利率就会远超名义利率——例如采取等额本息分期还款，名义利率15.4%，实际 IRR 则高达27.31%。

2020年底，人民银行在官方微信公众号撰文披露各种贷款利率陷阱，指出银行和其他贷款机构应该采用 IRR 计算，在提供信贷产品时，应同步清晰醒目展示实际年化利率。2021年3月，人民银行正式发布《关于内部收益率法明示贷款年化利率》（中国人民银行公告〔2021〕第3号），明确了金融机构用内部收益率法折算年化利率的要求。

3. 罚息利率、提前还款违约金

人民银行允许金融机构通过征收罚息的方式，提高借款人的违约成本，从而降低其违约意愿，或在发生违约后促使借款人尽快还款。根据2004年人民银行《关于人民币贷款利率有关问题的通知》第三条规定，借款人未按合同约定日期还款的，罚息利率为在借款合同载明的贷款利率水平上加收30%～50%；借款人未按合同约定的用途使用贷款的，罚息利率为在借款合同载明的贷款利率水平上加收50%～100%。

需要注意的是，对于汽车金融公司而言，由于普遍存在厂家贴息，普遍存在低息或零息贷款，对于这类贷款，即使上浮50%～100%之后，罚息利率也不足以起到震慑的作用。对此，汽车金融公司普遍有两种做法：一种是在合同中约定一个贴息前的利率，和一个贴息之后的实际执行利率，如果借款人违约，则以贴息前的利率作为上浮基准；另一种是直接约定贴息后的利率，但另行约定如果出现逾期，则按照一个固定的利率基准进行上浮。这两种方式在法律上都能起到保护汽车金融公司的作用，但在合规上，是否符合人民银行"借款合同载明的贷款利率"，以及相关年利率公示的要求，存在不确定性。

在贷款产品中，还有一种特别的违约金，即提前还款违约金。贷款的价格一般与贷款期限负相关，即贷款期限越长，贷款利率越低。同时金融机构办理每笔贷款都需要付出相应的成本，如获客、资金、系统、人员等，因此如果借款人违反约定提前还款终止贷款期限，就需要支付一笔费用，用于弥补金融机构的成本和损失。对于提前还款违约金，目前并没有明确的监管规定，汽车金融公司普遍与借款人约定，提前还款需要支付未偿本金的 2% ~ 5% 作为提前还款违约金。不过过高的提前还款违约金，往往会成为客户在结清贷款时的障碍，引起客户投诉或纠纷，因此在签订借款合同时，应当就提前还款是否收取违约金以及违约金比例，向客户明确说明，并进行书面约定。

二、业务流程

（一）受理

根据《个人贷款管理暂行办法》的规定，贷款人应要求借款人以书面形式提出个人贷款申请，因此借款人签署的书面《贷款申请表》，是贷款受理环节必不可少的材料，以此作为借款人申请意愿的证明。《贷款申请表》应当记载借款人申请贷款的金额、用途、期限等基本要素。

对于汽车金融公司，在受理环节还有一个常常被忽略的规定，就是《汽车贷款管理办法》第二十五条规定，汽车金融公司应当直接或委托指定经销商受理汽车贷款申请。这一条规定的初衷，是汽车金融公司无法在全国设立分支机构，但因为绝大多数汽车金融公司都背靠汽车生产厂家，与厂家体系内的授权经销商有紧密的业务合作，因此特别允许经销商作为汽车金融公司的代理方，代为受理汽车贷款申请。这条规定在汽车金融发展的初期，对汽车贷款的发展起到了促进作用，使汽车金融公司逐步形成了以经销商作为主要获客渠道的业务模式，以及对经销商员工进行培训和认证的金融专员管理模式。

但随着汽车金融业务的发展，上汽通用汽车金融开始尝试对于通用之外品牌的经销商开展汽车消费贷款业务，并把这种业务单独授权给当地专门成立的汽车贷款服务公司来运作，由此与传统经销商业务模式不同的 SP 业务模式蔚然兴起。所谓 SP（Service Provider），就是为汽车金融公司提供获客、见证交易等服务的第三方合作机构，在银保监会的话语体系内，也被称为助贷机构。在这种业务模式中，车辆销售和金融产品销售的主体不再合一（经销商），而是由 SP 承担金融产品销售职能，汽车经销商承担车辆销售职能，共同为客户完成贷款购车服务。

有一种观点认为，汽车金融公司通过 SP 来受理贷款申请，不符合《汽车贷款管理办法》第二十五条的规定，因此 SP 业务模式本身存在根本性的合规问题。但本书认为，2017 年《汽车贷款管理办法》修订以来，以互联网金融为代表的助贷业务，已经成为中国金融领域无法忽视的参与力量。虽然前期助贷业务因为监管规则不明确、管理不规范，给金融机构带来了一定的风险，但其在提升金融机构效率、提升下沉人群金融服务获得性方面，发挥了积极的作用。因此 2020 年 7 月 12 日《商业银行互联网贷款管理暂行办法》正式从监管规定的角度，承认了助贷机构的地位，并给出了基本的管理规范。在汽车金融领域，2021 年 7 月，银保监会其他非银行金融机构监管部发布《关于助贷业务有关风险的提示》（非银函〔2021〕111 号），提出了消费金融公司、汽车金融公司与助贷机构合作的六点要求，从侧面确立了 SP 助贷业务的合规性。但仍需关注以下合规要点：

一方面，避免通过 SP 渠道"受理"贷款申请。贷款受理是贷款流程中的一个重要环节，《个人贷款管理暂行办法》第十一条和第十二条，通过规定个人贷款申请需要满足的条件的方式，对贷款受理环节进行了界定。据此，本书认为贷款受理是指金融机构根据客户提交的贷款申请和资料，审核是否符合《个人贷款管理暂行办法》第十一条、第十二条的形式及实质要件，对贷款申请作出受理或不予受理决定的业务过程。在这个环节，SP 可以为汽车金融公司宣传金融产品、传递客户资料，但不能代替汽车金融公司做出受理与否的决定。

另一方面，避免将贷款调查的全部事务，特别是客户身份核实外包给SP。根据《个人贷款管理暂行办法》第十六条规定，贷款人不得将贷款调查的全部事项委托第三方完成。《关于助贷业务有关风险的提示》中明确，客户身份核实与风险评估、授信审批合同签订等，均属于核心风控环节，需汽车金融公司独立完成。

（二）贷款三查

所谓"贷款三查"，是指贷前调查、贷时审查和贷后检查。从历年的监管数据来看，贷款三查是监管各项检查、处罚的重点领域，仅2021年上半年，就有157笔与贷款三查不严或违规有关的行政处罚，在2017年以来银保监会对汽车金融公司的处罚中，与贷款三查有关的处罚占到了40%以上。因此需要引起汽车金融公司的高度重视。

1. 贷前调查

贷前调查是指贷款发放前银行对贷款申请人基本情况的调查，并对其是否符合贷款条件和可发放的贷款额度做出初步判断。根据《个人贷款管理暂行办法》的规定，贷款调查的要点包括：

（1）贷款调查的内容主要包括借款人基本情况、收入情况、借款用途、还款来源、还款能力及还款方式、保证人担保意愿、担保能力或抵质押物价值及变现能力。对于个人汽车贷款而言，汽车金融公司在贷款调查时，应注意调查是否符合《汽车贷款管理办法》第九条规定的个人汽车贷款借款人的条件，以及车辆交易的真实情况，包括所购车辆的品牌、型号、发动机号、车架号、成交价格等。

（2）贷款调查的方式可以是现场核实、电话查问以及信息咨询等，应当以实地调查为主，间接调查为辅。汽车金融公司经常采用的是通过经销商进行现场核实，辅以自主电话查问及第三方信息核查的方式，来完成贷款调查。但随着贷款自动审批技术的日益完善，越来越多的汽车金融公司省略了电话查问的环节，以此来提升效率、降低成本。

（3）不损害借款人合法权益和风险可控的前提下，可将贷款调查中的部分特定事项审慎委托第三方代为办理，但不能全部委托外包给第三方。在上述自动审批的情况下，汽车金融公司没有自主调查的环节，而是通过经销商核实与第三方信息核查的方式来共同完成贷款调查，是否属于完全外包，目前没有明确的定论。但在效率提升的同时，汽车金融公司过于依赖渠道和外部数据，弱化了自身核心风控能力的问题，已经引起监管的关注。2021年7月，银保监会发布《关于助贷业务有关风险的提示》（非银函〔2021〕111号），就对汽车金融公司、消费金融公司在与助贷机构合作过程中的相关问题和风险，进行了深入的分析和明确的风险提示。

（4）汽车金融公司还应当对交易场景的真实性进行审查，尤其是在附加品贷款业务中。个人汽车贷款应当以真实发生的购车或附加品购买交易为基础，如果交易不真实，则会产生贷款资金用途、骗贷等问题，也会成为客户、经销商合谋降低首付比例的工具。

对于附加品贷款业务中的真实性审查，是目前开展该项业务的汽车金融公司面临的一个难题。一方面，附加品种类繁多，即使是同一类别，不同品牌不同质量的附加品也会存在天差地别的价格差异。另一方面，汽车附加品交易并不规范，除比较大额的保险、充电桩以外，装饰装潢类的附加品开具正式发票的场景较少，更多的是经销商或者经销商合作的第三方，以口头承诺或手写附加品清单的方式向客户销售，难以收集相关证明材料。

对此，本书作者认为，汽车金融公司应当从以下几个方面加强附加品贷款的审查，以确保审贷阶段的"尽职履职"：

首先，应当收集并审核附加品贷款的证明材料。考虑作假的成本、难易程度和核查手段，一是保险凭证、增值税发票；二是经借款人签字和销售方盖章的附加品购买合同；三是收据，因为目前对收据并没有强制的行政管理，收据的造假成本最低，如果提供收据，需要通过附加品实物照片予以证明，同时审查收据盖章及格式是否符合财务规定。

其次，应当尽可能详细地在贷款申请材料中列明附加品贷款的种类、品牌、规格等要素，以便在电话审核时与借款人进行核对，或通过交易确认书的方式与借款人核实确认。

最后，应当通过公开信息查询或实地调查的方式，对允许申请贷款的附加品价格进行调查，据此对每一种附加品申请贷款的金额上限做出限定。同时要定期对附加品价格进行更新。

2. 贷时审查

贷时审查是指信贷审查人员对调查人员提供的资料进行核实、评定，复测贷款风险度，提出审核意见，按规定履行审批手续，因此也叫贷款审批环节。贷时审查的合规要点包括：

（1）建立借款人信用记录、评价体系和系统，审慎使用外部信用评级，通过内外评级结合，确定借款人的信用级别。对个人借款人，应根据其职业、收入状况、还款能力、信用记录等因素确定信用级别。

（2）规范审批操作流程，明确贷款审批权限，实行审贷分离、授权审批、审贷与放款分离。贷款审批人员应按照授权独立审批贷款，独立的放款管理部门或岗位负责落实放款条件、发放满足约定条件的个人贷款。

（3）根据《汽车贷款管理办法》的规定，对于个人汽车贷款，汽车金融公司应综合考虑贷款人对借款人的信用评级情况、贷款担保情况、所购汽车的性能及用途、汽车行业发展和汽车市场供求情况，确定贷款金额、期限、利率和还本付息方式等贷款条件。

（4）对于开展二手车个人汽车贷款业务的汽车金融公司，还应建立二手车市场信息数据库和残值估算体系。

（5）原则上，汽车金融公司应要求借款人提供所购汽车抵押或其他有效担保，但经审查、评估，确认借款人信用良好，确能偿还贷款的，可以不提供担保。如果以所购车辆或其他财产提供抵押的，汽车金融公司应审慎评估抵押物价值，充分考虑抵押物减值风险，设定抵押率上限。

（6）不得接受经销商或其他无资质的第三方，为个人汽车贷款的借款人提供担保。汽车金融公司要求经销商或与汽车生产厂家有关联的第三方（如汽车销售公司），对个人贷款提供担保，曾经是汽车金融行业的"明规则"。但这种做法实质上会导致信用风险的扩散，并且经销商或销售公司自身并无担保资质，对担保行业形成了冲击和监管空白。因此，2019年10月，银保监会发布《关于印发融资担保公司监督管理补充规定的通知》（银保监发〔2019〕37号），规定未经监督管理部门批准，汽车经销商、汽车销售服务商等机构不得经营汽车消费贷款担保业务，已开展的存量业务应当妥善结清；确有需要开展相关业务的，应当按照《融资担保公司监督管理条例》规定设立融资担保公司经营相关业务。

3. 贷后检查

贷后检查是指贷款发放后，贷款人对借款人执行借款合同情况及借款人的情况进行追踪调查和检查。如果发现借款人未按规定用途使用贷款等造成贷款风险加大的情形，可提前收回贷款或采取相关保全措施。贷后检查的要点在于对贷款资金用途的检查，避免挪用；以及对借款人资信情况的定期检查。

贷后检查的一个重要依据是信贷档案，根据《汽车贷款管理办法》的规定，汽车金融公司应建立借款人信贷档案，信贷档案应载明以下内容：

（1）借款人姓名、住址、有效身份证明及有效联系方式；

（2）借款人的收入水平及信用状况证明；

（3）所购汽车的购车协议、汽车型号、发动机号、车架号、价格与购车用途；

（4）贷款的金额、期限、利率、还款方式和担保情况；

（5）贷款催收记录；

（6）防范贷款风险所需的其他资料。

发放个人商用车贷款的，信贷档案中还应包括商用车运营资格证年检情况、商用车折旧、保险情况等内容。

三、不良资产管理

监管对于不良资产管理，并没有明确的界定，从日常工作的角度来看，贷款分类及拨备、核销、催收、不良资产处置等均可纳入不良资产管理的范畴。

（一）贷款分类及拨备

根据《汽车贷款管理办法》，汽车金融公司应建立不良贷款分类处理制度和审慎的贷款损失准备制度，计提相应的风险准备。

在贷款分类方面，汽车金融公司一般根据银监会《贷款风险分类指引》（银监发〔2007〕54 号）（以下简称《指引》）的要求，至少将贷款分为正常类、关注类、次级类、可疑类、损失类，后三类合称不良资产。

分类的标准需参考《指引》的规定进行准确界定。同时需关注的是，2019 年 5 月银保监会发布《商业银行金融资产风险分类暂行办法（征求意见稿）》，对分类标准进行了更为严格的规定，比如不良的交叉认定，即逾期 90 天不良占比超过 5% 就需要全部认定不良；逾期 90 天一律纳入次级，虽然此前银保监会也窗口指导要求逾期 90 天纳入不良，但执行过程中仍然不是很到位。

对于纳入次级的逾期天数，虽然征求意见稿为 90 天以上即需要纳入次级，但汽车金融公司还有一个更为严格的标准要求，《中国银保监会办公厅关于促进消费金融公司和汽车金融公司增强可持续发展能力、提升金融服务质效的通知》（银保监办发〔2020〕104 号）规定，即汽车金融公司需实现将逾期 60 天以上贷款全部纳入不良，方能申请降低贷款拨备覆盖率和拨备率。

对于贷款分类的调整，征求意见稿中有较为详细的规定，但由于尚未生效，汽车金融公司可以参考部分地区的银保监局已经发布的类似规范，比如北京银保监局 2020 年 9 月发布《关于做好不良资产处置工作的通知》

（京银保监发〔2020〕415号），要求金融机构审慎实施不良贷款上调为非不良贷款的操作，只有符合逾期本息等欠款已全部偿还，并至少在随后连续两个还款期或6个月内（两者中孰长）正常还本付息，且预计后续能按照合同条款持续还款的不良贷款，才能上调为非不良贷款。不得以支持疫情防控和复产复工为由新发放贷款掩盖不良，不得通过虚假转让、违规倒贷续贷等方式隐匿不良。

在损失计提方面，汽车金融公司一般参考银监会2018年发布的《关于调整商业银行贷款损失准备监管要求的通知》（银监发〔2018〕7号），拨备覆盖率为120%～150%，贷款拨备率为1.5%～2.5%，同时不同地区的银保监局对汽车金融公司可能给予窗口指导，要求提升相应指标。商业银行适用贷款拨备覆盖率和拨备率的指标。

2020年10月，为了对冲疫情影响，银保监会发布《关于促进消费金融公司和汽车金融公司增强可持续发展能力、提升金融服务质效的通知》，允许汽车金融公司在做实资产风险分类、真实反映资产质量，实现将逾期60天以上贷款全部纳入不良以及资本充足率不低于最低监管要求的前提下，可以向属地银保监局申请将拨备覆盖率监管要求降至不低于130%、将贷款拨备率监管要求降至不低于1.5%。但对于拨备指标下调释放的贷款损失准备，要优先用于不良贷款核销，不得用于发放薪酬和分红。

（二）贷款核销

贷款核销是指不良贷款的一种会计处理方法，是指汽车金融公司将无法收回的不良贷款认定为呆账，并冲销已计提的资产减值准备或者直接调整损益，将资产冲减至资产负债表外。贷款经过核销程序后，将不再在汽车金融公司资产负债表上进行会计确认和计量，从而实现了会计上的出表，不良贷款规模比例也得以降低。

汽车金融公司开展不良贷款核销，需参考财政部《金融企业呆账核销管理办法》（财金〔2017〕90号）及银保监会的相关规定，在呆账认定、核销程序、会计处理上做到规范、合规。

在呆账认定方面，汽车金融公司应当根据《金融企业呆账核销管理办法（2017年版）》及附件一规定的《一般债权或股权呆账认定标准及核销所需相关材料》呆账认定标准来认定呆账。其中需要汽车金融公司特别关注的是：

1. 单户贷款余额在30万元以下的个人汽车贷款，才能依据附件一第（十八）项以追索180天以上无法回收作为呆账认定标准。如果单户贷款余额在30万元以上，则需要依据第（七）项，起诉并强制执行180天，或取得终结（中止）执行裁定之后才能满足呆账认定的标准。

2. 个人汽车贷款一般以融资车辆作为抵押物，因此只有抵押物被法院或仲裁机构认定无效，或抵押物处置完毕的贷款，才能根据第（十八）项规定的标准认定呆账。这一点在实际执行中对于汽车金融公司有极大的困难，将会严重拖长呆账认定的期限。

3. 追索180天是2017年版《金融企业呆账核销管理办法》的要求，在这之前仅需最少120天。根据本书作者的调研，部分外资或合资汽车金融公司仍保留了追索120天即核销的政策。这一点在合规性上存疑。

在核销程序上，汽车金融公司应当制定核销有关内部控制程序，明确核销发起、审批和执行相关的职责分工。核销发起部门应当说明并提供呆账形成的原因、采取的补救措施及结果、对借款人担保人已实施的追索情况、抵押物及处置情况、部门负责人和单位负责人情况等材料。信贷管理、财务会计、法律合规、内控等相关部门应对核销事项进行审议，最终由公司董事会或管理层对核销进行审批决策。

在会计处理上，根据汽车金融公司受到的损失计提监管要求，一般来讲计提的贷款损失准备可以100%覆盖核销的贷款，因此不良贷款核销只是冲减贷款损失准备，核销冲减的贷款损失准备属于成本项目。

对于核销的呆账是否能进行税前抵扣，目前并没有定论。根据国家税务总局发布的《企业资产损失所得税税前扣除管理办法》第五条规定，企业发生的资产损失，应按规定的程序和要求向主管税务机关申报后方能在税前扣除。也就是说核销不良后，银行可以将形成的损失向税务部门提请税前抵扣，按相应的所得税税率抵减所得税。2016 年底财政部和国家税务总局联合发布的《关于落实降低企业杠杆率税收支持政策的通知》（财税〔2016〕125 号）也明确金融企业按照规定提取的贷款损失准备金，符合税法规定的，可以在企业所得税税前扣除。但是具体按何比例扣除以及扣除的申报方式，并没有明确。目前各地税务机构执行情况不一，对于汽车金融公司来讲如果主动进行扣除，存在一定的税务风险，需要慎重。

（三）贷款催收

对于催收，既是汽车金融公司进行信用风险管理、维持贷款资产质量的重要手段，也是违规事件和客户投诉频发的领域，可能给汽车金融公司带来合规风险。从监管角度，一直以来强调不得进行暴力催收，但正常催收和暴力催收的分界线，往往是模糊的，2021 年之前没有全国性的规范催收管理的监管规定细则供汽车金融公参照执行。2021 年，银保监会就《银行保险机构消费者权益保护管理办法》征求意见，从消保的角度提出了部分催收管理要求。同年 11 月，中国银行业协会发布《中国银行业协会信用卡催收工作指引（试行）》，首次对信用卡催收工作进行规范，但属于行业自律组织规范。汽车金融公司可参考上述规定，重点关注以下合规要点：

第一，汽车金融公司应制定严密的催收管理制度体系，并做好日常管理，对于委外催收机构进行名单制管理，制定严格的准入和退出标准。

第二，根据银保监会《银行保险机构消费者权益保护管理办法》（征求意见稿）的要求，汽车金融公司应规范催收行为，自行或通过第三方机构催收应全程记录催收过程。电话催收应留存完整录音，上门催收应留存全程录音，短信催收、信函催收应留存记录备份，保管期限自催收业务终止之日起计算不得少于两年。如遇投诉、诉讼等纠纷，保存至纠纷解决后两年。

第三，在催收过程中，还应注意以下规范：

1. 未经债务人同意，严禁在晚22：00后至早8：00前进行电话、外访催收。

2. 按照电话催收当时具体情况，主动通话的频密程度应控制在合理及必需的范围内。严禁使用"呼死你"等方式频繁致电催收。

3. 严禁对与债务无关的第三人进行催收或骚扰。联系第三人不得透露债务人的详细欠款信息和欠款金额，可询问债务人的联系信息，或请其代为转告债务人与银行联系。当第三人明确愿意为债务人偿还欠款时，可视情况提供还款所需必要信息；当第三人明确要求不得联系时，经确认其为无关第三人，则催收人员应限制后续联系行为。

4. 外访催收应安排不少于两名催收人员；催收人员应出示工作证件；催收人员应遵守服务基本礼仪；催收行为应全程录音或录像。

5. 不得冒用行政机关、司法机关等名义实施催收；不得采取暴力、恐吓、欺诈、威胁等不正当手段；不得采用其他违法违规和违背公序良俗的手段进行催收，具体可参考最高人民法院、最高人民检察院、公安部、司法部联合发布的《关于办理实施"软暴力"的刑事案件若干问题的意见》中，对"软暴力"的定义。

第四，对于贷款车辆，汽车金融公司不能未经车辆所有人同意就强行"收车"，因为汽车金融公司享有的是抵押权而不是所有权，并且相关收车行为可能触犯治安管理相关法规甚至刑法，对金融公司造成极大的风险。在车辆所有人自愿交车、以车抵贷的情况下，金融公司应当与客户签署相关的法律文本，以保障自身权利。

（四）不良贷款处置

在不良贷款处置方面，汽车金融公司的实践少之又少，原因在于汽车金融公司的不良贷款主要属于个人不良贷款，而个人不良贷款的批量转让，因 2012 年财政部和银监会联合发布的《金融企业不良资产批量转让管理办法》（财金〔2012〕6 号）的限制，一直无法合规合法的实施。在实践中部分金融机构为规避这项规定，卡着批量转让的数量，将批量的个贷不良资产拆组成小包转让，比如批量转让数量规定为 10 户及以上时，拆成 9 户一包上千个包转让，当批量转让数量规定变为 3 户及以上时，拆成 2 户一包上千个包转让，虽然监管机构没有进一步修改或发布相关规定对此问题加以明确，也没有公开进行解释，但却用实际处罚进行了最强有力的回复，先后有民生银行、招商银行、交通银行、兴业银行等因为违规批量转让个贷受罚。[①]

2021 年 1 月，银保监会发布《关于开展不良贷款转让试点工作的通知》，开始实施个人不良贷款转让试点工作，允许 6 家国有控股大型银行和 12 家全国性股份制银行将个人不良贷款批量转让给合格的资产管理公司，并且打破五大 AMC 在不良资产行业的一级批发商的垄断地位。之后银行业信贷资产登记流转中心发布《银行不良贷款转让业务规则（试行）》《不良贷款转让业务信息披露细则（试行）》《不良贷款转让业务公开竞价细则（试行）》《不良贷款转让业务账户办理指南（试行）》等一系列配套制度，金融机构个人不良贷款批量转让正式开闸。之后 2021 年 3 月 1 日，中国工商银行、平安银行开启首批不良贷款转让试点业务，挂牌后市场竞价激烈，首批公开转让的个贷不良资产包均为溢价成交，且溢价幅度不低。

不过，对于汽车金融公司而言，目前还不能通过批量转让的方式来处置个人不良资产，一方面是因为汽车金融公司并不在试点机构范围之内，另一方面根据《关于开展不良贷款转让试点工作的通知》，参与试点的以个人消费信用贷款、信用卡透支、个人经营类信用贷款为主，同时明确个

---

① 杨瑾：《个贷不良规模激增，批量转让限制能否突破？》，https://www.banklaw.com/articles/3141.html。

人住房按揭贷款、个人消费抵（质）押贷款、个人经营性抵押贷款等抵（质）押物清晰的个人贷款，应当以自行清收为主，原则上不纳入对外批量转让范围。但是，可以预见的是，随着试点工作的有序开展，个人不良贷款批量转让业务逐步成熟，个人汽车（抵押）贷款也会在不远的将来纳入批量转让的范围，汽车金融公司需要随时关注。

第二节　批发贷款业务合规要点

批发贷款业务（To B），是与零售贷款业务（To C）相对应的概念，在《汽车贷款管理办法》中包括经销商汽车贷款业务和机构汽车贷款业务。

一、经销商汽车贷款

经销商汽车贷款，是指汽车金融公司向汽车经销商发放的用于采购车辆、零配件的贷款。

在业务模式上，经销商汽车贷款一般采用授信与提款的方式，来满足经销商从汽车生产厂商采购车辆、零配件的需求，贷款资金通过受托支付的方式，支付给汽车生产厂商，以保证资金用途。在业务流程上，一般分为以下环节：

第一步：由汽车金融公司对提交授信申请的经销商进行授信审批，核定与其资产、风险状况相符的授信额度、期限、利率、担保方式等；

第二步：签署相关法律文本并落实授信要求后（比如抵押登记），正式生效授信额度；

第三步：经销商向汽车生产厂商发送采购需求，并向汽车金融公司提交提款申请，汽车金融公司进行放款审核后，向汽车生产厂家支付对应的贷款资金，汽车生产厂商发放车辆或零配件，交易完成。在这个环节，部分汽车金融公司会与汽车生产厂商、经销商签订三方协议并通过系统连接的方式，把采购订单和提款申请做成一键提交的方式，以方便经销商。

对于经销商汽车贷款，需要关注的合规要点包括：

（一）经销商的资质

《汽车贷款管理办法》第十四条规定了汽车金融公司能够授信的经销商必须具备的资质，包括：

1. 具有工商行政主管部门核发的企业法人营业执照；

2. 具有汽车生产商出具的代理销售汽车证明；

3. 资产负债率不超过80%；

4. 具有稳定的合法收入或足够偿还贷款本息的合法资产；

5. 经销商、经销商高级管理人员及经销商代为受理贷款申请的客户无重大违约行为或信用不良记录；

6. 贷款人要求的其他条件。

对于第2项"具有汽车生产商出具的代理销售汽车证明"，就是要求经销商必须是汽车生产商的授权代理经销商。但2017年修订《汽车销售管理办法》时，取消了原《汽车品牌销售管理实施办法》中要求经销商必须取得汽车供应商品牌汽车销售授权的规定，而是规定经销商出售未经供应商授权销售的汽车，或者未经境外汽车生产企业授权销售的进口汽车，应当以书面形式向消费者作出提醒和说明，并书面告知向消费者承担相关责任的主体。因此，2017年之后，虽然绝大部分经销商维持了特许授权的形式，但也涌现出一批未经授权的经销商，尤其是互联网平台加入之后，同样可以销售车辆。但由于发布时间相近，《汽车贷款管理办法》并未考虑到这种政策改变，导致5年过去，汽车金融公司还是只能向具有特许授权证明的经销商发放经销商汽车贷款。经销商必须是汽车生产商的授权代理经销商的合规要求，直接导致了两个后果：

一是汽车金融公司无法开展针对二手车的经销商贷款业务。因为除了少数官方认证的经销商能够满足特许授权的条件外，绝大部分中小二手车经销企业，是无法取得特许授权的，但同样可以依据《二手车流通管理办法》的规定，合法合规开展二手车经销业务，对于这部分二手车经销企业采购二手车的融资需求，目前汽车金融公司并没有合规的途径提供金融服务。

二是汽车金融公司难以开展经销商展厅建设贷款。虽然《汽车金融公司管理办法》规定了汽车金融公司可以向汽车经销商提供的贷款中包括展厅建设贷款，但实践中汽车生产厂商一般要求经销商完成相关展厅建设并经过验收后，才会给予特许授权。因此，在经销商有申请展厅建设贷款需求阶段，是不满足上述借款人条件的，汽车金融公司提供贷款可能存在合规风险。

不过在《汽车金融公司管理办法》修订的讨论稿中对汽车经销商的范围进行了扩充，规定汽车经销商是指获得汽车资源并进行销售的经营者，不再要求必须具有汽车生产厂商的特许授权。同时，讨论稿还允许汽车金融公司向汽车售后服务商提供贷款服务，包括展厅建设、零配件和维修设备购买等，进一步扩大了汽车金融公司的展业范围。

（二）严格落实贷款"三查"

1. 与个人汽车贷款参照适用《个人贷款管理暂行办法》不同的是，在经销商汽车贷款中，汽车金融公司应当按照《流动资金贷款管理暂行办法》（以下简称《办法》）的规定，建立相关贷款"三查"机制，落实风险控制要求。虽然《流动资金贷款管理暂行办法》适用范围仅确定银行业金融机构需遵照执行，但天津银保监局在 2018 年对华泰汽车金融有限公司库存融资贷款"三查"不尽职的行政处罚中，将上述《办法》直接引用为行政处罚依据，从侧面印证了汽车金融公司遵照执行的义务。

2. 汽车金融公司应采取现场与非现场相结合的形式履行尽职调查，形成书面报告，尽职调查报告应当包括但不限于以下内容：

（1）借款人的组织架构、公司治理、内部控制及法定代表人和经营管理团队的资信等情况；

（2）借款人的经营范围、核心主业、生产经营、贷款期内经营规划和重大投资计划等情况；

（3）借款人所在行业状况；

（4）借款人的应收账款、应付账款、存货等真实财务状况；

（5）借款人营运资金总需求和现有融资性负债情况；

（6）借款人关联方及关联交易等情况；

（7）贷款具体用途及与贷款用途相关的交易对手资金占用等情况；

（8）还款来源情况，包括生产经营产生的现金流、综合收益及其他合法收入等；

（9）对有担保的流动资金贷款，还需调查抵（质）押物的权属、价值和变现难易程度，或保证人的保证资格和能力等情况。

3. 对于经销商采购车辆、零配件贷款的贷款金额，应以经销商一段期间的平均存货为依据，具体期间应视经销商存货周转情况而定。这是经销商汽车贷款中比较特别的规定，因为经销商还款的第一来源是销售车辆的销售款，因此存货周全的情况对还款能力的影响很大。这就要求汽车金融公司能定期获取经销商的平均存货和周全情况数据，并定期清点存货，即所谓的盘库。

4. 对于经销商贷款的资金流向，汽车金融公司也应该予以特别关注，确保资金用于车辆或零部件采购，避免经销商挪用，导致贷款资金流入国家产业限制领域。2020年10月20日，上海银保监局对某汽车金融有限公司做出行政处罚，认定该汽车金融公司2019年4月，未按合同约定检查监督部分经销商汽车贷款资金的使用情况；2019年4月和8月，未按规定进行部分经销商汽车贷款资金支付管理；2020年8月，部分经销商汽车贷款用途调查严重不审慎；以及该公司违规开展关联交易，责令其改正，并处罚款200万元。该汽车金融公司总裁李某对上述违法违规行为负有直接管理责任，被上海银保监局警告。

（三）经销商保证金

汽车金融公司可以向经销商收取保证金，作为经销商汽车贷款的还款担保。需注意以下要点：

1. 汽车金融公司经核准的经营范围中需包括接受汽车经销商采购车辆贷款保证金。根据《汽车金融公司管理办法》的规定，汽车金融公司的经营范围包括接受汽车经销商采购车辆贷款保证金，但在实际行政审批时，存在减少某一项或某几项经营范围的可能性和案例，因此在开展业务前需要核对实际被核准的经营范围。

2. 对于这部分保证金，可以与经销商约定予以计息、利率、结息方式等，同时应根据人民银行2011年《关于将保证金存款纳入存款准备金缴存范围的通知》（银发〔2011〕209号）的规定，按照保证金存款对待，纳入一般性存款计交存款准备金。

（四）收费、保险的合规性

2020年5月25日，中国银保监会、人民银行等六部委联合发布了《关于进一步规范信贷融资收费降低企业融资综合成本的通知》（银保监发〔2020〕18号）（以下简称《通知》），汽车金融公司需参照执行。《通知》要求金融机构进一步规范信贷融资收费，降低企业融资成本，进一步扶持小微企业，与汽车金融公司有关的要求包括：

1. 不得收取信贷资金受托支付划拨费、资金管理费。

2. 对于小微企业信贷融资，不得在贷款合同中约定提前还款或延迟用款违约金。

3. 不得在信贷审批时，强制企业购买保险、理财、基金或其他资产管理产品等。

4. 企业生产经营、财务状况和外部环境等未发生明显恶化时，不得无故提出导致融资综合成本明显提高的新的增信要求。应根据企业资信和风险状况，确定与信贷相关的增信和专业服务安排，除特定标准化产品外，不得为企业指定增信和专业服务机构。

5. 银行对企业垫付抵押登记费采取报销制的，应建立费用登记台账，由专人负责跟进。银行为授信评估目的引入外部数据、信息或评级的，不得要求企业支付相关费用。

关于抵押登记费，银保监会之前的态度是房屋抵押登记费应由抵押权人即银行承担，并且也处罚过几家银行转嫁抵押登记费的行为，但对于车辆抵押登记费是否可由借款人承担的问题，并未明确。从《通知》的整体思路来看，还是以减轻小微企业融资负担为目标，并且实践中车管所已不再收取官方的抵押登记费，因此建议小微企业的抵押登记费（如有）由汽车金融公司承担。

6. 对于小微企业融资，以汽车金融公司作为借款人意外保险第一受益人的，保险费用由汽车金融公司承担。不得强制企业购买保证保险。

《通知》没有对库存险的问题作出明确规定，但实践操作中，融资标的车辆既是还款来源的保障，又是抵押物，为了确保车辆库存期间发生损失时能够获得补偿，汽车金融公司往往会要求借款人投保车辆库存保险，相关保险合同约定汽车金融公司作为第一受益人。对于此类业务操作，建议汽车金融公司要避免向借款人指定购买保险的渠道、保险公司，更不能与保险公司合作通过保险返佣获利。

（五）关联交易和贷款集中度

目前，大型汽车生产厂商同时控股、参股汽车金融公司和经销商集团的情况比较普遍，因此在经销商贷款业务中，要特别注意对经销商是否属于关联方的识别，以及对经销商集团的统一授信额度管理。具体要点如下：

1. 对属于关联方的经销商授信，应当履行关联交易的审批程序。根据《银行保险机构关联交易管理办法》的规定，与单个关联方之间单笔交易金额达到其他非银行金融机构上季末资本净额1%以上，或累计达到其他非银行金融机构上季末资本净额 5% 以上的交易，属于重大关联交易，需提交董事会批准，并在批准之日起十个工作日内报告监事会，同时报告中国银行业监督管理委员会。

2. 不得向属于关联方的经销商发放无担保贷款。

3. 对于单一借款人的授信余额不得超过资本净额的 15%；对于单一集团客户的授信余额不得超过资本净额的 50%；对单一股东及其关联方的授信余额不得超过该股东在汽车金融公司的出资额。

二、机构汽车贷款

根据《汽车贷款管理办法》规定，机构汽车贷款是指汽车金融公司对除经销商以外的法人、其他经济组织发放的用于购买汽车的贷款。一般来讲，驾校培训车辆采购、汽车租赁公司出租车辆采购、网约车平台自有车辆采购、一般法人或个体工商户日常办公车辆采购，都属于机构汽车贷款的交易场景。对于机构汽车贷款，需关注的合规要点如下：

1. 借款人必须为机构类客户，即具有登记机关核发的营业执照、事业单位法人登记证明或个人工商户营业执照等，对于公司控制人或管理层以个人名义购买，但实际由公司出资、用于公司经营的车辆，不属于机构汽车贷款的范围。

2. 机构汽车贷款需要比照前述个人汽车贷款的规定，设定贷款最高发放比例，即借款人需要支付规定的首期付款。

3. 对于借款人属于从事汽车租赁业务的机构，发放的机构商用车贷款，汽车金融公司应当监测借款人对残值的估算方式，防范残值估计过高给汽车金融公司带来的风险。

第三节　融资业务合规要点

作为放贷机构，资金的重要性不言而喻，通过融资业务融到的资金，就好比是打仗的子弹，直接决定了汽车金融公司的业务发展乃至生死存亡。

根据《汽车金融公司管理办法》《非银行金融机构行政许可事项实施办法》等法规，除自有实收资本以外，汽车金融公司主要的外部融资业务主要包括金融机构借款、关联方存款、保证金存款、资产证券化、金融债券等业务种类。从图1九家汽车金融公司公开的基本融资情况，可以看到金融机构借款仍是主要的融资渠道，但随着金融市场改革的逐步深入，以及汽车金融公司的不断实践和创新，多元化的融资业务结构正在逐步形成，减少对金融机构借款的依赖，也是绝大部分汽车金融公司的共识。

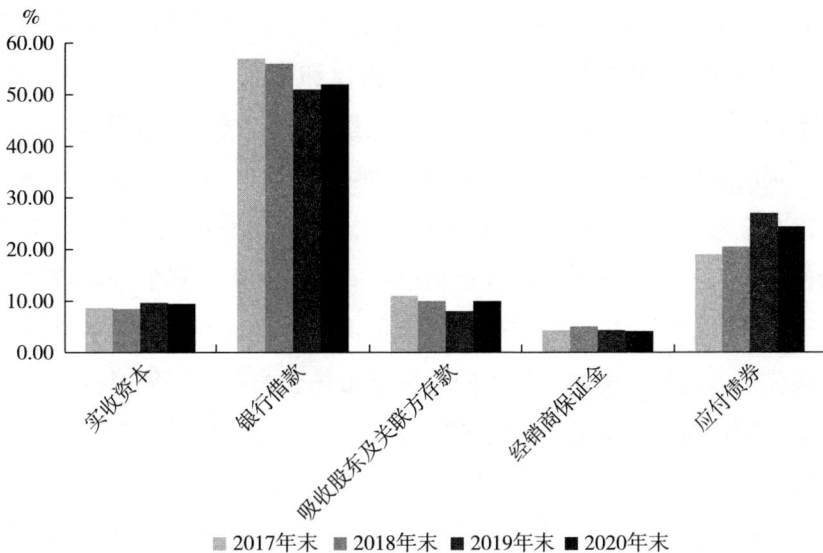

■ 2017年末　■ 2018年末　■ 2019年末　■ 2020年末

图1　汽车金融公司融资结构现状①

———————————

① 数据来源于《中国汽车金融公司行业发展报告（2020年度）》，中国银行业协会汽车金融专业委员会。

一、汽车金融公司的融资业务

对汽车金融公司的融资业务进行简单分类，大致可分为同业业务类、存款类、金融债务类，分别介绍如下：

（一）同业业务类

汽车金融公司开展金融机构借款业务的依据是《汽车金融公司管理办法》第十九条：经中国银监会批准，汽车金融公司可从事下列部分或全部人民币业务……（五）向金融机构借款。

此处所称"向金融机构借款"，即 2014 年人民银行、银监会、证监会、保监会、外汇局联合印发的《关于规范金融机构同业业务的通知》（银发〔2014〕127 号）中所称的"同业借款"，即指现行法律法规赋予此项业务范围的金融机构开展的同业资金借出和借入业务。在实践操作中，一般是指商业银行金融机构部开展的同业授信。与同业借款类似，但需要注意区别的是同业拆借。根据《汽车金融公司管理办法》第十九条的规定，汽车金融公司同样可以从事同业拆借。所谓同业拆借，127 号文中定义为经中国人民银行批准，进入全国银行间同业拆借市场的金融机构之间通过全国统一的同业拆借网络进行的无担保资金融通行为。一般来讲，汽车金融公司需要具有全国银行间同业拆借市场会员资格，同时拆借的资金的期限一般比较短，拆借资金的期限多为一日或者几日，一般不超过 1 个月，最长不超过 120 天。

汽车金融公司过度依赖金融机构借款或同业拆借作为主要融资手段，会加大公司流动性风险管理的压力。因为金融机构借款的期限主要为 1 年以内的短期借款，而汽车金融公司的贷款业务多为 1~3 年的长期贷款，因此会形成资产负债的期限错配，增加流动性风险。2020 年第四季度，由于受到疫情、汽车销量下滑、个别汽车生产厂家和汽车金融公司风险事件等多重风险因素的影响，以及信贷资金投放实体经济的考核压力，部分商业银行压缩同业借款的投放，导致那段时间整个汽车金融行业流动性趋紧，部分汽车金融公司甚至为此停止了部分业务放款。

（二）存款类

根据《汽车金融公司管理办法》第十九条规定，汽车金融公司可以接受关联公司的存款和经销商/承租人保证金。

1. 关联公司存款

是指汽车金融公司境外股东及其所在集团在华全资子公司和境内股东的存款，存款类型为定期存款，存款期限要求 3 个月（含）以上。

需要说明的是，为了扩充汽车金融公司的融资来源，监管对于可以接受的存款主体逐步放宽。2003 年版《汽车金融公司管理办法》仅限于接受境内股东单位 3 个月以上期限的存款，2008 年修订时增加了汽车金融公司境外股东及其所在集团在华全资子公司作为合规的存款来源。2022 年《汽车金融公司管理办法》即将修订，根据相关修订讨论稿，汽车金融公司可以接受存款的主体，有望放宽到股东及其所在集团控股子公司，其中集团控股子公司包括集团母公司和母公司控股 50% 及以上的子公司，这对于绝大多数汽车生产厂商背景的汽车金融公司来讲，是一大利好。

2. 经销商/承租人保证金

汽车金融公司接受经销商或承租人的保证金，仅限于在汽车经销商采购车辆贷款业务和融资租赁业务中，由上述主体缴纳的保证金。如前所述，根据人民银行 2011 年《关于将保证金存款纳入存款准备金缴存范围的通知》的规定，按照保证金存款对待。

除此之外，在《汽车金融公司管理办法》修订讨论稿中，汽车金融公司有望向汽车售后服务商提供贷款，以及办理汽车经销商库存采购商业汇票承兑。由此，收取保证金的范围可能扩展到汽车售后服务商贷款保证金，以及经销商库存票据承兑保证金。

3. 金融债务类

（1）资产支持证券

汽车金融公司发行的资产支持证券（ABS）主要是指在中国银行间债权市场发行的公募 ABS，一般以个人汽车消费贷款作为基础资产，部分汽车金融公司曾发行过以经销商汽车贷款或汽车租赁资产作为基础资产的 ABS。

根据中国债券信息网的公开数据，汽车金融公司发行的资产支持证券，无论是在发行量还是在总发行规模上，均处于逐年上升的趋势（2018年略有下降）。2020 年共有 16 家汽车金融公司发行了 37 单资产支持证券，总发行规模达到 1670 亿元人民币。

（2）金融债

此处所称的金融债，是指依法在中华人民共和国境内设立的金融机构法人在全国银行间债券市场发行的、按约定还本付息的有价证券。汽车金融公司发行的金融债主要为 3 年期固定利率金融债，其主要作用在于改善汽车金融公司资金端和资产端的期限错配，有效降低汽车金融公司的流动性风险。[①]

根据中国债券信息网公开数据，截至 2020 年末，共有 10 家汽车金融公司发行过金融债券，从发行规模上来看，2018 年总共发行了 290 亿元人民币金融债券，是近年来的高峰，之后 2019 年和 2020 年分别下降至 145亿元和 125 亿元。金融债发行需要人民银行和银保监会双重审批，并且商业银行认购金融债对自身资本消耗较大，认购主体范围较窄，可能是汽车金融公司金融债发行量较少的原因。

（3）其他债务、资本补充工具

近年来，监管机构逐步放宽汽车金融公司的融资渠道，与商业银行等金融机构拉齐监管水平。2020 年 3 月，银保监会修订《非银行金融机构行

---

① 《中国汽车金融公司行业发展报告（2020 年度）》，中国银行业协会汽车金融专业委员会。

政许可事项实施办法》，其中第一百六十九条规定汽车金融公司在符合一定条件的基础上，可申请募集发行优先股、二级资本债券、金融债及依法须经银保监会许可的其他债务、资本补充工具。2020 年 10 月，银保监会发布《关于促进消费金融公司和汽车金融公司增强可持续发展能力、提升金融服务质效的通知》，明确提出"支持消费金融公司、汽车金融公司通过银行业信贷资产登记流转中心开展正常的信贷资产收益权转让业务。"由此，汽车金融公司的融资渠道拓宽至包括优先股、二级资本债和信贷资产收益权转让业务等在内的监管许可的其他债务、资本补充工具。

优先股：根据《优先股试点管理办法》，优先股是指依照《公司法》，在一般规定的普通种类股份之外，另行规定的其他种类股份，其股份持有人优先于普通股股东分配公司利润和剩余财产，但参与公司决策管理等权利受到限制。优先股是一种介于债券和股权之间的资本补充工具。商业银行发行优先股补充一级资本的融资方式由来已久，《非银行金融机构行政许可事项实施办法》明确汽车金融公司也可以发行优先股，为汽车金融公司增加了一种资本补充工具。

二级资本债：是指金融机构发行的、本金和利息的清偿顺序列于金融机构其他负债之后、先于商业银行股权资本的债券。《商业银行资本管理办法（试行）》实施后，二级资本债券替代了原有次级债券的概念，并均负有"减记条款"。2020 年修订后的《非银行金融机构行政许可事项实施办法》第一百六十九条，允许汽车金融公司申请发行二级资本债。允许发行二级资本债可以进一步加大汽车金融公司的杠杆，成为汽车金融公司继股东增资、利润公积、优先股以外，第四个资本补充工具。

信贷资产收益权转让业务：是指金融机构通过银行业信贷资产登记流转中心开展的正常类信贷资产收益权转让业务。2016 年《中国银监会办公厅关于规范银行业金融机构信贷资产收益权转让业务的通知》（银监办发〔2016〕82 号）对信贷资产收益权转让业务进行了规范。信贷资产收益权转让业务，总体上与资产支持证券（ABS）区别不大，主要是在发行市场、会计处理上面有区别，并且信贷资产收益权转让业务在人民银行的《标准化债权类资产认定规则》中被认定为非标资产，因此资管产品认购的可能性较低，并且机构投资者当前对银登中心优先级资产投资能否适用 ABS 的风险权重仍然不确定，交易资金量比不上 ABS。

二、融资业务主要合规要点

（一）满足开办相关业务的条件

1. 对于同业业务类和存款类融资业务而言，最基本的开办业务条件就是《金融许可证》中包含了相关的业务范围。其中需要特别注意的是，虽然《汽车金融公司管理办法》中允许汽车金融公司开展本外币项下的同业业务类和存款类融资业务，但实际在审批时，部分汽车金融公司仅获批开展人民币项下的业务，不能想当然地认为可以开展外币存款类业务。

2. 对于金融债务类融资业务中的信贷资产支持证券，根据《金融机构信贷资产证券化试点监督管理办法》，汽车金融公司需要满足以下条件：

（1）具有良好的社会信誉和经营业绩，最近三年内没有重大违法、违规行为；

（2）具有良好的公司治理、风险管理体系和内部控制；

（3）对开办信贷资产证券化业务具有合理的目标定位和明确的战略规划，并且符合其总体经营目标和发展战略；

（4）具有适当的特定目的信托受托机构选任标准和程序；

（5）具有开办信贷资产证券化业务所需要的专业人员、业务处理系统、会计核算系统、管理信息系统以及风险管理和内部控制制度；

（6）最近三年内没有从事信贷资产证券化业务的不良记录；

（7）银监会规定的其他审慎性条件。

需要注意的是，《关于信贷资产证券化备案登记工作流程的通知》（银监办便函〔2014〕1092 号）放松了资质审批流程，对已发行过信贷资产支持证券的银行业金融机构豁免资格审批，但需履行相应手续。

3. 对于金融债务类融资业务中的优先股、金融债、二级资本债，根据《非银行金融机构行政许可事项实施办法》，汽车金融公司需要满足以下条件：

（1）具有良好的公司治理机制、完善的内部控制体系和健全的风险管理制度；

（2）资本充足性监管指标不低于监管部门的最低要求；

（3）最近3个会计年度连续盈利；

（4）风险监管指标符合审慎监管要求；

（5）监管评级良好；

（6）银保监会规章规定的其他审慎性条件。

4. 对于信贷资产支持证券和金融债，部分银保监会派出机构可能基于审慎监管的要求，提出具体的"其他审慎条件"要求，比如：

（1）债务负担可承受，如已发行尚未兑付的债券（含本次发行）占公司上一年度末资本总额的比重（部分地区为150%）、3年平均未分配利润足以支付所有应付债券（含本次发行）1年利息等。

（2）杠杆率，即通过发行债券、资产证券化产品等标准化债权类资产形式融入资金的余额超过净资产的倍数（部分地区为4倍）。

（3）最低评级，即信用评级机构的主体评级及债券评级均不低于某一个评级（部分地区为AA+）。

（4）发行节奏要合理。

（二）报备、报告和报批

1. 资产支持证券

汽车金融公司发行资产支持证券的手续相对比较简便，对于已经取得ABS发行资质的汽车金融公司，仅需"三步走"，即：

首先根据《关于信贷资产支持证券发行管理有关事宜的公告》（以下

简称《公告》）（中国人民银行公告〔2015〕第 7 号）的规定，在人民银行进行产品注册，并限定发行总额度；

其次根据银保监会办公厅《关于银行业金融机构信贷资产证券化信息登记有关事项的通知》（银保监办发〔2020〕99 号）的规定，在银行业信贷资产登记流转中心（以下简称银登中心）进行产品登记，取得产品信息登记编码。

最后发行前根据《公告》，在按有关规定进行产品发行信息披露前 5 个工作日，将最终的发行说明书、评级报告及所有最终的相关法律文件和信贷资产支持证券发行登记表送中国人民银行备案。发行后，在银保监会 1104 报表 G18 表中，相关发行数据应填入"固定期限融资工具"进行报送，部分银保监会派出机构可能会要求汽车金融公司另行书面报送 ABS 的发行情况。

向人民银行申请产品注册，需要提交注册申请报告、与交易框架相关的标准化合同文本、评级安排等文件。注册申请报告应包括以下内容：

（1）信贷资产支持证券名称；

（2）证券化的信贷资产类型；

（3）信贷资产支持证券注册额度和分期发行安排；

（4）证券化的信贷资产发放程序、审核标准、担保形式、管理方法、过往表现、违约贷款处置程序及方法；

（5）交易结构及各当事方的主要权利与义务；

（6）贷款服务机构管理证券化信贷资产的方法、标准；

（7）拟披露信息的主要内容、时间及取得方式；

（8）拟采用簿记建档发行信贷资产证券化产品的，应说明采用簿记建档发行的必要性和定价、配售的具体原则和方式，以及防范操作风险和不正当利益输送的措施。

2. 金融债

汽车金融公司发行金融债，需履行双重审批程序。根据《金融租赁公司、汽车金融公司和消费金融公司发行金融债券有关事宜》（中国人民银行、中国银行业监督管理委员会公告 2014 年第 8 号）规定，汽车金融公司需先向银监会提交发行申请，审批同意后，再向人民银行提交发行申请。

需要注意的是，2020 年《非银行金融机构行政许可事项实施办法》银保监会体系的审批层级进行了变更，将审批权限从银保监会下放到银保监会省级派出机构，审批流程变更为"向地市级派出机构或所在地省级派出机构提交申请，由地市级派出机构或省级派出机构受理并初步审查、省级派出机构审查并决定"。同时，申请审批需提交的材料清单变更为：

（1）金融债券发行申请报告，主要内容包括公司基本情况、风险监管指标情况、发行金融债券的理由、发行金融债的条件、已发行金融债券情况、拟发行金融债基本情况、本期债券对公司财务结构影响。

（2）可行性研究报告。

（3）股东会决议的复印件。

（4）最近 3 年的年度审计报告（含审计报告正文、公司自身及合并口径的财务报表和报表附注、会计师事务所的营业执照、执业证书复印件和签字的注册会计师资格证书复印件）。

（5）募集说明书。

（6）发行公告或发行章程。

（7）承销协议或意向书。

（8）发行人关于本期偿债计划及保障措施的专项报告。

（9）信用评级机构出具的金融债券信用评级报告和有关持续跟踪评级安排的说明。

（10）采用担保方式发行金融债券的，还应提供担保协议及担保人资信情况说明。

（11）律师事务所出具的法律意见书（应附律师事务所的执业许可证复印件和签字律师的执业证复印件）。

人民银行的审批流程没有变化，一般是递交汽车金融公司所在地中心支行，但这只是一个预审，不属于行政受理环节，之后再报送人民银行总行，由人民银行金融市场司债券发行处最终批复。

3. 二级资本债

汽车金融公司发行二级资本债券，需履行双重审批程序，并且要满足一定的前提决策程序。根据《商业银行次级债券发行管理办法》（中国人民银行、中国银行业监督管理委员会公告 2004 年第 4 号）规定，应由国家授权投资机构出具核准证明或提交发行次级债券的股东大会决议。同时，应分别向中国银行业监督管理委员会、中国人民银行提交申请并报送有关文件，主要包括：

（1）次级债券发行申请报告；

（2）国家授权投资机构出具的发行核准证明或股东大会通过的专项决议；

（3）次级债券发行可行性研究报告；

（4）发行人近三年经审计的财务报表及附注；

（5）发行章程、公告；

（6）募集说明书；

（7）承销协议、承销团协议；

（8）次级债券信用评级报告及跟踪评级安排的说明；

（9）发行人律师出具的法律意见书。

4. 优先股

监管并未对汽车金融公司发行优先股的审批程序和申请材料进行明确规定，一般认为参照适用《关于商业银行发行优先股补充一级资本的指导意见》（银保监发〔2019〕31 号）的相关规定，执行双重审批程序，即先由银保监会进行审批，取得银保监会的批准文件后，向证监会提出发行申请。证监会依据《优先股试点管理办法》及相关配套规则进行核准。向银保监会提交的发行申请文件主要包括：

（1）优先股发行申请；

（2）优先股发行方案；

（3）根据《优先股试点管理办法》修改的公司章程（草案）；

（4）股东大会决议；

（5）资本规划；

（6）最近三个年度经审计的财务报表及附注；

（7）发行人律师出具的合规性法律意见书；

（8）银保监会要求的其他文件。

5. 信贷资产收益权转让业务

根据《关于规范银行业金融机构信贷资产收益权转让业务的通知》的规定，汽车金融公司开展信贷资产收益权转让业务应当遵守"报备办法、报告产品和登记交易"三步要求：

（1）报备办法。汽车金融公司应当制定信贷资产收益权转让业务管理制度。

（2）报告产品。汽车金融公司应当向银登中心逐笔报送产品相关信息。

（3）登记交易。作为信贷资产出让方的汽车金融公司，应当依照《中国银监会办公厅关于银行业信贷资产流转集中登记的通知》（银监办发〔2015〕108号）相关规定，及时在银登中心办理信贷资产收益权转让集中登记。

（三）主要法规依据及其他合规事项

1. 汽车金融公司发行资产支持证券，需要遵守的法律法规主要包括《信贷资产证券化试点管理办法》（中国人民银行公告〔2005〕第7号）、《金融机构信贷资产证券化试点监督管理办法》（中国银行业监督管理委员会令2005年第3号）、《关于信贷资产证券化备案登记工作流程的通知》（银监办便函〔2014〕1092号）、《关于信贷资产支持证券发行管理有关事

195

宜的公告》（中国人民银行公告〔2015〕第 7 号）。

2. 汽车金融公司发行优先股，需要遵守的法律法规主要包括《国务院关于开展优先股试点的指导意见》（国发〔2013〕46 号）、《商业银行资本管理办法（试行）》（银监会令 2012 年第 1 号）、《优先股试点管理办法》（证监会令第 97 号）、《关于商业银行发行优先股补充一级资本的指导意见》（银保监发〔2019〕31 号）等规定。

汽车金融公司应在发行合约中明确有权取消优先股的股息支付且不构成违约事件；未向优先股股东足额派发的股息不累积到下一计息年度。

汽车金融公司决定取消优先股股息支付的，应在付息日前至少十个工作日通知投资者。

不得发行附有回售条款的优先股，发行包含强制转换为普通股条款的优先股，应采取非公开方式发行。

设置优先股强制转换为普通股条款的，股东大会应就优先股强制转换为普通股有关事项进行审议，包括转换价格的确定方式，并履行《优先股试点管理办法》第三十七条规定的程序。汽车金融公司披露定期报告时，应专门披露优先股强制转换情况。商业银行发生优先股强制转换为普通股的情形时，应当报银保监会审查并决定，并按照《证券法》第六十七条及证监会的相关规定，履行临时报告、公告等信息披露义务。

3. 汽车金融公司开展信贷资产收益权转让业务，需要遵守的法律法规主要包括《中国银监会办公厅关于银行业信贷资产流转集中登记的通知》（银监办发〔2015〕108 号）、《关于规范银行业金融机构信贷资产收益权转让业务的通知》（银监办发〔2016〕82 号），以及银登中心发布的一系列业务、账户、结算等业务规则。

作为出让方的汽车金融公司，在信贷资产收益权转让后按照原信贷资产全额计提资本，并按照会计处理和风险实际承担情况计提拨备。不得以任何方式承担显性或者隐性回购义务；应当按照有关要求，向投资者及时、准确、完整披露拟转让收益权的信贷资产相关情况，并及时披露对投资者权益或投资收益等产生重大影响的突发事件。

4. 汽车金融公司发行二级资本债，需要遵守的法律法规主要包括《商业银行次级债券发行管理办法》（中国人民银行、中国银行业监督管理委员会公告 2004 年第 4 号）、《关于银行业金融机构在银行间债券市场发行资本补充债券有关事宜的公告》（中国人民银行公告〔2018〕第 3 号）、《关于进一步支持商业银行资本工具创新的意见》（银监发〔2018〕5 号）。

汽车金融公司应统筹考虑资产增长、结构调整、内部资本留存、外部环境等因素，合理、审慎地制定资本补充及资本债券发行规划，在相应资本约束下促进自身稳健经营，并确保募集资金主要用于服务实体经济。

汽车金融公司应充分、及时披露二级资本债券相关信息，真实、准确、完整地揭示二级资本债券特有风险，包括但不限于次级性风险、减记损失风险、转股风险。二级资本债券存续期间，应按季度披露信息。

5. 汽车金融公司在业务范围内接受经销商保证金存款，需识别存款人是否是关联方，因为一般来讲作为汽车生产厂商控股的汽车金融公司，其业务合作对象中有一部分经销商是汽车生产厂商控股或参股，可能形成关联方交易，需要履行关联交易审批、报告和披露程序。

6. 上述在银行间债券市场发行的金融债等债务融资工具，不适用《证券法》。新《证券法》于 2020 年 3 月 1 日起开始施行国务院办公厅印发的《关于贯彻实施修订后的证券法有关工作的通知》。根据《通知》精神，银行间债券市场金融债券、非金融企业债务融资工具等品种的发行、交易、登记、托管、结算等，由人民银行及其指定机构依照《中国人民银行法》等制定的现行有关规定管理。

第四节　征信业务合规要点

一、征信业务操控流程

（一）借款人本人授权

根据《征信业管理条例》第十八条规定，向征信机构查询个人信息的，应当取得信息主体本人的书面同意并约定用途。因此，由客户本人签署的《征信授权书》，是查询客户征信必不可少的条件。

对于通过网站、App 完成的征信线上授权的合规要求，人民银行尚未制定统一、明确的规范，大部分金融机构以《电子签名法》为基础，参考人民法院的相关判例，以合法性为出发点开发线上授权系统。2018 年之后，人民银行部分分支行在考虑合规性、合法性和可操作性的基础上，制定了征信线上授权规范，比如人民银行重庆营业管理部于 2018 年 6 月发布《关于加强互联网信贷业务征信合规管理的通知》（渝银办发〔2018〕109号），规定了网络客户的实名认证、电子授权书保存等管理要求；又如人民银行北京营业管理部 2020 年 9 月发布《关于开展个人征信线上授权试点工作的通知》（银管发〔2020〕122 号），从线上验证客户身份、签署电子征信授权协议、存储电子授权证明材料、出具征信授权佐证材料四个环节，明确了线上授权的相关要求。结合上述两个《通知》，线上征信授权的合规要点包括：

1. 验证客户身份的方式，可以包括身份证件的公安联网核查、生物特征的核查（如生物活体识别、指纹核查）、通过已验证客户身份的第三方验证（如电信运营商实名验证、银行卡三要素/四要素验证等）、其他人工辅助手段（如验证客户其他证件等）。身份验证的目的应当是确保线上授权的主体是信息主体本人，因此建议采取至少两种以上的验证方式。

验证客户真实身份后，应当颁发电子签名证书。颁发电子签名证书的机构，应当有国务院信息产业部门许可的资质，格式算法符合相关标准，并且可以对已颁发的证书进行验证。

2. 在授权协议签署阶段，应当向客户展示协议内容，由客户查看认可后进行电子签名，应当从内容上和技术上确保电子授权的有效性。

内容上，《征信授权书》应当符合《征信业管理条例》等法律法规、规章制度的要求，明确被授权对象、授权期限、查询原因及用途、授权主体、授权作出日期等要素，授权应当包括双向授权，即允许汽车金融公司查询客户的征信信息，以及向征信数据库报送征信信息。同时应当按照法律对格式条款的要求，对重点条款进行足以引起注意的提示。

技术上，《征信授权书》应当采用防篡改技术，确保有效性；应当采用时间戳技术，使用国家标准时间表明征信授权的时间属性，记录的授权时间应当精确到秒；应当采用加密技术和安全协议的网络传输手段，确保数据传输的机密性和完整性。

3. 在存储电子授权证明材料环节，应当参照《电子数据存证技术规范》等技术规范，由国务院信息产业主管部门许可的电子认证服务机构进行全流程存证。存证的范围包括上述身份验证、颁发电子签名证书、签署授权协议等环节。

4. 在出具征信授权佐证材料环节，应当至少出具三份佐证材料，包括《个人征信线上授权业务报告》《个人征信线上授权电子签名认证报告》和《个人征信线上授权电子数据验证报告》。

（二）个人不良信息报送前告知

根据《征信业管理条例》第十五条规定，信息提供者向征信机构提供个人不良信息，应当事先告知信息主体本人。因此，个人借款人发生贷款逾期需要向个人信用信息基础数据库报送不良信息的，汽车金融公司应当提前告知客户，合规要点包括：

1. 告知的方式可以是短信或电话，告知的时点应当是逾期发生后、报送征信数据库之前，并应当留存相关告知记录，告知材料至少保存 5 年。

2. 通过短信告知的，不能与还款提醒短信、催收短信混淆，部分人民银行分支机构（如重庆营管部）要求备案告知短信模板。

3. 不良信息告知的时间，不得早于不良信息实际发生日，即不得以贷款申请时的风险提示，替代告知行为。同时，不良信息产生时间应与业务实际违约时间一致，逾期时间认定应包含实际业务发生的容时容差。

（三）征信异议处理

征信异议是指信息主体认为征信机构采集、保存、提供的信息存在错误、遗漏的，依据《征信业管理条例》相关规定，向征信机构或者信息提供者提出异议，要求更正的行为。汽车金融公司处理征信异议，需关注以下合规要点：

1. 根据人民银行征信中心《金融信用信息基础数据库个人征信异议处理业务规程》规定，接到征信中心转发的异议信息核查通知后应立即启动核查程序，经核查后确认异议信息存在错误、遗漏的，应在回复核查结果的同时向征信中心报送更正信息；经核查后确认异议信息不存在错误、遗漏的，应明确回复核查结果；经核查后不能确认核查结果的，应如实回复核查情况。

2. 征信中心对汽车金融公司的回复不予接受的，视同未作回复；汽车金融公司应对不符合回复要求的异议信息，重新核查和回复。

3. 应在接到征信中心异议信息核查通知起 12 日内完成对异议信息的核查和回复。

4. 对于通过自有渠道（如投诉电话、征信异议专用通道等）接到的征信异议，汽车金融公司应当进行核查处理，并在 20 日内将结果书面告知客户。

二、征信信息安全管理

根据人民银行《关于加强征信合规管理工作的通知》（银发〔2016〕300 号）、《关于进一步加强征信信息安全管理的通知》（银发〔2018〕102号）和《关于中国建设银行等四家银行总行征信执法检查情况的通报》（银办发〔2019〕15 号）等规定和违规案例，征信信息安全管理的相关合规要点如下①：

（一）汽车金融公司要按照"最小化"原则，合理设置、分配、管理各类征信查询账户，确保账户安全、规范使用，具体要求包括：

1. 汽车金融公司一般设置管理员用户 1 个，查询和异议处理用户不超过 2 个，杜绝建立、使用公共或者类公共账户查询征信信息，杜绝非正式员工作为查询用户；

2. 对于具有征信查询权限的员工，需在征信系统停止或者注销用户权限之后，才能离岗或离职；

3. 连续 30 天未进行查询操作的查询用户，应立即锁定，经核实发现用户已调离或者属于不合理用户，应立即在相关系统停止或者注销其查询权限；

4. 除系统自动处理外，其他用户管理操作（包括创建、变更、停用、锁定、启用等）均经过内部审批；

5. 用户口令密码使用规范，符合用户口令控制制度，用户密码不少于8 位，至少包括大写英文字母、小写英文字母和阿拉伯数字，密码更改周期不超过 30 天，不存在密码重复循环使用；

6. 严格落实征信用户实名制管理，并在用户（含征信前置系统用户）设立及变更后按规定向当地人民银行分支机构备案。直接在金融信用信息

---

① 部分内容还参考了人民银行营管部（北京）《北京地区个人金融信用信息基础数据库接入机构 2021 年征信合规与信息安全工作指南》（银管发〔2021〕42 号）和人民银行重庆营业管理部《关于加强互联网信贷业务征信合规管理的通知》（渝银办发〔2018〕109 号）。

基础数据库设立的用户（含统一查询用户）和前置系统以及其他系统具有管理员角色的用户应在创建或者变更之日起 2 个工作日内向当地人民银行分支机构备案，其他用户按季度向当地人民银行分支机构备案。

（二）要配置充分的信息安全防护技术措施，包括但不限于：

1. 推进业务触发式查询，实现信用报告脱敏展示、结构化展示和自动解读，或对信用报告进行评估，只展示评估结果，不展示信用报告；

2. 严格落实金融城域网安全管理的有关规定，加强征信信息安全管理，查询或使用人民银行征信系统的计算机终端不得访问互联网；

3. 应当设置异常查询监测阻断和预警功能，如非工作日、非工作时段查询，超出岗位职责、业务量合理范围查询等；

4. 对信用报告的下载、打印进行严格管控或禁止，如需展示信用报告，需脱敏、结构化并加盖水印，打印信用报告，也需加盖水印。水印内容包括机构名称、用户名和时间；

5. 存储信用报告应采用分布式、符合国家要求的密码算法加密；妥善保管缓存在系统中的个人信用报告，信用报告缓存期限最长不超过 5 年，对本地缓存的个人信用报告向外转移进行严格管控；

6. 对外屏蔽内部征信系统实际用户、密码以及征信中心个人征信网页版查询网址；

7. 绑定和限制查询终端 IP 地址，系统后台自动记录用户名称、操作内容及 IP 地址，使得各项操作有记录、可定位、可追溯；

8. 接入征信系统的 App 应取得工信部、互金协会等监管部门或行业组织的备案或许可，在接入前进行安全认证和接入审批。

三、征信内控管理机制

（一）在组织架构上，明确分管征信工作的管理层和征信牵头部门，建立"两个小组"，即征信信息安全工作领导小组和征信应急处置小组。在公司内部建立健全合理分工、协同合作的征信工作机制，通过征信工作例会、发送工作联系函等方式，落实征信合规与安全管理要求；

（二）建立征信业务合规与安全管理制度，包括信用信息报送、查询、使用、异议处理、用户管理、安全管理、贷后管理、责任追究、风险监测报告、应急处置机制和各级管理人员与从业人员全员合规教育轮训等内部管理制度和操作规程。与征信管理相关的制度和征信合规管理工作联系人，应向所在地人民银行派出机构报备；

（三）建立完善纸质及电子档案保管制度，按照企业、个人查询操作规程及异议处理操作规程等规定，对征信授权材料、信用报告等资料进行归档管理；建立征信档案调阅的授权审批制度，确保无关人员不得接触信息主体信用信息；

（四）定期开展征信合规与信息安全内部审计、检查和评估，具体包括：

1. 每月开展征信信息安全自查，对日常监测发现的风险线索以及异常查询线索，与对应的信贷业务进行逐笔核实，从授权、审核、查询、使用、存储等各环节梳理是否存在征信违规风险隐患，填写《征信信息安全情况统计表》并上报；

2. 每季度开展自查自纠工作，形成工作报告并及时上报；

3. 每年至少开展一次区别于自查工作的内部审计或专项检查，覆盖征信制度建设、用户管理、查询使用、数据报送、信息安全及其他征信业务活动，形成审计报告并上报；

4. 每年根据所在地人民银行分支机构的要求，实事求是、全面完整地开展征信合规与信息安全自评工作，并在规定时间内向人民银行分支机构报送自评结果和相关证明材料。

四、征信培训与宣传

（一）征信培训应当做到全员培训，包括岗前轮训和在岗轮训，并针对不同层级、不同岗位的特点和要求开展相适应的培训。

（二）培训的内容包括风险警示与安全教育、人民银行最新的监管要求、征信相关管理制度、业务操作流程等。

（三）应当开展全员征信合规培训测试，测试合格率低于80％的，在年度考核评级中将被扣分。

（四）根据中国人民银行办公厅《关于加强征信宣传工作的指导意见》（银办发〔2021〕54号）和所在地人民银行分支机构的相关要求，积极主动开展面向客户群体、社会公众的征信宣传工作，按照"常规＋创新"的要求，在"6·14信用记录关爱日"、重大征信事项及重要纪念活动、重要节日的时间点，形成宣传高峰、丰富宣传手段。

【讨论】汽车金融公司是否可以向理财子公司借款

2021年下半年，部分汽车金融公司收到了来自所属银保监局的监管提示，认为根据银保监会相关要求，由于信托计划和理财产品涉众较广，风险最终会穿透到自然人，此类融资方式实质上与汽车金融公司不吸收公众存款的定位偏离，要求汽车金融公司制定压降计划逐步压缩存量的理财子公司融资。

一石激起千层浪，汽车金融公司丧失了一条在银行贷款额度紧张时进行融资的重要渠道，使本来就偏紧张的流动性雪上加霜。考虑到监管提示中使用了"偏离"这样不确定的表述，那么汽车金融公司从理财子公司融资，是否属于违规，还是仅仅只是监管的窗口指导？

本书认为，如果细究起来，汽车金融公司从理财子公司融资，的确存在一定的合规风险。

首先，从汽车金融公司融资来源角度，汽车金融公司不属于法律规定的可以吸收公众存款的主体。针对目前银保监会穿透式监管的理念，汽车金融公司如果向银行理财子公司的理财产品进行融资，向上穿透到投资者。如果来源为涉及公募理财产品，存在被认定向不特定公众吸收存款的可能性。因此，应当遵循穿透原则，对于汽车金融公司通过理财产品向不特定投资者融资的行为，有违反监管规定的风险。

其次，从理财产品的投资限制角度，理财产品投资范围应当符合法律法规规定并且对外披露。汽车金融公司通过理财子公司融资，多用于发放贷款，在有盈余时还会进行金融产品的再投资。如果汽车金融公司通过理财产品融资最终投资为资管产品或非标准化债权，如前文所述，需要遵循不得多层嵌套，禁止期限错配，比照自营贷款管理等监管要求，如果无法满足理财产品的投资限制性规定，也存在被认定违反监管规定的风险。

第六章　反洗钱

2007年1月1日生效的《中华人民共和国反洗钱法》，在立法层面正式确立了金融机构的反洗钱义务和法律责任。其后的十余年间，监管部门相继制定并颁发《金融机构反洗钱规定》《金融机构客户身份识别和客户身份资料及交易记录保存管理办法》《金融机构大额交易和可疑交易报告管理办法》等多个规范性文件，对金融机构反洗钱义务规定了更为细化、具体的监管要求。

在反洗钱执法方面，"强监管、重处罚"趋势不断增强。据不完全统计，2019年上半年总处罚金额5714.97万元，较2018年同期增长107%，"百万级"反洗钱罚单频繁出现。其中，就"百万罚单"金额是否突破《中华人民共和国反洗钱法》第三十二条规定的处罚幅度，引起业内广泛关注与探讨。监管部门开出"百万罚单"，究其原因在于单个反洗钱义务项下有若干更为细化的规定与监管要求，若单个义务项下存在多个违规行为，则累计计算罚金甚至可达千万元。这无疑对金融机构正确理解并有效落实反洗钱义务提出了更高要求。

相较于商业银行，汽车金融公司由于业务范围主要为贷款，一般均有车辆买卖的交易场景，并且没有向社会公众吸收存款的资质，因此一直以来属于洗钱风险较低的金融机构，反洗钱管理起步较晚、底子较薄。很多汽车金融公司在人民银行3号令之后，从2017年才开始建设自己的反洗钱管理系统。但是随着反洗钱监管的逐步深入，汽车金融公司同样需要作为反洗钱管理义务机构，开展基本的反洗钱管理和年度自评估工作，向人民银行和银保监会报送相关数据和报告。本书对我国现行反洗钱规范性文件中涉及汽车金融公司的反洗钱相关监管要求进行了系统梳理，并在此基础上总结了汽车金融公司在履行反洗钱义务过程中需要关注的合规要点。

第一节　反洗钱合规管理概述

一、反洗钱合规管理的内涵

反洗钱合规管理是一个不断发展演变的概念，在传统的反洗钱之外，随着金融行动特别工作组（FATF）相关指南以及国内金融监管规定的不断完善，反洗钱合规管理逐步扩展到反洗钱、反恐怖融资、反扩散融资三个方面。

（一）反洗钱

根据 2007 年《中华人民共和国反洗钱法》的规定，所谓反洗钱，是指为了预防通过各种方式掩饰、隐瞒犯罪所得及其收益的来源和性质的洗钱活动而采取的相关措施。其中洗钱的上游犯罪包括毒品犯罪、黑社会性质的组织犯罪、恐怖活动犯罪、走私犯罪、贪污贿赂犯罪、破坏金融管理秩序犯罪、金融诈骗犯罪等。不过需要注意的是，截至本章撰写时，人民银行已经公布了《反洗钱法》修订草案，向社会公开征求意见。修订草案第二条一改前述狭义的"洗钱"定义，将洗钱行为的范围扩展到了"各种方式掩饰、隐瞒犯罪所得及其收益来源和性质的活动"，实质上囊括了《刑法》中的各种犯罪行为和行政法规项下的各类违法行为。

洗钱的犯罪行为由来已久。20 世纪 20 年代在美国芝加哥，有一批以阿里卡彭、约多里奥和勒基鲁西诺为首的庞大犯罪集团黑手党，发展自己的犯罪企业，牟取暴利。该组织的一名财务总管购买了一些投币洗衣机，开了一家洗衣店，将洗衣店的正规收入连同其他犯罪收入共同申报纳税，非法收入摇身一变成了合法收入。从此，人们将洗钱一词专指通过某些方法将犯罪所得赃款合法化变干净的行为，这就是洗钱一词的来历。

随着科技的进步和社会经济的发展，洗钱的手法越来越多，其中利用金融机构和金融产品洗钱，因其便利性和隐秘性，成为了犯罪分子的"最爱"。洗钱一般分为三个阶段：处置、离析和融合。在处置阶段，犯罪分子要把犯罪所得的资金，投入到金融机构，比如购买支票、现金存入、认缴投资等。离析阶段，利用复杂的金融交易，将非法收益和来源分离，分散非法所得，从而掩盖资金来源、隐藏犯罪身份，比如通过频繁的跨境转账，切断追查线索。融合阶段，使非法资金重新获得合法身份，并重新投入使用。

金融机构反洗钱管理，就是要避免自己的金融服务，被犯罪分子用于洗钱活动，从而对金融机构自身带来各类风险。

（二）反恐怖融资

反恐怖融资是指为预防恐怖融资行为而采取的各项行动。恐怖融资行为通常包括：恐怖组织、恐怖分子募集、占有、使用资金或者其他形式财产；以资金或者其他形式财产协助恐怖组织、恐怖分子以及恐怖主义、恐怖活动犯罪；为恐怖主义和实施恐怖活动犯罪占有、使用以及募集资金或者其他形式财产；为恐怖组织、恐怖分子占有、使用以及募集资金或者其他形式财产。

1999 年联合国通过《制止向恐怖主义提供资助的国际公约》，明确恐怖融资是一种犯罪行为，任何国家均有义务对其进行打击，但全球主权国家对打击恐怖主义真正形成共识，还是受 2001 年美国"9·11"事件的推动。之后 FATF 进一步将其职责扩大到打击恐怖融资领域，并于 2001 年 10 月制定了反恐怖融资 8 项特别建议（之后扩充为 9 项），要求各国建立定向金融制裁机制，毫不迟延地冻结被指定个人或实体的资金或其他资产，并确保没有任何资金或其他资产，直接或间接地提供给被指定的个人或实体，以遵守联合国安理会关于防范和制止恐怖主义和恐怖融资的决议。

恐怖融资与洗钱既有联系，也有区别。联系在于二者利用金融机构开展犯罪活动的手法比较相像，都是通过处置、离析和融合三个阶段达到掩盖资金来源和用途的目的，因此各国监管普遍把反洗钱和反恐怖融资放在一起，对金融机构进行规范。区别在于洗钱的资金一定是上游犯罪所得，恐怖融资的资金来源可能是合法的，但用途一定指向恐怖主义、恐怖组织。因此金融机构开展反恐怖融资管理，主要是通过各种制裁名单的筛查，调查资金的来源和流向，冻结可能涉嫌恐怖融资的资金并予以报告。

在金融机构内部，反恐怖融资往往与制裁合规画上等号，但需要注意的是，由于美国、欧洲等国家和地区滥用"长臂管辖"，导致其国内发布的一些与恐怖主义无关的制裁名单，也会对全球金融机构产生一定的约束效力，因此严格意义上讲，制裁合规的范围要大于反恐怖融资合规管理。

（三）反扩散融资

反扩散融资即反大规模杀伤性武器扩散融资，是指各国应遵守联合国安理会关于防范、制止、瓦解大规模杀伤性武器扩散及扩散融资的决议，制定金融制裁机制毫不延迟地冻结被指定个人或实体的资金或其他资产，并确保没有任何资金或其他资产直接或间接地提供给被指定的个人或实体，或者使其受益。

对于金融机构来说，反扩散融资的落脚点与反恐怖融资一样，都是遵守相关金融制裁的要求，对制裁名单进行筛查，在发现资金来源、去向涉及大规模杀伤性武器扩散相关事项时，予以冻结并报告。

二、洗钱风险管理体系

根据《法人金融机构洗钱和恐怖融资风险管理指引（试行）》（银反洗发〔2018〕19号），洗钱风险管理体系应当包括但不限于：风险管理架构；风险管理策略；风险管理政策和程序方法；信息系统、数据治理；内部检查、审计、绩效考核和奖惩机制。

（一）管理架构

根据《法人金融机构洗钱和恐怖融资风险管理指引（试行）》的规定和业务实际，汽车金融公司应当建立的洗钱风险管理架构，包括董事会、监事会、高级管理层、业务部门、反洗钱管理部门、内部审计部门、人力资源部门、信息科技部门，应当做到组织健全、结构完整、职责明确，并建立层次清晰、相互协调、有效配合的运行机制。具体包括：

1. 董事会承担洗钱风险管理的最终责任

无论是人民银行《法人金融机构洗钱和恐怖融资风险管理指引（试行）》还是银保监会《银行业金融机构反洗钱和反恐怖融资管理办法》，均规定董事会承担洗钱风险管理的最终责任。董事会主要履行以下反洗钱管理职责：

（1）确立洗钱风险管理文化建设目标；

（2）审定洗钱风险管理策略；

（3）审批洗钱风险管理的政策和程序；

（4）授权高级管理人员牵头负责洗钱风险管理；

（5）定期审阅反洗钱工作报告，及时了解重大洗钱风险事件及处理情况；

（6）其他相关职责。

董事会可以下设专门的"洗钱风险管理委员会"，将部分洗钱风险管理职责（如审定洗钱风险管理策略、审批洗钱风险管理的政策和程序）授权给"反洗钱风险管理委员会"行使。洗钱风险管理委员会负责向董事会提供洗钱风险管理专业意见。

2. 监事会承担洗钱风险管理的监督责任

（1）负责监督董事会和高级管理层在洗钱风险管理方面的履职尽责情

况并督促整改；

（2）对法人金融机构的洗钱风险管理提出建议和意见。

3. 高级管理层承担洗钱风险管理的实施责任

（1）推动洗钱风险管理文化建设；

（2）建立并及时调整洗钱风险管理组织架构，明确反洗钱管理部门、业务部门及其他部门在洗钱风险管理中的职责分工和协调机制；

（3）制定、调整洗钱风险管理策略及其执行机制；

（4）审核洗钱风险管理政策和程序；

（5）定期向董事会报告反洗钱工作情况，及时向董事会和监事会报告重大洗钱风险事件；

（6）组织落实反洗钱信息系统和数据治理；

（7）组织落实反洗钱绩效考核和奖惩机制；

（8）根据董事会授权对违反洗钱风险管理政策和程序的情况进行处理；

（9）其他相关职责。

需要注意的是，人民银行和银保监会的监管规定均要求，董事会应任命或授权一名高级管理人员牵头负责洗钱风险管理，直接向董事会报告洗钱风险管理情况。反洗钱工作高级管理人员应具备反洗钱专业知识和较强的职业操守，同时具有 5 年以上合规或风险管理工作经历，或所在行业 10 年以上工作经历，并向监管部门备案。同时，为避免利益冲突，反洗钱工作高级管理人员不应再兼任其他可能影响有效履职的职务。

4. 反洗钱管理部门（一般指定合规管理部门作为反洗钱管理部门）牵头开展洗钱风险管理工作，推动落实各项反洗钱工作

（1）制定起草洗钱风险管理政策和程序；

（2）贯彻落实反洗钱法律法规和监管要求，建立健全反洗钱内部控制制度及内部检查机制；

（3）识别、评估、监测本机构的洗钱风险，提出控制洗钱风险的措施

和建议，及时向高级管理层报告；

（4）持续检查洗钱风险管理策略及洗钱风险管理政策和程序的执行情况，对违反风险管理政策和程序的情况及时预警、报告并提出处理建议；

（5）建立反洗钱工作协调机制，指导业务部门开展洗钱风险管理工作；

（6）组织或协调各相关部门开展客户洗钱风险分类管理；

（7）组织落实交易监测和名单监控的相关要求，按照规定报告大额交易和可疑交易；

（8）牵头配合反洗钱监管，协调配合反洗钱行政调查；

（9）组织或协调相关部门开展反洗钱宣传和培训、建立健全反洗钱绩效考核和奖惩机制、建设完善反洗钱信息系统。

可以看到，反洗钱管理部门的职责和任务相当艰巨，因此监管部门要求金融机构为反洗钱工作配备充足且合格的反洗钱人员，具体要求包括：

（1）反洗钱管理部门应当配备专职洗钱风险管理岗位（反洗钱岗位）人员，业务部门、境内外分支机构及相关附属机构应当根据业务实际和洗钱风险状况配备专职或兼职洗钱风险管理岗位（反洗钱岗位）人员；有条件配备专职人员的，不得以兼职人员替代专职人员。兼职人员占全部洗钱风险管理人员的比例不得高于80%；

（2）从制度建设、业务审核、风险评估、系统建设、监测分析、合规制裁、案件管理等角度细分洗钱风险管理岗位（反洗钱岗位）；

（3）洗钱风险管理岗位（反洗钱岗位）职级不得低于法人金融机构其他风险管理岗位职级，不得将洗钱风险管理岗位（反洗钱岗位）简单设置为操作类岗位或外包；

（4）从事监测分析工作的人员配备应当与本机构的可疑交易甄别分析工作量相匹配；

（5）专职人员应当具有三年以上金融行业从业经历，专职人员和兼职人员均应当具备必要的履职能力和职业操守。

不得不说，上述资源配备要求对于大中型商业银行来讲，还有可能实现，并有其现实必要性。但对于规模不大、业务单一、洗钱风险不高的汽车金融公司，是否有必要按照这个标准来配置反洗钱资源，值得商榷。

5. 业务部门承担洗钱风险管理的直接责任

（1）识别、评估、监测本业务条线的洗钱风险，及时向反洗钱管理部门报告；

（2）建立相应的工作机制，将洗钱风险管理要求嵌入产品研发、流程设计、业务管理和具体操作；

（3）开展或配合开展客户身份识别和客户洗钱风险分类管理，采取针对性的风险应对措施；

（4）以业务（含产品、服务）的洗钱风险评估为基础，完善各项业务操作流程；

（5）完整并妥善保存客户身份资料及交易记录；

（6）开展或配合开展交易监测和名单监控，确保名单监控有效性，按照规定对相关资产和账户采取管控措施；

（7）配合反洗钱监管和反洗钱行政调查工作；

（8）开展本业务条线反洗钱工作检查；

（9）开展本业务条线反洗钱宣传和培训；

（10）配合反洗钱管理部门开展其他反洗钱工作。

6. 其他部门的反洗钱职责

（1）内部审计部门负责对反洗钱法律法规和监管要求的执行情况、内部控制制度的有效性和执行情况、洗钱风险管理情况进行独立、客观的审计评价。

（2）人力资源部门负责洗钱风险管理的人力资源保障，结合洗钱风险管理需求，合理配置洗钱风险管理职位、职级和职数，选用符合标准的人员，建立反洗钱绩效考核和奖惩机制，为反洗钱宣导和培训提供支持。

（3）信息科技部门负责反洗钱信息系统及相关系统的开发、日常维护及升级等工作，为洗钱风险管理提供必要的硬件设备和技术支持，根据相关数据安全和保密管理等监管要求，对客户、账户、交易信息及其他相关电子化信息进行保管和处理。

7. 实操要点

在日常的合规管理方面，需要关注以下实操要点，以便在年度自评或相关审计、检查中证明反洗钱管理架构的"组织健全、结构完整、职责明确、相互协调、有效配合"：

（1）以高级别的公司制度文件，明确董事和高级管理层和各部门的反洗钱职责，由于涉及董事会职责，该制度文件应由董事会审议批准，并留存决议备查。为便于说明和展示，可参考图 1 绘制反洗钱管理框架图。

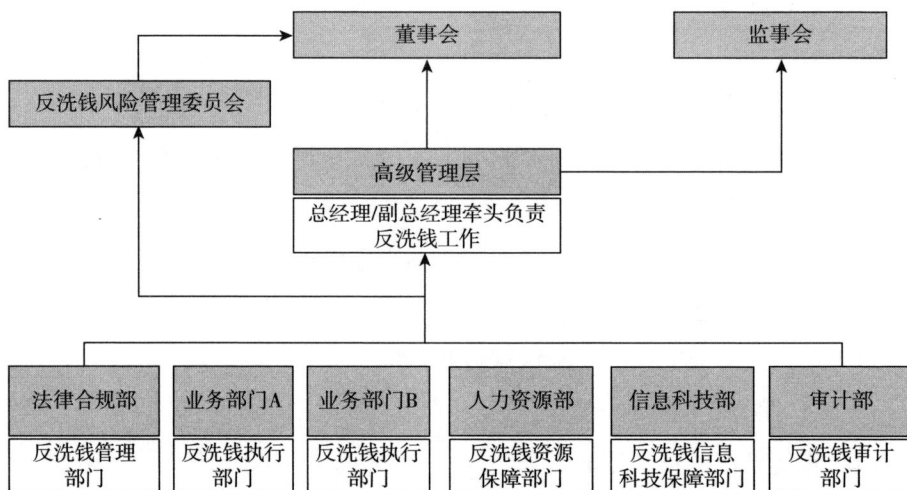

图 1　反洗钱管理框架图

（2）董事会、高级管理层应定期听取公司反洗钱管理情况的汇报，对相关议题进行讨论、决议，作为履职记录备查。频率不宜过低，建议一年至少两次以上。

（3）董事会组成较为复杂的汽车金融公司，建议在董事会下设反洗钱管理委员会，或委托风险管理委员会履行一部分董事会的反洗钱职责。

（4）在公司层面可视需要设反洗钱领导小组，作为公司管理层履行反洗钱职责的平台，协调各部门反洗钱工作，确保跨部门协作机制顺畅，业务部门充分参与反洗钱工作。反洗钱领导小组应包含涉及客户、交易、技术、产品研发和内部监督等主要部门。[①]

（5）通常指定合规部门作为反洗钱管理部门，设反洗钱岗位，在岗位职责文件中，应当有明确的反洗钱管理职责。

（6）业务条线（部门）的反洗钱职责应清晰划分，细化相关岗位的反洗钱职责。例如，有关制度中应明确地描述业务部门（岗位）反洗钱职责，并结合业务实际细化业务条线反洗钱岗位人员的工作职责。反洗钱管理部门的职责中，需要业务部门落地实施的，也应当在相关制度文件中进行明确规定。

（二）风险管理策略

根据《法人金融机构洗钱和恐怖融资风险管理指引（试行）》的要求，金融机构应当制定科学、清晰、可行的洗钱风险管理策略，完善相关制度和工作机制，合理配置、统筹安排人员、资金、系统等反洗钱资源，并定期评估其有效性。洗钱风险管理策略应当根据洗钱风险状况及市场变化及时进行调整。汽车金融公司制定洗钱风险管理策略，需要关注的要点为：

1. 将洗钱风险管理纳入全面风险管理体系

根据银保监会的要求，汽车金融公司需要建立全面风险管理体系，采取定性和定量相结合的方法，识别、计量、评估、监测、报告、控制或缓释所承担的各类风险。将洗钱风险管理纳入全面风险管理体系，是指应当在建设全面风险管理文化、制定全面风险管理策略、制定全面风险管理政策和程序时统筹考虑洗钱风险管理，将洗钱风险纳入全面风险管理体系。

---

① 《法人金融机构反洗钱分类评级管理办法（试行）》附件1《法人金融机构反洗钱分类评级标准》。

洗钱风险管理策略应当与其全面风险管理策略相适应，具体包括：

（1）将反洗钱和反恐怖融资要求嵌入合规管理、内部控制制度，确保洗钱和恐怖融资风险管理体系能够全面覆盖各项产品及服务；①

（2）洗钱风险与市场风险、操作风险、信用风险等其他风险统筹考虑，实现信息与管理措施的共通、共享，避免因为职责划分而割裂上述风险的统筹管控；②

（3）洗钱风险管理政策与其他风险控制政策相比，不应该存在明显弱化现象；洗钱风险控制体系与其他风险控制体系相比，不应该存在机制性差异，不能因此导致洗钱风险管控不力。③

2. 按照风险为本的方法制定洗钱风险管理策略

"风险为本"（risk – based approach，"RBA"）是反洗钱风险管理的一个方法论。简单来说，风险为本的含义是金融机构需要合理分配反洗钱和反恐怖融资风险管理资源：当识别出的风险较高时，应保证有足够的资源来管理和缓释这些较高风险；当识别出的风险较低时，应允许采取简化的风险管理方法。

与"风险为本"对应的是"规则为本"的方法论，规则为本的反洗钱监管方式是反洗钱处于起步阶段比较通行的监管模式。其工作重心主要表现在三个方面：制定规则和各种规定；监督检查各类金融机构执行规定的合规性；将不合规处罚作为一种日常机制和主要监管方法。规则为本的监管实际上是一个制定规范—检查执行—调整规范—再检查执行的过程。但是近年来，随着洗钱手段的日益丰富和复杂，各国监管发现简单的制定规则要求金融机构遵守，金融机构花费大量资源在"形式合规"上，并不能有效遏制和预防洗钱风险。优化原有规则为本的反洗钱方法论的需求随之

---

① 《银行业金融机构反洗钱和反恐怖融资管理办法》（银保监会令〔2019〕1号）第六条。

② 《法人金融机构反洗钱分类评级管理办法（试行）》附件1《法人金融机构反洗钱分类评级标准》。

③ 同上。

诞生，风险为本的反洗钱方法论由沃尔夫斯堡集团在 2006 年首次倡议，之后 FATF 在 2012 年发布《风险为本的反洗钱及反恐怖融资方法指引：高级原则和程序》，将风险为本的理念引入反洗钱工作，并将此列为《新 40 条建议》的第一条"评估风险及适用风险为本方法"。

之后，"风险为本"的方法论成为各国金融监管普遍采取的管理原则，中国也不例外。在人民银行、银保监会发布的一系列反洗钱规定，如 2014 年《金融机构反洗钱监督管理办法（试行）》、2018 年《法人金融机构洗钱和恐怖融资风险管理指引（试行）》，都在序言或总则部分强调"风险为本"的方法。2021 年《反洗钱法》修订草案，在第 19、27、29 条等条款中，将风险为本的反洗钱监管原则，上升到法律的高度。根据相关监管规定，汽车金融公司适用"风险为本"的洗钱风险管理方法论，主要关注点为：

（1）定期对本公司的洗钱风险、管控有效性以及剩余风险进行识别和评估；

（2）在采用新技术、开办新业务或者提供新产品、新服务前，或者其面临的洗钱或者恐怖融资风险发生显著变化时，应当进行洗钱和恐怖融资风险评估；

（3）针对识别的较高风险情形，应当采取强化措施，管理和降低风险；

（4）针对识别的较低风险情形，可以采取简化措施；

（5）超出金融机构风险控制能力的，不得与客户建立业务关系或进行交易；已经建立业务关系的，应当中止交易并考虑提交可疑交易报告，必要时终止业务关系。

不过需要说明的是，目前反洗钱监管的趋势仍是从严、从重，人民银行、银保监会并未对较低风险适用简化措施的情形给出比较权威的适用指南，因此在某种意义上，"简化措施"在现阶段还是一项沉睡的制度。汽车金融公司在适用简化措施时，需要十分慎重，以免因为评估不准确，发生洗钱风险事件。

3. 积极开展普惠金融工作，根据本机构业务实际、客户的群体属性、洗钱风险评估结果和监管部门的要求，在有效管理洗钱风险的基础上，采取合理的客户身份识别措施，为社会不同群体提供差异化、有针对性的金融服务。

（三）政策和程序

根据《法人金融机构洗钱和恐怖融资风险管理指引（试行）》的要求，汽车金融公司应当制定的洗钱风险管理政策和程序，主要包括五大方面：反洗钱内部控制制度（含流程、操作指引）；洗钱风险管理的方法；应急计划；反洗钱措施；信息保密和信息共享。

1. 反洗钱内部控制制度

反洗钱内部控制制度是对汽车金融公司制定的所有与反洗钱合规管理有关的制度总称，监管对内部控制制度的要求主要是：

全面性：反洗钱内部控制制度应当全面覆盖反洗钱法律法规和监管要求，并与本机构业务实际相适应，包括洗钱风险评估、应急计划、反洗钱措施、信息保密和共享在内的政策和程序，都需要制定相应的内部控制制度。

规范性：反洗钱内部控制制度应当统一管理，规范制度制定和审批程序，明确发文种类、层级和对象。公司层面要有政策类制度，明确反洗钱工作的原则、职责；具体反洗钱措施要有相应的办法类制度，明确措施的执行要求和具体分工；业务操作要有操作类细则，指导相关岗位执行反洗钱措施。

有效性：在反洗钱法律法规、监管要求或业务发展情况发生变化时，应当及时更新反洗钱内部控制制度。一般来讲，考虑到金融机构反洗钱评级时，会要求提供反洗钱内部控制制度根据新规更新的情况，因此当年的反洗钱新规，最好在当年完成内部制度的更新修订，最晚不要超过 6 个月，否则会被认为内部控制制度有效性存在问题。

2. 洗钱风险管理的方法

这里的洗钱风险管理的方法，主要是指建立在以风险为本原则基础上的洗钱风险识别评估与报告，具体要求为：

（1）在广泛收集信息的基础上，采取定性与定量分析相结合的方法，建立洗钱风险评估指标体系和模型对洗钱风险进行识别和评估；

（2）应当根据本机构实际和国家或区域洗钱风险评估需要，合理确定定期开展全系统洗钱风险评估的时间、周期或频率；

（3）评估结果的运用包括但不限于以下方面：调整经营策略、发布风险提示、完善制度流程、增加资源投入、加强账户管理和交易监测、强化名单监控、严格内部检查和审计等；

（4）应当确保洗钱风险评估的流程具有可稽核性或可追溯性，并对洗钱风险评估的流程和方法进行定期审查和调整；

（5）可以在充分论证可行性的基础上委托独立第三方开展风险评估；

（6）建立内部不同层次的洗钱风险报告制度；各业务条线、业务部门应当及时向反洗钱管理部门报告洗钱风险情况，包括风险调整变动情况、风险评估结果等；反洗钱管理部门应当及时向董事会和高级管理层报告洗钱风险情况，包括洗钱风险管理策略、政策、程序、风险评估制度、风险控制措施的制定和执行情况以及洗钱风险事件等。

3. 应急计划

应急计划应当确保能够及时应对和处理重大洗钱风险事件、境内外有关反洗钱监管措施、重大洗钱负面新闻报道等紧急、危机情况，做好舆情监测，避免引发声誉风险。应急计划应当说明可能出现的重大风险情况及应当采取的措施。

4. 反洗钱措施

包括客户身份识别、客户身份资料和交易记录保存、大额交易和可疑交易报告等措施，具体要求将在本章后半部分详细阐述。

5. 信息保密和信息共享

反洗钱信息不可避免地会涉及客户的个人隐私、金融交易记录、住所地等信息，并且人民银行、公安机关对于金融机构报送的反洗钱可疑交易报告，也需要在保密的状态下进行侦查。但另一方面，反洗钱合规管理又需要与其他风险控制措施进行统筹，才能发挥真正的管理效应。因此监管规定要求，汽车金融公司应当建立内部信息共享制度和程序，根据信息敏感度及其与洗钱风险管理的相关性确定信息共享的范围和程度，制定适当的信息共享机制，明确信息安全和保密要求，建立健全信息共享保障措施，确保信息的及时、准确、完整传递。

（四）信息系统和数据治理

1. 信息系统

由于金融机构客户和交易量巨大，反洗钱法规又对履行反洗钱义务的时效有严格的要求，通过手工来完成可疑交易识别、黑名单检索几乎没有可能。因此《法人金融机构洗钱和恐怖融资风险管理指引（试行）》要求金融机构应当建立完善以客户为单位，覆盖所有业务（含产品、服务）和客户的反洗钱信息系统，及时、准确、完整地采集和记录洗钱风险管理所需信息，对洗钱风险进行识别、评估、监测和报告，并根据洗钱风险管理需要持续优化升级系统。对于汽车金融公司来讲，反洗钱系统至少能够实现以下主要功能：

（1）支持洗钱风险评估，包括业务洗钱风险评估和客户洗钱风险分类管理；

（2）支持客户身份识别、客户身份资料及交易记录等反洗钱信息的登记、保存、查询和使用；

（3）支持反洗钱交易监测和分析；

（4）支持可疑交易报告；

（5）支持名单实时监控和回溯性调查；

（6）支持反洗钱监管和反洗钱调查。

2. 数据治理

反洗钱系统执行上述功能，需要从各汽车金融公司各业务系统抓取包括客户身份信息、交易信息、凭证影像在内的各种数据。实践中，这些数据可能被存储在不同系统，由不同部门管理，也有可能由于历史沿革、系统渊源、业务背景、流程割裂等多种因素，而造成的存量数据结构缺失、字段值不规范、字段之间存在信息互斥或重叠等现象。因此《法人金融机构洗钱和恐怖融资风险管理指引（试行）》要求金融机构应当加强数据治理，建立健全数据质量控制机制，积累真实、准确、连续、完整的内外部数据，用于洗钱风险识别、评估、监测和报告。反洗钱数据的存储和使用应当符合数据安全标准、满足保密管理要求。

3. 实操关注点

（1）建立"唯一主键"的概念。无论是可疑交易监测报送、还是黑名单筛查，都强调"以客户为单位"，因此在开发反洗钱系统和数据治理时，需要有唯一主键概念，例如个人身份证、企业统一社会信用代码证号码，或者机构内部统一的客户编号，反洗钱系统数据库才能通过这些唯一主键将不同系统、业务、条线之间的信息予以关联。

（2）从满足监管的数据要求出发。对于反洗钱案例报送和现场检查，人民银行均制定了相应的数据接口规范，对数据字段进行了明确的定义和规范性要求。因此，在进行反洗钱数据治理时，应当从数据的"采集"阶段就明确每个数据字段的采集口径和存储标准，并要确定其结果值的唯一性、后续不可篡改性。

（3）关注反洗钱基础数据的全面性、有效性。反洗钱系统数据应当覆盖汽车金融公司所有客户和交易，不能因为交易系统、管理部门的割裂，而存在反洗钱系统的盲区，也要避免系统之间数据不一致，导致数据无效的情况。例如客户的住址信息，可能在贷前、贷中、贷后系统，甚至诉讼系统中均有收集，反洗钱系统应当全面收集，并判断客户真实有效的住址信息。

（4）充分利用市场上较为成熟的技术手段和系统供应商。近年来，反洗钱的技术手段不断迭代，出现了很多基于关联图谱、机器学习等先进技术的反洗钱系统功能及相应的系统供应商。

三、检查及审计

根据《法人金融机构洗钱和恐怖融资风险管理指引（试行）》和《金融机构反洗钱和反恐怖融资监督管理办法》的规定，汽车金融公司应当开展反洗钱检查和审计工作，具体要点如下：

1. 反洗钱检查可以分为反洗钱管理部门开展的合规检查和业务部门自行开展的自查。反洗钱检查应当定期或不定期开展，对检查结果进行分析，对发现的问题进行积极整改。检查结果要与业务部门的绩效考核和管理授权挂钩。

2. 应当建立反洗钱审计机制，通过内部审计或者独立审计等方式，审查反洗钱和反恐怖融资内部控制制度制定和执行情况。一般来说，汽车金融公司每年至少开展一次反洗钱审计。

3. 审计报告应当向董事会或者其授权的专门委员会提交，部分地方人民银行分支行可能会要求汽车金融公司提交反洗钱检查或审计报告，需予以关注。

四、考核及奖惩

根据《法人金融机构洗钱和恐怖融资风险管理指引（试行）》规定，汽车金融公司应将反洗钱工作评价纳入绩效考核体系，并建立反洗钱奖惩机制，具体要点如下：

1. 考核对象包括董事、监事、高级管理人员、洗钱风险管理人员，以及相关业务部门。对于董监高，需要在专门的履职考核评价中体现反洗钱方面的指标。对于后两者，一般纳入公司的部门绩效考核指标和岗位考核指标。

2. 奖励的对象至少应当包括对于发现重大可疑交易线索，或防范、遏止相关犯罪行为的员工，奖励的方式可以是给予物资奖励或表扬。

3. 惩罚的对象，至少应当包括未有效履行反洗钱职责、受到反洗钱监管处罚、涉及洗钱犯罪的员工，一般需要根据公司员工违规行为处罚或内部追责相关制度，进行责任追究。

第二节　客户身份识别及资料记录保存

一、客户身份识别

客户身份识别又称"了解你的客户"（Know You Customer，KYC），是指金融机构应依据法律法规及相关授权，对客户及其实际控制人或法规要求的主体，在开立账户或发生业务往来时，进行真实身份、交易背景、交易目的和交易实际受益人等信息核查、鉴别，并采取管控措施的行为。可以看到，KYC 不仅仅是对客户"身份"的核实，因此很多文件中也将客户身份识别称为"客户尽职调查"（Customer Due Diligence，CDD）。2022 年 1 月，人民银行、银保监会、证监会联合发布《金融机构客户尽职调查和客户身份资料及交易记录保存管理办法》（中国人民银行　中国银行保险监督管理委员会　中国证券监督管理委员会令〔2022〕第 1 号），2007 年《金融机构客户身份识别和客户身份资料及交易记录保存管理办法》同时废止。但 2022 年 2 月 21 日，人民银行公告新《办法》暂缓执行，相关业务仍按原规定办理。截至本书终稿前，新《办法》尚未生效。因此，本书仍以 2007 年《办法》为基础进行讨论，同时对部分新《办法》的重要修订另行说明。

在实践操作中，客户身份识别可以分为建立业务关系时的初次识别、持续识别和重新识别三个环节，具体介绍如下。

（一）初次识别

1. 识别的时机

根据相关法规的规定，金融机构原则上应当在以开立账户等方式与客户建立业务关系或办理规定金额以上的一次性金融服务之前，完成客户及其受益所有人的身份核实工作。为不影响正常交易，可以在建立业务关系后完成对客户的身份核实，但应当建立相应的风险管理机制和程序，确保客户洗钱和恐怖融资风险可控。在未完成客户身份核实工作前，对客户要求办理的业务实施有效的风险管理措施，如限制交易数量、类型或金额，加强交易监测等。

对于汽车金融公司而言，由于主营业务为汽车贷款，基本不会涉及账户开立、现金汇款或兑换、票据兑付等交易场景，因此一般会在贷款调查阶段完成客户身份识别。

2. 识别事项

根据《金融机构客户身份识别和客户身份资料及交易记录保存管理办法》的规定，金融机构识别客户身份，应当了解实际控制客户的自然人和交易的实际受益人，核对客户的有效身份证件或者其他身份证明文件，登记客户身份基本信息，并留存有效身份证件或者其他身份证明文件的复印件或者影印件。具体而言，需要登记的客户身份基本信息如下：

自然人客户包括客户的姓名、性别、国籍、职业、住所地或者工作单位地址、联系方式，身份证件或者身份证明文件的种类、号码和有效期限，一般统称为"九要素"。客户的住所地与经常居住地不一致的，登记客户的经常居住地。

法人、其他组织和个体工商户客户的"身份基本信息"包括客户的名称、住所、经营范围、组织机构代码、税务登记证号码；可证明该客户依法设立或者可依法开展经营、社会活动的执照、证件或者文件的名称、号码和有效期限；控股股东或者实际控制人、法定代表人、负责人和授权办理业务人员的姓名、身份证件或者身份证明文件的种类、号码、有效期限。

需要注意的是，汽车金融公司还需要对此类客户进行"受益所有人"的判断并纳入反洗钱考量，本章后续会对该项管理进行详细介绍。同时，并非所有非自然人客户都要收集上述全部信息，如对政府机关、事业单位客户，不要求登记"控股股东或者实际控制人"。

3. 识别手段

根据《金融机构客户身份识别和客户身份资料及交易记录保存管理办法》规定，汽车金融公司主要的客户身份识别手段是核对有效身份证件或者其他身份证明文件。2022年新《办法》进一步扩展了客户尽职调查的手段，包括：

（1）通过公安、市场监督管理、民政、税务、移民管理等部门或者其他政府公开渠道获取的信息核实客户身份；

（2）通过外国政府机构、国际组织等官方认证的信息核实客户身份；

（3）客户补充其他身份资料或者证明材料；

（4）中国人民银行认可的其他信息来源。

对于自然人的核查，如果按照法律、行政法规、部门规章的规定需核实相关自然人的第二代居民身份证的，汽车金融公司应当通过中国人民银行建立的联网核查公民身份信息系统进行核查。

（二）持续识别

在与客户的业务关系存续期间，汽车金融公司应当采取持续的客户身份识别措施，关注客户及其日常经营活动、金融交易情况，及时提示客户更新资料信息，及时更新客户身份证明文件、数据信息和资料，确保当前进行的交易符合汽车金融公司对客户及其业务、风险状况、资金来源等方面的认识。在持续识别中，汽车金融公司需关注的要点如下：

1. 应当根据客户的风险等级，定期审核保存的客户基本信息，对风险等级较高客户或者账户的审核应严于对风险等级较低客户或者账户的审核。高风险客户应了解其资金来源、资金用途、经济状况或者经营状况等信息,加强对其金融交易活动的监测分析。对风险等级最高的客户,2007年原《办法》中要求至少每半年进行一次审核,但在2022年新《办法》中放宽为至少每年进行一次审核。

2. 客户先前提交的身份证件或者身份证明文件已过有效期的,客户没有在合理期限内更新且没有提出合理理由的,应中止为客户办理业务。

汽车金融公司的贷款期限,一般在1~3年,因此在实际操作中,往往会遇到贷款还款期内,客户身份证件到期需要更新的情况。根据笔者的经验,汽车金融公司通过电话、短信等方式,向客户提出更新证件的要求后,客户的响应度较低。而这个时候,不像银行、支付机构可以通过限制账户功能的方式,"请"客户配合,客户与汽车金融公司的业务关系,仅限于定期还款,如果中止办理还款业务或宣布贷款提前到期,可能引发信用风险。因此,现实中对于身份证件到期的,汽车金融公司应当尽到充分的提示和要求,给予客户便捷的信息更新渠道,但对于不配合的客户,需要调高其风险等级,很难中止办理业务,最多做到不接受新的贷款申请。

3. 客户为外国政要的,应采取合理措施了解其资金来源和用途。

(三) 重新识别

出现以下情况时,汽车金融公司应当重新识别客户:

1. 客户要求变更姓名或者名称、身份证件或者身份证明文件种类、身份证件号码、注册资本、经营范围、法定代表人或者负责人的。

2. 客户行为或者交易情况出现异常迹象。

3. 客户姓名或者名称与国务院有关部门、机构和司法机关依法要求金融机构协查或者关注的犯罪嫌疑人、洗钱和恐怖融资分子的姓名或者名称相同的。

4. 客户有洗钱、恐怖融资活动嫌疑的。

5. 金融机构获得的客户信息与先前已经掌握的相关信息存在不一致或者相互矛盾的。

6. 先前获得的客户身份资料的真实性、有效性、完整性存在疑点的。

7. 金融机构认为应重新识别客户身份的其他情形。

在与非自然人客户业务关系存续期间，义务机构重新识别客户身份的，应当同时开展受益所有人身份识别工作，确保受益所有人信息完整性、准确性和时效性。

（四）受益所有人识别

受益所有人（Beneficial Owner），是随着国际反洗钱行动逐步深入而发展起来的一个概念。相较于自然人客户，非自然人客户的组织结构更为复杂，容易隐藏犯罪。特别是在允许发行不记名股票或不记名股权凭证，以及允许名义股东和名义董事存在的国家或地区，法人或者信托等架构容易被洗钱和恐怖融资活动等非法活动利用。银行在与非自然人客户建立业务关系前，若能对其股权结构做到详细的尽职调查，并准确识别最后受益人，将有利于在事前预防洗钱等犯罪活动。

1. 制度依据

根据 FATF 在 2012 年《新四十条建议》中的定义，受益所有人是指最终拥有或控制某个客户的一个或多个自然人，以及代表其交易的自然人。在国内，早在 2007 年《反洗钱法》和《金融机构客户身份识别和客户身份资料及交易记录保存管理办法》就要求金融机构了解"实际控制客户的自然人和交易的实际受益人"，但由于相关判定标准、识别措施不是很明确，造成金融机构的实际执行情况并不乐观。虽然反洗钱相关法规在 2007 年就提出识别"受益所有人"的要求，但由于"受益所有人"的判定标准、识别措施不是很明确，造成反洗钱义务主体的实际执行情况并不乐观。

2016 年 FATF 开始对我国开展反洗钱第四轮互评估工作、人民银行相继出台的《关于加强反洗钱客户身份识别有关工作的通知》（银发〔2017〕

235 号）、《关于进一步做好受益所有人身份识别工作有关问题的通知》
（银发〔2018〕164 号），进一步完善了受益所有人识别制度。

2. 识别标准

对于受益所有人识别，上述两个通知给出了分主体性质、逐层深入的
方法论和标准，具体如表 1 所示。

表 1　　　　　　　　　　受益所有人识别标准

主体	第一层次	第二层次	第三层次
公司	直接或者间接拥有超过 25% 公司股权或者表决权的自然人	单独或者联合对法人或者非法人组织进行实际控制的自然人。2022 年新《办法》对"控制"的判断进行了举例说明，包括但不限于通过协议约定、亲属关系等方式实施控制，如决定董事或者高级管理人员的任免，决定重大经营、管理决策的制定或者执行，决定财务收支，长期实际支配使用重要资产或者主要资金等	公司的高级管理人员
合伙企业	拥有超过 25% 合伙权益的自然人	参照公司受益所有人标准判定合伙企业的受益所有人	至少应当将合伙企业的普通合伙人或者合伙事务执行人判定为受益所有人
基金	拥有超过 25% 权益份额或者其他对基金进行控制的自然人	基金经理或者直接操作管理基金的自然人	
信托	对信托实施最终有效控制、最终享有信托权益的自然人，包括但不限于信托的委托人、受托人、受益人	委托人、受托人、受益人为非自然人的，应当逐层深入，追溯到对信托实施最终有效控制、最终享有信托权益的自然人，并将其判定为受益所有人	设立信托时或者信托存续期间，受益人为符合一定条件的不特定自然人的，可以在受益人确定后，再将受益人判定为受益所有人

主体	第一层次	第二层次	第三层次
个体工商户、个人独资企业、不具备法人资格的专业服务机构 经营农林牧渔产业的非公司制农民专业合作组织 受政府控制的企事业单位	在充分评估下述非自然人客户风险状况基础上，可以将其法定代表人或者实际控制人视同为受益所有人		

需要说明的是，上述三个层次是递进的关系，需要在无法根据上一个层级标准识别受益所有人的情况下，才能使用下一个层次的标准。

3. 识别方式

汽车金融公司可以用以下方式核实受益所有人身份：

（1）查询政府主管部门、非自然人客户以及有关自然人依法应当提供、披露的法定信息、数据或者资料，这是义务机构开展受益所有人身份识别工作的重要基础。上述法定信息、数据或者资料可以独立作为识别、核实受益所有人身份的证明材料。

（2）询问非自然人客户、要求非自然人客户提供证明材料、收集权威媒体报道、委托商业机构调查等方式，但这些方式获得的信息，只能作为识别、核实受益所有人身份的辅助手段，获取的非法定信息、数据或者资料不得独立作为识别、核实受益所有人身份的证明材料。

4. 强化、简化或豁免的识别措施

根据中国人民银行《关于进一步做好受益所有人身份识别有关工作的通知》（银发〔2018〕164号）要求，汽车金融公司应当根据洗钱和恐怖融资风险，在受益所有人身份识别工作中分别采取强化、简化或者豁免等措施，建立或者维持与本机构风险管理能力相适应的业务关系，具体如下：

（1）强化1：受益所有人涉及外国政要的，汽车金融公司与非自然人客户建立或者维持业务关系前应当经高级管理层批准或者授权，进一步深入了解客户财产和资金来源，并在业务关系存续期间提高交易监测分析的频率和强度。

（2）强化2：外国政要、国际组织高级管理人员等特定自然人既包括外国政要、国际组织高级管理人员，也包括其父母、配偶、子女等近亲属，以及汽车金融公司知道或者应当知道的通过工作、生活等产生共同利益关系的其他自然人。

（3）强化3：非自然人客户的股权或者控制权结构异常复杂，存在多层嵌套、交叉持股、关联交易、循环出资、家族控制等复杂关系的，受益所有人来自洗钱和恐怖融资高风险国家或者地区等情形，或者受益所有人信息不完整或无法完成核实的，汽车金融公司应当综合考虑成本收益、合规控制、风险管理、国别制裁等因素，决定是否与其建立或者维持业务关系，决定与上述非自然人客户建立或者维持业务关系的，汽车金融公司应当采取调高客户风险等级、加强资金交易监测分析、获取高级管理层批准等严格的风险管理措施，无法进行受益所有人身份识别工作，或者经评估超过本机构风险管理能力的，不得与其建立或者维持业务关系，并应当考虑提交可疑交易报告。

（4）简化：在洗钱与恐怖融资风险得到有效管理的前提下，例如非自然人客户为股权结构或者控制权简单的公司，为避免妨碍或者影响正常交易，汽车金融公司可以在与非自然人客户建立业务关系后，尽快完成受益所有人身份识别工作。

汽车金融公司应当按照中国人民银行《关于加强反洗钱客户身份识别有关工作的通知》（银发〔2017〕235号）相关规定，以及2022年新《办法》明确的国家洗钱风险评估报告、中国人民银行发布的反洗钱、反恐怖融资以及账户管理相关规定及指引、风险提示、洗钱类型分析报告和风险评估报告等依据，严格判断非自然人客户是否属于简化或者豁免受益所有人识别的范畴。无法做出准确判断的，不得简化或者豁免受益所有人识别；非自然人客户出现高风险情形的，不得简化或者豁免受益所有人识别。

（5）豁免：各级党政机关、国家权力机关、行政机关、司法机关、军事机关、人民政协机关和人民解放军、武警部队、参照公务员法管理的事业单位；政府间国际组织、外国政府驻华使领馆及办事处等机构及组织，对于这些主体，可以豁免识别受益所有人。

5. 管理要求

汽车金融公司应当登记客户受益所有人的姓名、地址、身份证件或者身份证明文件的种类、号码和有效期限，并在识别过程中，了解、收集并妥善保存以下信息和资料：

（1）非自然人客户股权或者控制权的相关信息。其主要包括：注册证书、存续证明文件、合伙协议、信托协议、备忘录、公司章程以及其他可以验证客户身份的文件。

（2）非自然人客户股东或者董事会成员登记信息。其主要包括：董事会、高级管理层和股东名单、各股东持股数量以及持股类型（包括相关的投票权类型）等。

受益所有人身份识别工作应当与客户分类管理、交易监测分析、反洗钱名单监控等工作的衔接。开展受益所有人身份识别工作发现股权或者控制权复杂等高风险情形的，应当及时主动调整客户洗钱风险等级，提高交易监测分析的频率和强度。发现或者有合理理由怀疑受益所有人与恐怖活动组织及恐怖活动人员名单相关的，应当按规定提交可疑交易报告。

（五）其他识别要求

1. 政治公众人物

政治公众人物（Politically Exposed Persons，PEPs），根据 FATF 的定义，是指正在或曾经担任或履行重要公职的人，包括现任或曾担任政府中行政、立法、军队、司法部门的高级官员（无论该政府是民选与否）；主要政党的高级官员；政府所有的商业实体的高级管理人员；国际组织的高级官员；上述自然人的直系亲属（如配偶、父母、兄弟姐妹、子女、配偶的父母及兄弟姐妹）；为公众所知或者金融机构实际知道、与政要个人关系或工作关系密切的自然人。

政治公众人物由于他们的地位和潜在影响力，可能涉及一些潜在的风险活动，如滥用职权，从事非法活动或不道德交易。因此要求采取预防措施，有效阻止政治公众人物滥用金融系统进行非法活动。

根据人民银行相关规定，汽车金融公司应对外国政要、国际组织的高级管理人员，或者最终受益人为外国政要、国际组织的高级管理人员的非自然人客户，采取以下识别和管理措施：

（1）建立适当的风险管理系统，以确定客户或受益所有人是否为政要；

（2）获得高级管理层的批准方可建立（或维持现有）业务关系；

（3）采取合理措施确定其财产和资金来源；

（4）对业务关系进行强化的持续监测；

（5）为外国政要、国际组织的高级管理人员提供服务或者办理业务出现较高风险时，应当采取（2）至（4）项所列强化的客户身份识别措施。

2. 代理人识别

由他人代理办理业务的，汽车金融公司应采取合理方式确认代理关系的存在，在对被代理人采取客户身份识别措施时，应当同时核对代理人的有效身份证件或者身份证明文件，登记代理人的姓名或者名称、联系方式、身份证件或者身份证明文件的种类、号码。

无论是对公客户，还是对私客户，都应按照《金融机构客户身份识别和客户身份资料及交易记录保存管理办法》第二十条的规定履行相关客户身份识别义务，登记所要求的信息。如代理方本身为单位，还应同时登记业务办理人信息。如果对公客户的业务经办人员信息未登记的，汽车金融公司应在登记业务经办人员身份信息后，再办理相关业务。2022 年新《办法》还要求留存代理人有效身份证件或者其他身份证明文件的复印件或者影印件。

3. 委托第三方识别

汽车金融公司可以委托第三方开展客户身份识别，但要注意受委托的第三方应满足以下要求：

（1）能够证明第三方按反洗钱相关要求，采取了客户身份识别和身份资料保存的必要措施。

（2）第三方为汽车金融公司提供客户信息，不存在法律制度、技术等方面的障碍。

（3）汽车金融公司在办理业务时，能立即获得第三方提供的客户信息，还可在必要时从第三方获得客户的有效身份证件、身份证明文件的原件、复印件或者影印件。

（4）委托第三方代为履行识别客户身份的，汽车金融公司应当承担未履行客户身份识别义务的责任。

2022 年新《办法》还要求确保第三方接受反洗钱和反恐怖融资监管或者监测。同时汽车金融公司应当评估第三方的风险状况及其履行反洗钱和反恐怖融资义务的能力，并确保第三方根据反洗钱和反恐怖融资法律法规的有关要求采取客户尽职调查、客户身份资料及交易记录保存措施；第三方具有较高风险情形或者不具备履行反洗钱和反恐怖融资义务能力的，汽车金融公司不得通过第三方识别客户身份。

如果汽车金融公司委托境外第三方机构开展客户身份识别，还应该满足以下要求：

（1）应当充分评估该机构所在国家或者地区的风险状况，并将其作为对客户身份识别、风险评估和分类管理的基础。

（2）当汽车金融公司与委托的境外第三方机构属于同一金融集团，且集团层面采取的客户身份识别等反洗钱内部控制措施能有效降低境外国家或者地区的风险水平，则义务机构可以不将境外的风险状况纳入对客户身份识别、风险评估和分类管理的范畴。

（3）不得依托来自高风险国家或地区的第三方机构开展客户身份识别工作。

二、客户洗钱风险等级划分

客户洗钱风险等级划分工作，是指金融机构通过收集、分析客户性质、职业、所在区域、涉及的金融服务等信息要素，对其洗钱风险的高低做出等级划分，并根据等级划分的结果配置相应的反洗钱管理资源、采取不同的管控措施。

2013 年，为深入实践风险为本的反洗钱方法，指导金融机构评估洗钱和恐怖融资风险，合理确定客户洗钱风险等级，提升反洗钱和反恐怖融资工作有效性，人民银行制定了《金融机构洗钱和恐怖融资风险评估及客户分类管理指引》（以下简称"2013 年《指引》"），确定了客户洗钱风险等级划分工作的基本要求。本书主要从客户洗钱风险等级划分指标体系、使用方法和管理流程、分类管控措施四方面进行介绍。

（一）指标体系

根据 2013 年《指引》规定，洗钱风险评估指标体系包括客户特性、地域、业务（含金融产品、金融服务）、行业（含职业）四类基本要素。金融机构应结合行业特点、业务类型、经营规模、客户范围等实际情况，分解出某一基本要素所蕴含的风险子项。

1. 客户特性维度，是指客户背景、社会经济活动特点、声誉、权威媒体披露信息以及非自然人客户的组织架构等各方面情况。在该维度下，汽车金融公司需要考虑包括客户信息的公开程度、与客户建立或维持业务关系的渠道（如电子渠道或面对面柜台渠道）、客户所持身份证件或身份证明文件的种类、反洗钱交易监测记录、非自然人客户的股权或控制权结构、涉及客户的风险提示信息或权威媒体报道信息、自然人客户年龄、非自然人客户的存续时间等 8 个风险子项。

2. 地域维度，是指客户及其实际受益人、实际控制人的国籍、注册地、住所、经营所在地与洗钱及其他犯罪活动的关联度，以及客户主要交易对手方及境外参与交易金融机构的地域风险传导问题。该维度项下包括某国（地区）受反洗钱监控或制裁的情况、对某国（地区）进行反洗钱风险提示的情况、国家（地区）的上游犯罪状况、特殊的金融监管风险 4 个风险子项。同时，对于其住所、注册地、经营所在地与本金融机构经营所在地相距很远的客户，汽车金融公司应考虑酌情提高其风险评级。

3. 业务（含金融产品、金融服务）维度，是指客户所使用的金融产品或服务是否属于洗钱高风险业务。该维度项下包括与现金的关联程度、非面对面交易、跨境交易、代理交易、特殊业务的交易频率 5 个风险子项。

4. 行业（含职业）维度，是指评估客户行业、身份与洗钱、职务犯罪等的关联性，合理预测某些行业客户的经济状况、金融交易需求，酌情考虑某些职业技能被不法分子用于洗钱的可能性。该维度项下包括 3 个风险子项：公认具有较高风险的行业（职业）、与特定洗钱风险的关联度（如客户的亲属属于外国政要）、行业现金密集程度（如客户从事废品收购、艺术品收藏等现金密集型行业）。

汽车金融公司经评估后可以决定不遵循上述指标体系或某一项要求，也可以根据实际需要，合理增加新的风险评估指标。汽车金融公司适用的风险等级划分指标体系应向人民银行报备。

（二）使用方法

根据 2013 年《指引》，汽车金融公司使用风险等级划分指标体系，需要遵循以下三个步骤：

1. 对每一基本要素及其风险子项进行权重赋值，各项权重均大于 0，

235

总和等于100。对于风险控制效果影响力越大的基本要素及其风险子项，赋值相应越高。对于经评估后决定不采纳的风险子项，无须赋值。

2013 年《指引》特别提示，每个金融机构需结合自身情况，合理确定个性化的权重赋值，不能简单套用和照搬。因为同一基本要素或风险子项所概括的风险事件，在不同的细分金融领域内有可能导致不同的危害性后果发生。即使是处于同一细分金融领域内的不同金融机构，也可能因为客户来源、销售渠道、经营规模、合规文化等方面的原因而面临不同的风险状况，从而对同一风险事件的风险程度作出不同的判断。

2. 逐一对照每个风险子项进行评估。例如，金融机构采用五级分类法时，最高风险评分为 5，较高风险评分为 4，一般风险评分为 3，较低风险评分为 2，最低风险评分为 1。

汽车金融公司应根据各风险子项评分及权重赋值计算客户风险等级总分，计算公式为：

$$\sum_{i=1}^{n} \frac{a_i p_i}{m}$$

其中，a 代表风险子项评分，p 代表权重，m 代表金融机构所选取的风险分级数（例如三级分类、五级分类等），n 代表风险子项数量。客户风险等级总分最高 100 分。

3. 建立客户风险等级总分（区间）与风险等级之间的映射规则，以确定每个客户具体的风险评级，引导资源配置。风险评级不得少于三级，建议汽车金融公司按照五级进行风险划分，即最高风险、较高风险、一般风险（或中等风险）、较低风险、最低风险。

4. 例外情形。对于风险程度显著较低且预估能够有效控制其风险的客户，金融机构可自行决定不按上述风险要素及其子项评定风险，直接将其定级为低风险，但要注意此类客户不应具有 2013 年《指引》第四条第（一）项规定的任何一种情形，如客户为非居民，或者使用了境外发放的身份证件或身份证明文件；拒绝配合客户尽职调查工作等。

对于具有下列情形之一的客户，金融机构可直接将其风险等级确定为最高，而无须逐一对照上述风险要素及其子项进行评级：

（1）客户被列入我国发布或承认的应实施反洗钱监控措施的名单；

（2）客户为外国政要或其亲属、关系密切人；

（3）客户实际控制人或实际受益人属前两项所述人员；

（4）客户多次涉及可疑交易报告；

（5）客户拒绝金融机构依法开展的客户尽职调查工作；

（6）金融机构制定的其他可直接认定为高风险客户的标准。

本书附件六列举了信贷客户的洗钱风险等级划分标准和权重分配示例，供读者参考。

（三）管理流程

1. 划分时机

客户洗钱风险等级划分并不是一次性工作，根据 2013 年《指引》要求，汽车金融公司需要在以下三个时机进行洗钱风险等级划分：

（1）新建立业务关系。汽车金融公司应在建立业务关系后的 10 个工作日内划分其风险等级。

（2）定期重新复核。对于已确立过风险等级的客户，汽车金融公司应根据其风险程度设置相应的重新审核期限，实现对风险的动态追踪。原则上，风险等级最高的客户的审核期限不得超过半年，低一等级客户的审核期限不得超出上一级客户审核期限时长的两倍。对于首次建立业务关系的客户，无论其风险等级高低，汽车金融公司在初次确定其风险等级后的三年内至少应进行一次复核。

（3）事件触发重新复核。当客户变更重要身份信息、司法机关调查本金融机构客户、客户涉及权威媒体的案件报道等可能导致风险状况发生实质性变化的事件发生时，汽车金融公司应考虑重新评定客户风险等级。

2. 风险等级划分流程

客户洗钱风险等级划分流程可以分为收集信息、筛选分析信息、初评、复评四个环节。

收集信息环节，汽车金融公司需要确定风险等级划分指标体系所需各类信息的来源及采集方法，比如客户职业、住址等信息，可由客户申请贷款时主动披露，客户的负面新闻信息，需通过外部数据库查询等。

筛选分析信息环节，对照风险评估基本要素及其子项，对所收集的信息进行归类，如对于交叉重复的关联信息进行合并；对于矛盾抵触的关联信息进行判断、删除不适用信息并加以注释；对于空缺或不充分信息，进行补充收集。

初评环节，逐一分析每个风险评估基本要素项及其子项所对应的信息，确定出相应的得分，累计计算客户评分结果，相应确定其初步评级。需要注意的是，2013年《指引》规定在这个环节中，金融机构可利用计算机系统等技术手段辅助完成"部分"初评工作，因此对于初评结果的人工确认是不可缺少的。

复评环节，初评结果均应由初评人以外的其他人员进行复评确认。初评结果与复评结果不一致的，可由反洗钱合规管理部门决定最终评级结果。

（四）分类管控措施

1. 对风险较高客户，可酌情采取的措施包括但不限于：

（1）进一步调查客户及其实际控制人、实际受益人情况；

（2）进一步深入了解客户经营活动状况和财产来源；

（3）适度提高客户及其实际控制人、实际受益人信息的收集或更新频率；

（4）对交易及其背景情况做更为深入的调查，询问客户交易目的，核实客户交易动机；

（5）适度提高交易监测的频率及强度；

（6）经高级管理层批准或授权后，再为客户办理业务或建立新的业务关系；

（7）按照法律规定或与客户的事先约定，对客户的交易方式、交易规模、交易频率等实施合理限制；

（8）合理限制客户通过非面对面方式办理业务的金额、次数和业务类型；

（9）对其交易对手及经办业务的金融机构采取尽职调查措施。

2. 对风险较低客户，可采取简化的客户尽职调查及其他风险控制措施，可酌情采取的措施包括但不限于：

（1）在建立业务关系后再核实客户受益所有人或实际控制人的身份；

（2）适当延长客户身份资料的更新周期；

（3）在合理的交易规模内，适当降低采用持续的客户身份识别措施的频率或强度；

（4）在风险可控情况下，允许金融机构工作人员合理推测交易目的和交易性质，而无须收集相关证据材料。

三、客户资料和交易记录保存

（一）保存要求

根据人民银行 2007 年颁布的《金融机构客户身份识别和客户身份资料及交易记录保存管理办法》（以下简称《办法》）规定，汽车金融公司应当保存在业务开展和反洗钱管理过程中形成的客户身份资料和交易记录，其中：

客户身份资料包括记载客户身份信息、资料以及反映金融机构开展客户身份识别工作情况的各种记录和资料。一般来讲，由于汽车金融公司的主营业务是汽车贷款，在贷款流程中需要进行"三查"形成贷款档案，其中包含的客户身份信息和开展尽职调查的记录，均属于上述客户身份资料。同时，因反洗钱工作需要，如高风险客户的加强尽职调查等，也需要进行保存。

交易记录包括关于每笔交易的数据信息、业务凭证、账簿以及有关规定要求的反映交易真实情况的合同、业务凭证、单据、业务函件和其他资料。对汽车金融公司而言，需要记录的包括每笔贷款的发放记录、还款记录和相应的业务凭证、记账凭证等。

对于上述资料和信息，汽车金融公司应采取必要管理措施和技术措施，防止客户身份资料和交易记录的缺失、损毁，防止泄露客户身份信息和交易信息，还需要便于反洗钱调查和监督管理。因此，汽车金融工作最好能够做到对于上述资料和信息进行电子化管理，以及通过反洗钱系统可以方便调取。

（二）保存期限

根据上述《办法》，对于客户身份资料，金融机构应当自业务关系结束当年或者一次性交易记账当年计起至少保存 5 年。对于汽车金融公司而言，一般按照客户最后一笔贷款结清之日起计算 5 年，作为最低保存期限。

对于交易记录，2007 年《办法》规定金融机构应当自交易记账当年计起至少保存 5 年，但 2022 年新《办法》对此进行了修订，要求自交易结束后至少保存 5 年，事实上延长了保存期限。因此汽车金融公司需要按照每笔贷款结清之日起计算 5 年，作为最低保存期限。

同时，法规还规定如客户身份资料和交易记录涉及正在被反洗钱调查的可疑交易活动，且反洗钱调查工作在前款规定的最低保存期届满时仍未结束的，金融机构应将其保存至反洗钱调查工作结束。

同一介质上存有不同保存期限客户身份资料或者交易记录的，应当按最长期限保存。同一客户身份资料或者交易记录采用不同介质保存的，至少应当按照上述期限要求保存一种介质的客户身份资料或者交易记录。

第三节　可疑交易监测报告及名单管控

一、可疑交易监测、报告

由于汽车金融公司不用报送大额交易报告，因此本书主要介绍可疑交易监测报告的相关要求。根据人民银行相关要求，汽车金融公司发现或者有合理理由怀疑客户、客户的资金或者其他资产、客户的交易或者试图进行的交易与洗钱、恐怖融资等犯罪活动相关的，不论所涉资金金额或者资产价值大小，应当提交可疑交易报告。

（一）监测标准

制定准确的、适合本机构的可疑交易监测标准，是反洗钱管理工作中最具有挑战性和技术性的一项工作。2006 年版《金融机构大额交易和可疑交易报告管理办法》曾经对异常交易的标准进行了列举式规定，但随着"风险为本"的反洗钱原则的建立和实施，2016 年人民银行对上述《办法》进行了大规模修订，不再列举异常交易标准，而是要求金融机构制定本机构的交易监测标准，并对其有效性负责，并要求交易监测标准包括并不限于客户的身份、行为，交易的资金来源、金额、频率、流向、性质等存在异常的情形，还应当参考以下因素：

1. 中国人民银行及其分支机构发布的反洗钱、反恐怖融资规定及指引、风险提示、洗钱类型分析报告和风险评估报告。

2. 公安机关、司法机关发布的犯罪形势分析、风险提示、犯罪类型报告和工作报告。

3. 本机构的资产规模、地域分布、业务特点、客户群体、交易特征，洗钱和恐怖融资风险评估结论。

4. 中国人民银行及其分支机构出具的反洗钱监管意见。

5. 中国人民银行要求关注的其他因素。

上述规定对汽车金融公司反洗钱可疑交易监测工作提出了更高的要求，由于汽车金融领域洗钱可疑交易案例过少，绝大部分监测标准只能参考商业银行信贷业务，本书附件七列举了常见的信贷业务可疑交易的情形和监测标准，供参考。

汽车金融公司在按本机构可疑交易报告内部操作规程确认为可疑交易后，应当按照人民银行发布的反洗钱数据接口规范，形成并及时提交可疑交易报告。

（二）管理要求

1. 监测系统

根据《金融机构大额交易和可疑交易报告管理办法》的规定，汽车金融公司应当建立健全大额交易和可疑交易监测系统，以客户为基本单位开展资金交易的监测分析，全面、完整、准确地采集各业务系统的客户身份信息和交易信息，保障大额交易和可疑交易监测分析的数据需求。需要特别注意的是，监测系统应满足以下合规性要求：

（1）监测系统应当至少具有交易筛选、甄别分析和人工增补报送三类功能模块；

（2）交易筛选模块应当充分满足监测标准的运行需求；

（3）甄别分析模块应当至少包括初审、复核、审定意见填写等功能；

（4）人工增补报送模块应当满足对系统监测以外其他渠道发现的异常交易进行填报、复核和审定等功能。

2. 监测分析

并不是系统监测出来的异常交易，都可以直接作为可疑交易报给人民银行，而是需要对通过交易监测标准筛选出的交易进行人工分析、识别，并记录分析过程，并按照以下要求处理：

（1）对于通过可疑监测标准筛选出的异常交易，应当注重挖掘客户身份资料和交易记录价值，发挥客户尽职调查的重要作用，采取有效措施进行人工分析、识别。这些措施包括但不限于：

一是重新识别、调查客户身份，包括客户的职业、年龄、收入等信息。

二是采取合理措施核实客户实际控制人或交易实际受益人，了解法人客户的股权或控制权结构。

三是调查分析客户交易背景、交易目的及其合理性，包括客户经营状况和收入来源、关联客户基本信息和交易情况、开户或交易动机等。

四是整体分析与客户的业务关系，对客户全部开户及交易情况进行详细审查，判断客户交易与客户及其业务、风险状况、资金来源等是否相符。

五是涉嫌利用他人账户实施犯罪活动的，与账户所有人核实交易情况。

（2）不作为可疑交易报告的，应当记录分析排除的合理理由。

（3）确认为可疑交易的，应当在可疑交易报告理由中完整记录对客户身份特征、交易特征或行为特征的分析过程。

需要注意的是，根据人民银行要求，对异常交易的分析，汽车金融公司应当至少设置初审和复核两个岗位；复核岗位应当逐份复核初审后拟上报的交易，并按合理比例对初审后排除的交易进行复核。

3. 报备及评估

汽车金融公司制定交易监测标准，或者对交易监测标准作出重大调整的，应当按照规定向人民银行或其分支机构报备。

根据《金融机构大额交易和可疑交易报告管理办法》和《义务机构反洗钱交易监测标准建设工作指引》的规定，汽车金融公司应当至少每年对监测标准及其运行效果进行一次全面评估，并根据评估结果完善交易监测标准。在发生下列事项时，应当进行交易监测评估：

（1）推出新产品或新业务；

（2）接收到中国人民银行及其分支机构发布的反洗钱、反恐怖融资规定及指引、风险提示、洗钱类型分析报告和风险评估报告；

（3）接收到公安机关、司法机关发布的犯罪形势分析、风险提示、犯罪类型报告和工作报告；

（4）接收到中国人民银行及其分支机构出具的反洗钱监管意见；

（5）本行业或本机构发生或发现的洗钱案件，但本机构系统未能提示或预警相关风险；

（6）本机构的资产规模、地域分布、业务特点、客户群体、交易特征，洗钱和恐怖融资风险评估结论发生变化；

（7）中国人民银行及其分支机构出具的反洗钱监管意见或关注的其他因素发生变化。

4. 资料保存

汽车金融公司应当对以下信息进行妥善、完整保存：

（1）对交易监测标准的评估、完善等相关工作记录；

（2）依法监测、分析、报告可疑交易的有关情况。

上述资料的保存期限为 5 年，但保存的信息资料涉及正在被反洗钱调查的可疑交易活动，且反洗钱调查工作在前款规定的最低保存期届满时仍未结束的，金融机构应将其保存至反洗钱调查工作结束。

5. 保密

汽车金融公司及其员工应当对依法履行可疑交易报告义务获得的客户身份资料和交易信息，对依法监测、分析、报告可疑交易的有关情况严格保密，不得违反规定向任何单位和个人提供，尤其应注意不得向客户透露。

（三）后续控制

监测分析并提交可疑交易报告，并不是反洗钱义务的终结，根据《金融机构大额交易和可疑交易报告管理办法》的要求，汽车金融公司应当采取以下后续管控措施：

1. 对可疑交易报告所涉客户及交易开展持续监控，若可疑交易活动持续发生，则每 3 个月提交持续报告（可疑特征没有发生显著变化的），或额外提交报告（可疑特征发生显著变化的）。

2. 提升客户风险等级，并根据《金融机构洗钱和恐怖融资风险评估及客户分类管理指引》及相关内控制度规定采取相应的控制措施。可酌情采取的措施包括但不限于：

（1）进一步调查客户及其实际控制人、实际受益人情况。

（2）进一步深入了解客户经营活动状况和财产来源。

（3）适度提高客户及其实际控制人、实际受益人信息的收集或更新频率。

（4）对交易及其背景情况做更为深入的调查，询问客户交易目的，核实客户交易动机。

（5）适度提高交易监测的频率及强度。

（6）经高级管理层批准或授权后，再为客户办理业务或建立新的业务关系。

（7）按照法律规定或与客户的事先约定，对客户的交易方式、交易规模、交易频率等实施合理限制。

3. 经机构高层审批后，宣布贷款或授信提前到期，并拒绝提供金融服务。

4. 向相关金融监管部门报告。

5. 向相关侦查机关报案。

与商业银行不同的是，汽车金融公司提供的金融服务主要为贷款，因此还需关注采取后续管控措施之后，是否会对贷款质量造成影响，或因消费者权益保护的问题，引发其他风险事件。因此汽车金融公司在实施上述后续管控措施时，要注意以下两个原则：

一是风险为本原则，对可疑交易报告工作实施全流程管控，合理评估可疑交易的可疑程度和风险状况，采取适当的后续控制措施，切实提高反洗钱对预防犯罪的作用。

二是审慎均衡原则，即审慎处理账户交易管控与消费者公平交易权利之间的关系，合理使用限制账户交易的措施，平衡好控制洗钱风险与金融消费者权益保护之间的关系。

二、名单管控

（一）名单内容

根据《法人金融机构洗钱和恐怖融资风险管理指引（试行）》的要求，法人金融机构应当建立反洗钱和反恐怖融资监控名单库，并及时进行更新和维护。监控名单包括但不限于以下内容：

1. 公安部等我国有权部门发布的恐怖活动组织及恐怖活动人员名单；

2. 联合国发布的且得到我国承认的制裁决议名单，以及联合国安理会决议中所列的恐怖活动组织及恐怖活动人员名单；

3. 其他国际组织、其他国家（地区）发布的且得到我国承认的反洗钱和反恐怖融资监控名单；

4. 中国人民银行要求关注的其他反洗钱和反恐怖融资监控名单，如国际刑警组织、中国国家中心局公布的国际追逃追赃红色通缉令名单；

5. 洗钱风险管理工作中发现的其他需要监测关注的组织或人员名单。

对于汽车金融公司而言，受限于有限的反洗钱管理资源投入，为确保监控名单的全面性、更新及时性和有效性，比较简单的方式是将监控名单的维护外包给专业第三方机构，即采购第三方的监控名单数据库。

（二）监测及后续管控要求

根据人民银行相关工作要求以及风险评估办法，汽车金融公司应采取切实有效的技术手段，对反洗钱或反恐怖融资监控名单实施全天候实时监测，涉及资金交易的应当在资金交易完成前开展监测，不涉及资金交易的应当在办理相关业务后尽快开展监测。对监测结果应采取如下措施：

1. 客户与监控名单匹配的，应当立即采取相应措施并于当日将有关情况报告中国人民银行和其他相关部门。具体措施包括但不限于暂停金融交易，拒绝转移、转换金融资产，停止提供出口信贷、担保、保险等金融服务，依法冻结账户资产；

2. 暂时无法准确判断客户与监控名单是否相匹配的，汽车金融公司应当按照风险管理原则，采取相应的风险控制措施并进行持续交易监控；

3. 如发现交易与监控名单所列国家（地区）、组织、个人有关，应立即送交汽车金融公司高级管理层审核，并按有关规定提交可疑交易报告；

4. 有合理理由怀疑客户或者其交易对手、资金或者其他资产与恐怖融资相关的，应当在立即向中国反洗钱监测分析中心提交可疑交易报告的同时，以电子形式或书面形式向所在地中国人民银行或者其分支机构报告，并按照相关主管部门的要求依法采取措施。

（三）回溯性调查

所谓回溯性调查，是指在监控名单更新后，反洗钱义务机构对存量客户及一定期限内的交易进行回溯性调查，以发现已经存在的可疑交易行为的反洗钱管理措施。汽车金融公司在开展回溯性调查管理时，需要关注的要点如下：

1. 获得新的监控名单后，应当立即对存量客户以及上溯三年内的交易开展回溯性调查，如发现本金融机构已与监控名单所涉主体建立了业务关系或者有涉及监控名单的交易发生，应立即提交可疑交易报告。

2. 恐怖活动组织及恐怖活动人员名单调整的，对跨境交易和一次性交易等较高风险业务的回溯性调查应当在知道或者应当知道恐怖活动组织及恐怖活动人员名单之日起 5 个工作日内完成。

3. 回溯性调查应当运用信息系统与人工分析相结合的方式，通过信息系统实现监控名单精准匹配的自动识别工作，或先通过信息系统实现监控名单模糊匹配的初步筛查，再通过人工分析完成监控名单模糊匹配的最终识别工作。

4. 交易的回溯性调查可以采取将信息系统实时筛查与后台数据库检索查询相结合的方式开展。

5. 开展回溯性调查的相关工作记录至少应当完整保存 5 年。

第四节　洗钱风险自评估

洗钱风险自评估，是金融机构按照风险为本的原则，定期对内外部洗钱风险进行分析评判，评估本机构风险防控机制的有效性，查找风险漏洞和薄弱环节，采取有针对性的风险控制措施的过程。

《金融机构反洗钱监督管理办法（试行）》（银发〔2014〕344 号）首次对金融机构开展风险自评估提出了明确要求，但并未规定细化的评估内容及指标。《法人金融机构反洗钱分类评级管理办法（试行）》（银发〔2017〕1 号）要求法人金融机构从洗钱风险管控措施实施维度开展以分类评级为目标的自评估工作，该文件中没有涉及固有风险因素的评估内容。《法人金融机构洗钱和恐怖融资风险管理指引（试行）》（银反洗发〔2018〕19 号）对法人金融机构开展自评估工作做出了原则性规定，要求各法人机构要从固有风险和管控措施两个维度开展洗钱风险自评估，但没有明确具体的量化评估因素及指标。直到2021 年 1 月，人民银行发布《法人金融机构洗钱和恐怖融资风险自评估指引》（以下简称《自评估指引》），对金融机构如何开展洗钱风险自评估给出了全面、科学的指标体系指引，并对该项工作提出了更高的要求，需要引起汽车金融公司的注意。

根据《自评估指引》的规定，洗钱风险自评估包括固有风险评估、控制措施有效性评估、剩余风险评估。

一、固有风险评估

所谓固有风险，是指在不考虑控制措施的情况下，汽车金融公司被利用于洗钱和恐怖融资的可能性。固有风险的评估应当考虑地域环境、客户群体、产品业务（含服务）和渠道（含交易或交付渠道）。

（一）地域环境

与客户洗钱风险评估中的地域指标不同，在固有风险评估中的地域环境，是指汽车金融公司营业场所的覆盖地区。一般来讲，在中国成立的汽车金融公司，经营范围为全国。根据《自评估指引》的规定，需按省级行政区划进行地域划分，对于地理位置相近、经营情况类似的地域可合并评估。对各地域的固有风险评估可考虑以下因素：

1. 当地洗钱、恐怖融资与（广义）上游犯罪形势，是否毗邻洗钱、恐怖融资或上游犯罪、恐怖主义活动活跃的境外国家和地区；

2. 接受司法机关刑事查询、冻结、扣划和监察机关、公安机关查询、冻结、扣划（以下简称"刑事查冻扣"）中涉及该地区的客户数量、交易金额、资产规模等；

3. 本机构上报的涉及当地的一般可疑交易和重点可疑交易报告数量及客户数量、交易金额；

4. 本机构在当地客户数量、客户资产规模、交易金额及市场占有率水平。

（二）客户群体

在评估客户群体的固有风险时，汽车金融公司应当全面考虑本机构服务客户群体范围和结构，分别评估各主要客户群体固有风险。客户群体划分可结合本机构对客户管理的分类，如个人客户、公司客户、金融机构客户（汽车金融公司基本不涉及）等，有条件的机构可按照行业（职业）或主要办理业务、建立业务关系方式（如通过授权经销商或通过合作渠道进行）等角度进一步聚焦洗钱风险突出的群体。对各客户群体的固有风险评估可考虑以下因素：

1. 客户数量、资产规模、交易金额及相应占比；

2. 客户涉有权机关刑事查冻扣、涉人民银行调查的数量与比例；

3. 客户身份信息完整度、丰富程度和对客户交易背景、目的了解程度；

4. 识别客户身份不同方式的分布，如当面核实身份、或采取可靠的技术手段核实身份、通过第三方机构识别身份的比例；

5. 客户风险等级划分的分布结构；

6. 非自然人客户的股权或控制权结构，存在同一控制人风险的情况；

7. 客户来自较高风险国家或地区的情况；

8. 客户办理高风险业务（如现金、跨境、高额价值转移等）的种类和相应的规模；

9. 客户涉可疑交易报告的数量及不同管控措施的比例；

10. 客户属于高风险行业或职业的数量、比例；

11. 该类型客户是否属于洗钱或上游犯罪高风险群体；

12. 客户群体涉联合国定向金融制裁名单及其他人民银行要求关注的反洗钱和反恐怖融资监控名单，或其交易对手涉及以上名单的比例。

对于上述 12 项考虑因素，第 7 项、第 8 项汽车金融公司通常情况下不会涉及；第 3 项和第 4 项由于汽车线下交易的特殊属性以及授信审批的需要，对客户信息丰富程度相对较高，交易背景易于核实。但由于汽车金融公司普遍通过授权经销商协助开展客户身份识别，以及对股东方汽车生产厂家及其关联方授信较多，需要引起特别关注。

（三）产品业务

在评估产品业务的固有风险时，汽车金融公司应当全面考虑本机构向客户提供的各类产品业务（或服务），并进一步细化，如个人汽车贷款业务、经销商汽车贷款、机构汽车贷款业务等。部分汽车金融公司还开展保险兼业代理业务，因此还有可能涉及保险代理业务。对各类产品业务的固有风险评估可考虑以下因素：

1. 产品业务规模，如账户数量、管理资产总额，年度交易量等；

2. 是否属于已知存在洗钱案例、洗钱类型手法的产品业务；

3. 产品业务面向的主要客户群体，以及高风险客户数量和相应资产规模、交易金额和比例；

4. 产品业务销售、办理渠道及相应渠道的风险程度，是否允许他人代办或难以识别是否本人办理；

5. 产品业务记录跟踪资金来源、去向的程度，与现金的关联程度，现金交易金额和比例；

6. 产品业务是否可向他人转移价值，包括资产（合约）所有权、受益权转移，以及转移的便利程度，是否有额度限制，是否可跨境转移；

7. 产品业务是否可作为客户的资产（如储蓄存款、理财产品等），是否有额度限制，保值程度和流动性如何，是否可便利、快速地转换为现金或活期存款；

8. 产品业务是否可作为收付款工具（如结算账户），使用范围、额度、便利性如何，是否可跨境使用；

9. 产品业务是否可作为其他业务的办理通道或身份认证手段，身份识别措施是否比原有通道和手段更为简化，是否有额度限制或使用范围限制；

10. 产品业务是否应用可能影响客户尽职调查和资金交易追踪的新技术。

对于汽车金融公司而言，由于信贷业务一般不允许代办，并且主要采取受托支付的方式，直接将资金支付给汽车销售方，且一般限制一个客户在本机构有多笔贷款，因此汽车贷款业务的洗钱风险相对较低。

（四）渠道

在评估渠道的固有风险时，汽车金融公司应当全面考虑本机构自有或通过第三方与客户建立关系、提供服务的渠道。渠道可划分为机构自有实体经营场所、自有互联网渠道、自助设备与终端、第三方实体经营场所、第三方互联网渠道。对各类渠道的固有风险评估可考虑以下因素：

1. 渠道覆盖范围（线下网点数量与分布区域，线上可及地域范围）及相应地区（包括境外国家和地区）的风险程度；

2. 通过该渠道建立业务关系的客户数量和风险水平分布；

3. 通过该渠道办理业务的客户数量、交易笔数与金额，办理业务的主要类型和风险水平。

如前所述，汽车金融公司受限于无法在全国范围内开设分支机构，只能通过汽车经销商或第三方合作渠道开展信贷业务，因此渠道的洗钱风险，需要慎重评估。

二、控制有效性评估

根据《自评估指引》的要求，汽车金融公司在进行控制有效性评估时，应当按照两个维度进行评估：一是从整体上评估机构反洗钱内部控制的基础与环境、洗钱风险管理机制有效性；二是按照固有风险评估环节的分类方法，分别对与各类地域、客户群体、产品业务、渠道相应的特殊控制措施进行评价。

（一）评价反洗钱内部控制基础与环境，可以考虑以下因素：

1. 董事会与高级管理层对洗钱风险管理的重视程度，包括决策、监督跨部门反洗钱工作事项的情况；

2. 反洗钱管理层级与架构，管理机制运转情况；

3. 反洗钱管理部门的权限和资源，反洗钱工作主要负责人和工作团队的能力与经验；

4. 机构信息系统建设和数据整合情况，特别是获取、整合客户和交易信息的能力，以及对信息安全的保护措施；

5. 机构总部监督各部门、条线和各分支机构落实反洗钱政策的机制与力度，特别是是否将反洗钱纳入内部审计和检查工作范围、发现问题并提出整改意见；

6. 对董事会、高级管理层、总部和分支机构业务条线人员的培训机制。

（二）评价反洗钱内部控制的基础与环境可以考虑以下因素：

1. 高级管理层、反洗钱管理部门和主要业务部门、分支机构了解机构洗钱风险（包括地域、客户、产品业务、渠道）和经营范围内国家或地区洗钱威胁的情况；

2. 机构洗钱风险管理政策制定情况，以及政策与所识别风险的匹配程度，如机构拓展业务范围，包括地域范围、业务范围、客户范围、渠道范围是否考虑相应的洗钱风险，并经过董事会、高级管理层或适当层级的审议决策；

3. 机构反洗钱内控制度与监管要求的匹配程度是否得到及时更新，各条线业务操作规程和系统中内嵌洗钱风险管理措施的情况；

4. 集团层面洗钱风险管理的统一性及集团内信息共享情况（仅集团性机构、跨国机构适用）；

5. 反洗钱管理部门与业务部门、客户管理部门、渠道部门和各分支机构沟通机制和信息交流情况；

6. 客户尽职调查与客户风险等级划分和调整工作的覆盖面、及时性和质量，客户身份资料获取、保存和更新的完整性、准确性、及时性，客户风险等级划分指标的合理性（包括考虑地域、产品业务、渠道风险的情况），对风险较高客户采取强化尽职调查和其他管控措施的机制；

7. 大额和可疑交易监测分析与上报机制、流程的合理性，监测分析系统功能与对信息的获取，监测分析指标和模型设计合理性、修订及时性，

253

监测分析中考虑地域、客户、产品业务、渠道风险的情况；

8. 交易记录保存完整性和查询、调阅便利性；

9. 名单筛查工作机制健全性，覆盖业务与客户范围的全面性，以及系统预警和回溯性筛查功能。

（三）对各类地域、客户群体、产品业务、渠道相应的特殊控制措施的评价，可参考《自评估指引》第十六条，本书不再赘述。

三、剩余风险

原则上，剩余风险 = 固有风险 - 控制有效性。根据《自评估指引》的规定，汽车金融公司可以通过固有风险与控制措施有效性二维矩阵方式（见表2，以固有风险和控制措施有效性均分为五级为例）对照计量机构整体及不同维度的剩余风险等级，或根据自身的实际情况确定依据固有风险和控制措施有效性情况计量剩余风险的方法。

表2　　　　　　　　　　　　剩余风险等级情况

控制措施有效性＼固有风险	非常有效	较有效	一般有效	低效	无效
高风险	中风险	中高风险	中高风险	高风险	高风险
较高风险	中风险	中风险	中高风险	中高风险	高风险
中风险	中低风险	中风险	中风险	中高风险	中高风险
较低风险	中低风险	中低风险	中风险	中风险	中高风险
低风险	低风险	中低风险	中低风险	中风险	中风险

汽车金融公司应在整体固有的风险评级基础上，考虑整体控制措施有效性，得出经反洗钱控制后的机构整体剩余风险评级。同时，对于地域、客户群体、产品业务、渠道维度及细分类别，也应在考虑固有风险与包括特殊控制措施在内的整体控制措施有效性的基础上，得出相应类别的剩余风险评级。

四、结果运用和管理

（一）结果运用

汽车金融公司应当以自评估报告和结论为基础，制定或持续调整、完善经高级管理层批准的洗钱风险管理政策、控制措施和程序，并关注控制措施的执行情况。针对自评估发现的高风险或较高风险情形，或原有控制措施有效性存在不足时，应当采取以下一项或多项强化风险管理措施：

1. 根据洗钱风险自评估结论，确定反洗钱工作所需的资源配置和优先顺序，必要时调整经营策略，确保与风险管理相适应；

2. 根据评估发现的控制措施薄弱环节，加强内控制度建设、工作流程优化，完善工作机制，严格内部检查和审计；

3. 针对评估发现的高风险客户类型进行优先处理，采取从严的客户接纳政策或强化的尽职调查，提高对其信息更新的频率，或加强对其的交易监测和限制；

4. 针对评估发现的高风险业务类型采取强化控制措施，在业务准入、交易频率、交易金额等方面设置限制；

5. 调整和优化交易监测指标与名单监控，对评估发现的高风险业务活动进行更频繁深入的审查；

6. 针对评估发现的问题，进行风险提示；

7. 强化信息系统功能建设，支持洗钱风险管理的需要；

8. 其他能够有效控制风险的措施。

（二）管理要求

汽车金融公司开展洗钱风险自评估工作，还应注意以下管理要求：

1. 在工作组织方面，应当指定一名高级管理人员全面负责洗钱风险自评估工作，建立包括反洗钱牵头部门和业务部门、稽核与内审部门等在内

255

的领导小组。

2. 可聘请第三方专业机构协助进行评估方案、指标与方法的起草和内外部信息收集整理等辅助性工作，但评估过程中对各类固有风险、控制措施有效性及剩余风险的讨论、分析和判断应由领导小组、反洗钱牵头部门及各条线、部门、分支机构主导完成。不得将自评估工作完全委托或外包至第三方专业机构完成。

3. 应当定期开展本机构洗钱风险自评估，原则上自评估的周期应不超过 36 个月，机构固有风险或剩余风险处于较高及以上等级的，自评估周期应不超过 24 个月。

4. 出现经济金融和反洗钱法律制度、监管政策作出重大调整等情况时，应当及时开展整体或专项自评估工作。

5. 应当形成书面的自评估报告，经高级管理层审定后上报董事会或董事会下设的专业委员会审阅，并书面报告对法人机构具有管辖权的人民银行总行或分支机构。

第五节 其他反洗钱义务

一、报告

反洗钱报告是监管部门进行非现场监管、评估金融机构洗钱风险管控能力和反洗钱工作水平的重要载体。因此，汽车金融公司需要特别关注反洗钱报告在实践操作中的作用，可以分为定期报告和不定期报告。

定期报告主要包括人民银行"法人金融机构反洗钱分类评级自评"报告、反洗钱培训宣传工作情况报告，以及即将于 2022 年全面开展的"法人金融机构洗钱和恐怖融资风险自评估报告"。同时，根据《中国银保监会关于进一步做好银行业保险业反洗钱和反恐怖融资工作的通知》要求，汽车金融公司还需要向银保监会报送反洗钱和反恐怖融资年度报告。

非定期报告主要包括制定或者修订主要反洗钱和反恐怖融资内部控制制度的；牵头负责反洗钱和反恐怖融资工作的高级管理人员、牵头管理部门或者部门主要负责人调整的；发生涉及反洗钱和反恐怖融资工作的重大风险事项的；境外分支机构和控股附属机构受到当地监管当局或者司法部门开展的与反洗钱和反恐怖融资相关的执法检查、行政处罚、刑事调查或者发生其他重大风险事件的；内部检查、审计等工作开展情况；反洗钱工作有关的信息系统开发、改造情况；自主开展的调研、向人民银行反馈的问卷等。

汽车金融公司适用的主要反洗钱报告及报送要求、依据详见表3：

表3　　　　　　　　　主要反洗钱报告及报送要求

序号	报告名称	报告频率	报告日期	依据	报告对象	报送渠道
1	反洗钱和反恐怖融资年度报告	每年	年度结束后20个工作日	《中国银保监会关于进一步做好银行业保险业反洗钱和反恐怖融资工作的通知》（银保监办发〔2019〕238号）	银保监会	反洗钱非现场监管系统
2	反洗钱评级和年报	每年	根据通知要求	《法人金融机构反洗钱分类评级管理办法（试行）》（银发〔2017〕1号）	人民银行	根据通知要求
3	反洗钱宣传培训工作情况	每季度	根据通知要求（一般为次月5个工作日前）	人民银行通知	人民银行	指定邮箱
4	反洗钱自评估	至少每36个月或24个月	首次于2022年12月31日完成，董事会或高级管理层审定之日起后10个工作日内	《法人金融机构洗钱和恐怖融资风险自评估指引》（银反洗发〔2021〕1号）	人民银行	反洗钱非现场监管系统

序号	报告名称	报告频率	报告日期	依据	报告对象	报送渠道
5	制定或者修订主要反洗钱内控制度	发生报送	发生后 10 个工作日内	反洗钱非现场监管实用手册	人民银行	反洗钱非现场监管系统
6	牵头负责反洗钱工作的高级管理人员、牵头管理部门或者主要负责人调整	发生报送	发生后 10 个工作日内	反洗钱非现场监管实用手册	人民银行	反洗钱非现场监管系统
7	本机构反洗钱岗位人员调整、联系方式变更（不含下级分支机构）	发生报送	发生后 10 个工作日内	反洗钱非现场监管实用手册	人民银行	反洗钱非现场监管系统
8	涉及本机构反洗钱工作的重大风险事项	发生报送	发生后 10 个工作日内	反洗钱非现场监管实用手册	人民银行	反洗钱非现场监管系统
9	内部检查、审计等工作开展情况	发生报送	专项工作完成后，或持续性工作取得阶段成果	反洗钱非现场监管实用手册	人民银行	反洗钱非现场监管系统
10	反洗钱工作有关的信息系统开发、改造情况	发生报送	专项工作完成后，或持续性工作取得阶段成果	反洗钱非现场监管实用手册	人民银行	反洗钱非现场监管系统
11	自主开展的调研、向人民银行反馈的问卷等	发生报送	撰写完成后	反洗钱非现场监管实用手册	人民银行	反洗钱非现场监管系统

二、宣传与培训

汽车金融公司应建立反洗钱培训长效机制，确保各类金融从业人员及时了解反洗钱监管政策、反洗钱内控要求、反洗钱新方法、反洗钱新技术、洗钱风险变动情况等方面的反洗钱工作信息。对于以下人员，应当定期培训，并留存相关培训记录：

1. 从事洗钱风险较高岗位的金融从业人员，应适当提高反洗钱培训的强度和频率。

2. 董事、监事、高级管理层，在申请上述人员任职资格审批时，需要提交反洗钱培训的记录。

3. 新员工，应当在入职培训中加入反洗钱培训内容。

三、协助、配合反洗钱调查

根据相关法律法规的规定，中国人民银行或者其省一级分支机构发现可疑交易活动需要调查核实的，可以向金融机构调查可疑交易活动涉及的客户账户信息、交易记录和其他有关资料，金融机构及其工作人员应当予以配合。

为了有效履行协助、配合义务，汽车金融公司应当建立配合反洗钱和反恐怖融资调查的内部程序，明确反洗钱管理部门牵头配合反洗钱监管，协调配合反洗钱行政调查；业务部门配合反洗钱监管和反洗钱行政调查工作；反洗钱信息系统及相关系统应当包括但不限于支持反洗钱监管和反洗钱调查的主要功能，以支持洗钱风险管理的需要。

四、保密及信息安全

根据《反洗钱法》《金融机构反洗钱规定》（中国人民银行令〔2006〕第1号）、《中国银保监会关于进一步做好银行业保险业反洗钱和反恐怖融资工作的通知》等规定，汽车金融公司及其工作人员应当对以下信息予以保密，非依法律规定，不得向任何单位和个人提供：

1. 对依法履行反洗钱义务获得的客户身份资料和交易信息；

2. 对报告可疑交易、配合中国人民银行调查可疑交易活动等有关反洗钱工作信息；

3. 对依法履行大额交易和可疑交易报告义务获得的客户身份资料和交易信息，对依法监测、分析、报告可疑交易的有关情况；

4. 对与采取冻结措施有关的工作信息，不得在采取冻结措施前通知资产的所有人、控制人或者管理人；

5. 不得向客户或其他与反洗钱工作无关的第三方泄露客户风险等级信息。

2019 年以来，全国多地发生金融机构反洗钱信息泄露事件，个别金融机构在履行反洗钱义务过程中，非法泄露客户洗钱风险等级和可疑交易、反洗钱调查等反洗钱信息，甚至个别金融机构员工利用权限违规登录反洗钱系统，查询、下载和出售客户信息。因此 2020 年 11 月，人民银行发布了《关于进一步加强反洗钱信息安全保护工作的通知》（银反洗发〔2020〕12 号），提出了全面落实反洗钱信息安全责任制、切实推进反洗钱信息安全源头治理、持续优化反洗钱信息安全内部控制措施、严格反洗钱信息知悉范围、强化反洗钱从业人员管理、加强反洗钱信息安全教育培训、强化应急处置和报告、加大监督检查和问责考核力度八项要求，其中汽车金融公司需要特别注意以下合规要点：

1. 在反洗钱法律和行政法规有新的要求并可能对信息安全带来重大影响时，或与反洗钱信息安全相关的业务模式、信息系统、运行环境发生重大变化时，应组织开展反洗钱信息安全影响评估，形成信息安全影响评估报告，并以此采取针对性措施，将反洗钱信息安全风险降低到可接受的水平。

2. 增强内部岗位制约，对反洗钱信息安全管理人员、数据操作人员、审计人员等进行岗位角色分离设置；强化流程控制和授权管理，完善反洗钱信息批量修改、拷贝、下载、对外传递等重要操作内部审批流程；设置严格的场景限制，除司法查询、反洗钱行政调查、执法检查以及其他必要的工作需要外不得下载反洗钱信息；强化反洗钱信息的去标识化脱敏处理，将可用于恢复识别个人身份的反洗钱信息与去标识化后的脱敏信息分开储存并加强访问和使用的权限管理。

3. 与从事反洗钱信息处理岗位上的相关人员签署保密协议或约定保密条款，反洗钱信息处理岗位人员原则上应为正式员工，在调离岗位或终止劳动合同时，应继续履行保密义务；应与接触反洗钱信息的外部服务人员和机构签署保密协议或约定保密条款，并监督其严格遵守反洗钱信息安全规定。

4. 在发生反洗钱信息安全事件后，应及时采取必要措施控制事态，评估事件影响并按照规定报告反洗钱行政主管部门及其属地分支机构；反洗钱信息安全事件涉及个人信息泄露的，应及时将事件相关情况和报告以邮件、信函、电话、推送通知等方式告知客户。

第七章　消费者权益保护

2008 年，国际金融危机的经验教训表明，金融消费者保护的基础薄弱，不仅损害金融消费者的正当权益，而且伤害金融机构的自身发展，危害金融稳定。因此，金融危机之后，金融消费者保护已经成为维护金融稳定的核心议题，与宏观审慎管理、微观审慎监管成为国际金融监管改革的三条主线。越来越多的国家和国际组织开始从法律、规则与监管架构上强化金融消费者保护。

国际上英美国家行动迅速，美国于 2009 年 12 月通过《多德—弗兰克法案》，并在该法案支持下成立了消费者金融保护局（CFPB），将分散在美联储、证券交易委员会、联邦贸易委员会等机构的监管职权集中到 CFPB。英国在 2013 年 4 月生效了《2012 年金融服务法案》，创建了一个包括金融政策委员会（FPC）、审慎监管局（PRA）和金融行为监管局（FCA）。其中金融行为监管局的核心目标之一就是保护金融消费者权益。这些机构成立之后，对金融机构侵犯消费者权益的行为进行调查和高额处罚。比如富国银行因延长抵押贷款利息锁定期的收费问题和强制消费者购买不必要的汽车保险，被美国 CFPB 罚款 10 亿美元；桑坦德银行因没有采取合理的措施，及时将已故客户资金转给遗产受益人，被英国 FCA 罚款 3280 万英镑。

国际组织方面，2016 年，在中国担任二十国集团轮值主席期间，二十国集团发布了《数字普惠金融高级原则（2016）》，包括 8 项原则和 66 个行动建议或者细则，其中原则五"建立尽责的数字金融措施保护消费者"和原则六"重视消费者数字技术基础知识和金融知识的普及"均提出了有关数字金融领域的金融消费者保护和金融消费者教育。2017 年，在经过长达 6 年时间和 18 个国家进行测试后，2017 年世界银行正式发布了《金融消费者保护的良好经验》，提出了 39 种适用于消费金融服务范畴并可促进金融消费者保护的国际原则和共同良好惯例。

在国内，金融消费者保护监管工作肇始于 2011 年，2011—2012 年，"一行三会"就开始相继成立金融消费者保护部门（证监会成立的部门为"投资者保护局"）。

2013 年，全国人大修订了《消费者权益保护法》，首次明确提及了银行、证券、保险等金融服务提供者在收费披露、安全保障和风险提示等方面的义务，并且增加了与金融领域息息相关的个人信息保护和格式合同条款等方面的规定。

2015 年，国务院办公厅发布《关于加强金融消费者权益保护工作的指导意见》（国办发〔2015〕81 号），详细解释了金融消费者享有的八项权利，即财产安全权、知情权、自主选择权、公平交易权、依法求偿权、受教育权、受尊重权、信息安全权，明确了金融管理部门、各类金融机构、金融领域相关社会组织在金融消费者保护领域的工作要求。

之后"一行三会"（2018 年国务院机构改革后变为"一行两会"）纷纷出台部门规章或规范性文件，对各自职责范围内的金融消费者保护工作提出监管要求，如 2016 年人民银行发布《中国人民银行金融消费者权益保护实施办法》（银发〔2016〕314 号），银监会发布《关于加强银行业消费者权益保护解决当前群众关切问题的指导意见》（银监办发〔2016〕25 号），《关于印发 2016 年银行业消费者权益保护工作要点的通知》（银监办发〔2016〕64 号）。2019 年人民银行、银保监会、证监会、外汇局联合发布《关于进一步规范金融营销宣传行为的通知》（银发〔2019〕316 号）；银保监会发布《关于银行保险机构加强消费者权益保护工作体制机制建设的指导意见》（银保监发〔2019〕38 号）（以下简称《指导意见》）。同时，相关规定也在不断的修订完善，如人民银行 314 号文已被《中国人民银行金融消费者权益保护实施办法》（中国人民银行令〔2020〕第 5 号）替代。2021 年银保监会发布《银行保险机构消费者权益保护监管评价办法》，将执行多年的机构自评估和监管评价制度化。同时，银保监会还在制定《银行保险机构消费者权益保护管理办法》，预计正式发布后将取代 2019 年银保监会的《指导意见》。通过上述规定，基本形成了我国金融消费者权益保护工作的制度框架体系，为监管工作奠定了基础。

在监管行动上，虽然没有欧美金融机构那种动辄上亿的大额罚款，但国内监管对金融消费者权益保护的监管力度和压力也在逐年提升。银保监会从 2017 年开始进行市场乱象集中整治，之后 2018 年"进一步深化整治"、2019 年"巩固治乱象成果"以及 2020 年"乱象整治回头看"，一年一个台阶，对包括侵害金融消费者权益在内的各种乱象进行整治，2019 年更是专门针对银行保险机构侵害消费者权益乱象开展专项整治工作。在要求金融机构自查自纠的基础上，监管部门的处罚也频频"重拳出击"，2020 年针对银行业金融机构消费者权益保护的违规问题，银保监会共开出 110 张罚单，处罚事由主要为违规收费、借贷搭售、转嫁抵押物评估费、违法违规转嫁经营成本、转嫁贷款抵押登记费、转嫁费用、转嫁抵押物财产保险保费等。同时，从 2019 年开始，银保监会消保局开始对部分侵害消费者权益情况严重的金融机构进行"点名通报"，先后对广发银行、农业银行、邮储银行、招联消费金融、光大银行等金融机构侵害消费者权益的违规行为进行通报，一方面以通报的方式对这些机构进行惩戒，另一方面也通过案例的形式，对违规行为进行了明确界定和列举，对其他金融机构类似或打擦边球的行为进行震慑。

在汽车金融领域，2019 年"西安奔驰女车主维权"事件可谓是汽车金融消费者权益保护的一个里程碑事件。车主王女士因新车漏油故障屡次索赔不成，愤而坐到车顶大吵维权。在事件处理过程中，牵扯出奔驰 4S 店收取"金融服务费"的问题。之后银保监会责令北京银保监局对奔驰汽车金融展开调查。当年 9 月 2 日，北京银保监局认定奔驰汽车金融存在对外包活动管理严重不足的违规行为，处以 80 万元罚款。虽然银保监局的处罚并未以消费者权益保护的名义，但这个案例明确了两条规则：一是汽车金融公司要对包括经销商在内的外包方侵犯消费者权益的行为负责；二是外包方不得以提供金融服务的名义向借款人收取费用。在这之后，部分汽车金融公司还因未公示服务收费价格被银保监局处罚，对于汽车金融公司消费者权益保护的监管要求，也日趋向银行金融机构靠拢。

本章将对汽车金融公司消费者权益保护的合规要点进行分析，考虑到消保工作中，投诉处理是一个非常重要且实践操作性很强的话题，因此单独作为一节内容进行讨论。

第一节　消保合规

本节将主要根据银保监会 2019 年发布的《关于银行保险机构加强消费者权益保护工作体制机制建设的指导意见》以及 2021 年《银行保险机构消费者权益保护管理办法》（征求意见稿），参考 2020 年修订后的非银行金融机构《消保监管评价自评表》的分类，来体系化地展示汽车金融公司的消费者权益保护管理要求。

一、消保管理体系

无论是银保监会的《关于银行保险机构加强消费者权益保护工作体制机制建设的指导意见》（以下简称《指导意见》），还是人民银行《金融消费者权益保护实施办法》，均强调金融机构应将消费者权益保护工作纳入公司治理、企业文化建设和经营发展战略，明确董监高的消保职责，建立专职部门或者指定牵头部门负责消保工作，并配备足够的履职资源。

（一）董事会的消保职责

根据银保监会《指导意见》，汽车金融公司的董事会承担消费者权益保护工作的最终责任。

第一，董事会是消费者权益保护工作的最高决策机构，负责制定消费者权益保护工作战略、政策及目标，确保公平对待消费者，并将消费者权益保护纳入经营发展战略和企业文化建设中。因此，应当注意在公司经营发展战略的书面文件中体现消费者权益保护的内容。

第二，董事会对消费者权益保护工作进行总体规划及指导，将消费者权益保护工作开展情况纳入公司治理评价，督促消费者权益保护战略、政策及目标的有效执行和落实。

第三，董事会对高级管理层履行消费者权益保护职责情况进行监督，对相关工作进行审议，包括但不限于年度消费者权益保护工作计划、开展情况、重大事项、信息披露等，并形成相关决议。

（二）消费者权益保护委员会

《指导意见》要求金融机构在董事会层面设立消费者权益保护委员会，可单独设立，也可与其他委员会（如风险管理委员会）合并履职。

第一，消费者权益保护委员会应当有明确的职责、议事规则和开会流程，可以单独通过独立文件的方式规定，也可以在消保制度中通过相关条款进行明确。

第二，消费者权益保护委员会应当定期召开，会议的议题包括但不限于审议高级管理层及消费者权益保护部门工作报告；形成向董事会提交的消费者权益保护工作报告及年度报告；研究消费者权益保护重大问题和重要政策，比如审计报告、监管通报、内部考核结果等；依据授权对高级管理层和消费者权益保护部门工作的全面性、及时性、有效性进行监督等，比如定期跟踪消保有关整改事项的进展等。上述履职行为，应当注意留存相关书面记录。

（三）高级管理层

汽车金融公司高级管理层应确保消费者权益保护战略目标和政策得到

有效执行，并明确一名高级管理人员分管消费者权益保护工作。

第一，高级管理层应负责建立完善的消费者权益保护制度体系。消费者权益保护制度应当是独立的、总括性的，且内容详尽，能够明确董（理）事会、高管层的职责及消保组织架构。同时，还应审批消费者权益保护各项基本制度，如消保审查、投诉处理、消保考核评价、重大事件处置等。

第二，落实董事会关于消费者权益保护工作的相关决议，制定、审查、统筹消费者权益保护工作计划、方案和任务，定期向董事会及委员会报告消费者权益保护工作开展情况。

第三，建立消费者保护管理体系和工作体系，明确各部门职责，确保消费者权益保护工作资源投入，有效推动工作开展。

第四，在汽车金融公司内部培养消费者权益保护文化和理念，树立员工的消费者权益保护意识，在业务经营、内部控制与风险管理中充分考虑消费者投诉反映的问题和需求。

（四）消费者权益保护职能部门

汽车金融公司应建立消费者权益保护专职部门或者指定牵头部门，并明确其他部门在消费者权益保护方面的职责。

第一，消费者权益牵头部门应当有明确的部门及人员职责，确保该部门有足够的人力、物力能够独立开展工作，并定期向高级管理层、董（理）事会汇报工作开展情况。

第二，消费者权益牵头部门负责牵头组织和落实高级管理层关于本机构消费者权益保护工作的各项要求，开展产品服务审查、投诉管理、内部考核、金融知识宣传教育等消费者权益保护工作，制定相关工作流程和制度。

第三，其他部门在本部门职权和业务范围内，承担消费者权益保护的首要责任，应当明确规定各部门的消费者权益保护职责。

第四，应建立各部门之间的横向信息共享以及工作协调配合机制，如定期的通报、会商、协调沟通等，并确保相关机制有效执行。

第五，内部审计应将消费者权益保护工作内部审计纳入年度审计范畴，针对消费者权益保护工作情况，建立常态化、规范化的内部审计工作机制。

二、消保管理机制

汽车金融公司应当建立的消费者权益保护的重要管理机制主要包括产品和服务审查、信息披露、个人信息保护、内部培训、内部考核、内部审计六个方面。

（一）消保审查

第一，汽车金融公司应当建立消费者权益保护审查制度，明确审查主体、审查范围、审查要点、审查流程等内容。根据《银行保险机构消费者权益保护办法》（征求意见稿）的规定，汽车金融公司在推出新产品和服务或现有产品和服务的风险特性、违约责任及其他涉及消费者利益的条款发生重大变化时，应开展审查。同时，根据银保监会 2022 年 2 月发布的《关于梅赛德斯－奔驰汽车金融有限公司侵害消费者合法权益的通报》显示，汽车金融公司制作的金融顾问营销指导材料、培训材料也应当纳入消保审查的范围。

第二，消费者权益保护审查应当覆盖汽车金融公司所有面向消费者提供的产品和服务。审查的方式是在设计开发、定价管理、协议制定等环节应就可能影响消费者的政策、制度、业务规则、收费定价、协议条款、宣传文本等进行评估审查，对相关风险进行识别和提示，并提出明确、具体的审查意见。这里要特别注意消保审查的意见应当"明确、具体"，根据上述《通报》显示，如果仅仅是由审查人员签字，将被认为没有给出"明确、具体"的监管要求。

第三，消费者权益保护审查要点应当能够覆盖产品和服务的开发设计、风险定级及消费者风险定位、定价管理、协议制定等环节消费者权益保护各项要求，并结合产品和服务相关投诉、诉讼、舆情、满意度调查等情况，对消费者权益保护审查要点进行更新和完善。

第四，消费者权益保护审查机制应当纳入汽车金融公司风险管理和内部控制体系，与内控合规审查、法律审查等审查环节有机结合。

第五，汽车金融公司应记录并监测审查意见采纳情况，确保审查意见的权威性和可执行性，并督促审查意见的落实，避免审查意见和实际操作的"两张皮"。

（二）信息披露

第一，需要披露的消费者权益保护信息主要包括消费者权益保护工作重大信息、产品和服务、投诉管理三大类。其中：

消费者权益保护工作重大信息包括但不限于汽车金融公司消费者权益保护工作重要政策、重大举措、重点事项、重要事件等消费者权益保护工作有关的信息。重大信息披露应至少以一年为一个披露周期，优先通过年报、社会责任报告等方式进行。

产品和服务信息应至少明确产品和服务的性质、收费情况、合同主要条款，特别是免除银行保险机构责任的条款等内容。

投诉管理主要包括汽车金融公司的投诉渠道和投诉处理流程，以及投诉数量、投诉业务类别、投诉地区分布等信息。

第二，披露的渠道包括汽车金融公司营业网点、官方网站、移动客户端，以及年报、社会责任报告等方式。由于汽车贷款主要依托汽车经销商的销售场景，因此部分地区的银保监局还对经销商经营场所的披露有特别的要求。如2021年北京银保监局发布《关于进一步加强辖内汽车金融公司消费金融公司消费者权益保护工作的通知》（京银保监发〔2021〕246号），要求汽车金融公司在各合作经销商处，通过多种途径及方式公示消费金融相关服务项目、服务内容和服务价格等消费者应知晓的信息。

第三，汽车金融公司披露信息应使用通俗易懂的语言，对利率、费用等与消费者切身利益相关的重要信息或违约责任、免责条款、第三方合作机构参与事项等影响消费者决策的关键信息，应遵循简明性和易得性，用规范、标准化的格式进行披露，并对其中关键的专业术语进行解释说明，并以适当方式供金融消费者确认其已接收完整信息。产品和服务信息的披露应注意满足消费者在接受产品和服务前充分了解其特点和风险的要求。

第四，根据人民银行《金融消费者权益保护实施办法》，汽车金融公司向消费者说明重要内容和披露风险时，应当依照法律法规和监管规定留存相关资料，包括消费者确认的说明书、协议、录音录像资料、短信发送记录、系统日志等，相关资料自业务关系终止之日起留存时间不得少于3年。

第五，汽车金融公司通过格式条款与消费者签订协议的，应当用足以引起消费者注意的字体、字号、颜色、符号、标识等显著方式，提请消费者注意金融产品或者服务的数量、利率、费用、履行期限和方式、注意事项、风险提示、纠纷解决等与消费者有重大利害关系的内容，并按照消费者的要求予以说明。格式条款采用电子形式的，应当可被识别且易于获取。

第六，关于利率披露的特殊要求。根据人民银行《关于内部收益率法明示贷款年化利率》的要求，汽车金融公司在网站、移动端应用程序、宣传海报等渠道进行营销时，应当以明显的方式向借款人展示年化利率，并在签订贷款合同时载明。具体详见本书第五章第一节。同时根据银保监会《商业银行服务价格管理办法》的要求，汽车金融公司应在网站主页醒目位置公示服务价格信息。这里需要特别注意"主页"的要求，在上述《通报》中，奔驰汽车金融有限公司将收费价目公示表列示在官方网站第3层目录下，被认为不符合《商业银行服务价格管理办法》要求。

（三）内部培训

第一，汽车金融公司应当每年开展消费者权益保护内部教育和培训工作，制订培训计划，评估培训效果，强化员工消费者权益保护意识。

第二，消费者权益保护培训的内容应当覆盖消费者权益保护政策、内部消费者权益保护制度和要求等。

第三，消费者权益保护培训对象应当全面覆盖中高级管理人员、基层业务人员及新入职人员。对金融消费者投诉多发、风险较高的业务岗位，应当适当提高培训的频次。同时应当结合员工岗位类别和工作需求，有针对性地开展产品和服务销售、消费者投诉处理等工作开展专项培训。

第四，汽车金融公司应当对合作机构、销售、催收等人员进行培训，帮助其掌握本机构消费者权益保护有关要求。

（四）内部考核与审计

第一，汽车金融公司应制定消费者权益保护内部考核办法，明确考核对象、指标、方式、周期等重点内容，考核对象应覆盖全部消费者权益保护工作相关的业务部门。

第二，消费者权益保护内部考核内容，应突出产品和服务管理、营销推介与信息披露、客户信息安全保护、网点服务质量、投诉处理、金融知识宣传教育、特殊消费者群体保护等内容，重点关注汽车金融领域消费者权益易遭受侵害的重点业务和关键环节，不得简单以投诉数量作为考核指标。

第三，在考核结果应用方面，汽车金融公司应将消保内部考核结果纳入综合绩效考核体系并合理匹配权重，根据《银行保险机构消费者权益保护管理办法》（征求意见稿）的规定，这个权重占比应不低于总分值的5%。同时，汽车金融公司应将消费者权益保护内部考核结果纳入机构问责体系和人力资源管理体系，对于存在严重侵害消费者权益的问题，应由相关部门执纪问责，考核结果应与绩效评定、岗位调整、职业发展等挂钩。

第四，汽车金融公司应将消费者权益保护工作纳入年度审计范畴，并建立常态化、规范化的内部审计工作机制，明确审计周期、审计频率、审计要点、审计对象范围等内容，至少以 3 年为一个周期全面覆盖本机构相关部门和分支机构。对于审计发现的问题，应采取有针对性的问责和整改等措施，并有序推进整改工作。

三、操作与服务

（一）适当性

所谓的金融消费者"适当性"管理，是指金融机构根据金融产品或者服务的特性评估其对金融消费者的适合度，合理划分金融产品和服务风险等级以及金融消费者风险承受等级，将合适的金融产品或者服务提供给适当的金融消费者。

《银行保险机构消费者权益保护管理办法》（征求意见稿）规定，银行保险机构应采用科学有效的测试方法，对消费者开展风险承受能力测评，并对短期内风险测评频次进行管控。不得人为干预测评结果的生成，不得诱导消费者变更测评结果。银行保险机构只能向消费者销售风险等级低于或等于其风险承受能力等级的产品，并在销售文件中明确风险承受能力等级范围，在销售系统中设置限制措施，国务院金融监督管理机构另有规定的除外。

一般来讲，适当性管理主要适用于投资理财类金融产品，不涉及以贷款为主业的汽车金融公司。但是需要关注的是，在贷款业务中，其实也存在借款人"适当性"的问题以及相关合规要求，那就是坚持依据客户还款能力合理授信，不诱导金融消费者盲目借贷、过度超前消费；防止以卡养卡、以贷还贷，助长过度负债。[1] 汽车金融公司应当根据《汽车贷款管理

---

[1] 银保监会《关于服务煤电行业正常生产和商品市场有序流通保障经济平稳运行有关事项的通知》（银保监发〔2021〕42 号）。

办法》的规定，建立借款人信用评级系统，对个人借款人应根据其职业、收入状况、还款能力、信用记录等因素确定信用级别，并根据信用级别合理授信。

（二）营销宣传

金融营销宣传，一直是侵害消费者权益的重灾区。因此2019年12月底，人民银行、银保监会、证监会和外汇局联合发布了《关于进一步规范金融营销宣传行为的通知》（银发〔2019〕316号），专门对金融营销宣传进行规范，同时人民银行《金融消费者权益保护实施办法》、银保监会《银行保险机构消费者权益保护管理办法》（征求意见稿）也规定金融机构应当对营销宣传内容的真实性负责，并明确列举了禁止行为。

第一，汽车金融公司应当建立金融营销宣传的内控管理机制、监测工作机制。指定牵头部门，明确人员职责，建立健全金融营销宣传内控制度，并对本公司金融营销宣传活动进行监测，如在监测过程中发现金融营销宣传行为违反有关法律法规，应当立即改正。

第二，加强对业务合作方金融营销宣传行为的监督。汽车金融公司应当审慎确定与合作方的合作形式，在合作协议中明确约定合作方在金融营销宣传中的责任，监督合作方的营销宣传行为并承担相关责任。

第三，汽车金融公司在营销宣传中，应当注意以下行为"红线"：

1. 不得以欺诈或引人误解的方式对金融产品或金融服务进行营销宣传。金融营销宣传不得引用不真实、不准确的数据和资料；不得隐瞒限制条件；不得使用偷换概念、不当类比、隐去假设等不当营销宣传手段。

2. 不得以损害公平竞争的方式开展金融营销宣传活动。金融营销宣传不得以捏造、散布虚假事实等手段恶意诋毁竞争对手，损害同业信誉；不得通过不当评比、不当排序等方式进行金融营销宣传；不得冒用、擅自使用与他人相同或近似等有可能使金融消费者混淆的注册商标、字号、宣传册页。

3. 不得利用政府公信力进行金融营销宣传。金融营销宣传不得利用国务院金融管理部门或地方金融监管部门对金融产品或金融服务的审核或备案程序，误导金融消费者认为国务院金融管理部门或地方金融监管部门对该金融产品或金融服务提供保证，并应当提供对该金融产品或金融服务相关信息的查询方式；不得对未经国务院金融管理部门或地方金融监管部门审核或备案的金融产品或金融服务进行预先宣传或促销。

4. 不得损害金融消费者知情权。金融营销宣传应当通过足以引起金融消费者注意的文字、符号、字体、颜色等特别标识对限制金融消费者权利和加重金融消费者义务的事项进行说明。通过视频、音频方式开展金融营销宣传活动的，应当采取能够使金融消费者足够注意和易于接收理解的适当形式披露告知警示、免责类信息。

5. 不得利用互联网进行不当金融营销宣传。利用互联网开展金融营销宣传活动，不得影响他人正常使用互联网和移动终端，不得提供或利用应用程序、硬件等限制他人合法经营的广告，干扰金融消费者自主选择；以弹出页面等形式发布金融营销宣传广告的，应当显著标明关闭标志，确保一键关闭；不得允许从业人员自行编发或转载未经相关金融产品或金融服务经营者审核的金融营销宣传信息。

6. 不得违规向金融消费者发送金融营销宣传信息。未经金融消费者同意或请求，不得向其住宅、交通工具等发送金融营销信息，也不得以电子信息方式向其发送金融营销信息。以电子信息方式发送金融营销信息的，应当明确发送者的真实身份和联系方式，并向接收者提供拒绝继续接收的方式。

同时，根据《银行保险机构消费者权益保护管理办法》（征求意见稿）要求，汽车金融公司应规范自动营销行为，对客户呼叫、信息群发、网络推送等进行统一控制，避免短时间内对同一消费者重复呼叫和高频发送短信等行为。

（三）合作机构

汽车金融公司的合作机构，主要包括经销商渠道（含SP）、催收外包公司、档案邮寄管理、信息科技供应商等。其中与客户直接接触、对汽车金融公司消费者权益保护工作影响重大的，主要是经销商渠道和催收外包公司。

第一，汽车金融公司应当对合作机构进行名单制管理，建立规范的准入、退出标准。对于违反消费者权益保护要求的机构，应当明确规定予以清退，列入合作机构黑名单。

第二，汽车金融公司应将消费者权益保护的要求纳入合作机构管理制度，并在与合作机构的协议中，明确约定合作机构在消费者权益保护方面的责任和义务，包括合规与风险管理要求、服务连续性要求、收费管理要求、信息安全管控、纠纷解决机制、信息披露和应急处置，以及合作机构应当切实保障金融消费者知情权、自主选择权和公平交易权等。

第三，对合作机构的营销宣传、催收等行为进行日常监测和监督管理，发现问题隐患的合作机构应当及时采取纠正措施。

第四，对合作机构处理客户咨询、投诉的情况进行管理，不能放任不管。合作机构在处理合作事项过程中侵害消费者权益的，由汽车金融公司承担首要责任，不能将责任一推了之。

（四）应急管理

强调金融机构消费者权益保护应急管理，主要是因为一般来说金融产品涉及面广、金额较大，容易形成群访群诉、重大风险事件、重大负面舆情等情况。因此，汽车金融公司应当建立与消费者权益保护相关的应急管理机制，包括：

第一，消费者权益保护相关重大突发事件管理制度或重大群体性投诉及负面舆情应急预案，明确公司内部调查、汇报、决策、处理等环节的职责和流程，以及不同风险事件的应对措施。

第二，及时报告。根据人民银行《关于进一步加强银行业金融机构重大事项报告工作的通知》（银发〔2014〕293号），发生聚众上访、围攻或冲击汽车金融公司及营业场所等产生重大社会影响的群体性事件的，或在媒体（含网络等其他方式）出现负面舆情，对汽车金融公司正常经营产生重大影响的事件，均属于重大事项。前者应在发生之时起2小时内，后者应在24小时内向人民银行报告。

根据银保监会《银行保险机构消费者权益保护管理办法》（征求意见稿），因消费者权益保护工作不到位或发生侵害消费者权益行为导致的被其他行政管理部门处罚，或涉及消费者众多、可能引发群体性事件、集中退保兑付、社会舆情等较大负面影响的事件，属于消费者权益保护重大事件，汽车金融公司应在发生之日起3日内向银保监会消费者权益保护部门报告。

第三，妥善应对声誉风险。汽车金融公司可参照银保监会《银行保险机构声誉风险管理办法（试行）》（银保监发〔2021〕4号）的规定，按照声誉风险事件的不同级别，灵活采取相应措施，可包括：

1. 核查引发声誉事件的基本事实、主客观原因，分析机构的责任范围；

2. 检视其他经营区域及业务、宣传策略等与声誉事件的关联性，防止声誉事件升级或出现次生风险；

3. 对可能的补救措施进行评估，根据实际情况采取合理的补救措施控制利益相关方损失程度和范围；

4. 积极主动统一准备新闻口径，通过新闻发布、媒体通气、声明、公告等适当形式，适时披露相关信息，澄清事实情况，回应社会关切；

5. 对引发声誉事件的产品设计缺陷、服务质量弊病、违法违规经营等问题进行整改，根据情节轻重进行追责，并视情公开，展现真诚担当的社会形象；

6. 及时开展声誉恢复工作，加大正面宣传，介绍针对声誉事件的改进措施以及其他改善经营服务水平的举措，综合施策消除或降低声誉事件的负面影响。

四、教育宣传

理论和实践都表明，消费者金融素养不足、风险意识不强，是当下金融纠纷频发、消费者和金融机构矛盾突出的一大因素。人民银行于 2017 年开展了全国范围的消费者金融素养问卷调查，在每个省级行政单位随即抽取 600 名金融消费者，全国共 18600 个样本。结果显示，我国消费者的金融素养属于中等水平，且发展不均衡，开展金融知识普及和金融消费者教育的空间很大，且十分紧迫。[①]

汽车金融公司开展消费者金融知识的教育宣传，应关注常态化消费者教育和集中教育宣传活动两个方面。

（一）常态化消费者教育

第一，汽车金融公司应在营业场所、官方网站、官方 App 设立独立的公益性金融知识宣传教育区，并配备充足的教育宣传资源，及时更新宣传资料。

第二，主动在营业场所、官方网站等渠道对消费者开展以案说险、风险提示等；发布风险提示一年内不少于 2 次。

第三，金融知识教育宣传应坚持公益性，不得以营销、推介行为替代金融知识普及与消费者教育。

（二）集中教育宣传活动

人民银行和银保监会在每年的特定日期或期间，举办集中性的宣传教

---

① 孙天琦等著：《金融秩序与行为监管——构建金融业行为监管与消费者保护体系》。

育活动，主要包括"'3·15'消费者权益保护教育宣传周"、9月"金融知识普及月"（人民银行）和"金融知识进万家"（银保监会）等。汽车金融公司需要按照监管部门组织发起的各项金融知识宣传活动要求，积极开展各项集中式教育宣传活动，并关注以下合规要点：

第一，汽车金融公司应当明确牵头部门，指定联系人，并结合本机构实际制定活动方案。

第二，按照监管部门要求，在规定的时间内报送教育宣传工作方案、简报、报告和报表等材料，并确保材料真实、准确。

第三，尽可能调动公司、合作机构的资源，使用创新方式开展金融知识教育宣传，或自主开展具有重大影响力的教育宣传活动，以获得较好的宣传效果或社会影响。

五、个人信息保护

个人信息保护是近几年来的热点，《网络安全法》《信息安全技术个人信息安全规范》（以下简称《个人信息安全规范》）、《数据安全法》《个人信息保护法》相继出台，个人信息保护的法律法规体系逐步建立。对于金融机构而言，每天处理的信息中，很大一部分属于个人信息，而且是个人信息中最为重要、最为敏感的个人金融信息，更加需要被严格保护，防范信息安全风险。金融监管部门出台的个人金融信息保护监管规定，主要包括人民银行2011年《关于银行业金融机构做好个人金融信息保护工作的通知》（银发〔2011〕17号）、2012年《关于金融机构进一步做好客户个人金融信息保护工作的通知》（银发〔2012〕80号）、2020年《金融消费者权益保护实施办法》等，以及银保监会发布的消费者权益保护相关规定、通知中涉及个人信息保护的相关要求。

2020年2月，人民银行发布《个人金融信息保护技术规范》（以下简称《规范》），主要从安全技术和安全管理两个维度，对个人金融信息的全生命周期（收集、传输、使用、删除、销毁等环节）提出了系统性、可操作性的管理要求。虽然《规范》属于推荐性行业标准，本质上属于对金融机构在个人金融信息保护方面的建议。但《规范》由中国人民银行发布，在实践中不排除会成为监管机构在监督检查或开展执法活动时的重要参考依据，因此《规范》对汽车金融公司在个人金融信息管理及实施方面仍然具有比较强的指导意义，本书将对《规范》进行重点介绍分析。

（一）个人金融信息的定义

根据《规范》规定，个人金融信息包括账户信息、鉴别信息、金融交易信息、个人身份信息、财产信息、借贷信息和其他反映特定个人金融信息主体某些情况的信息。相较于《关于银行业金融机构做好个人金融信息保护工作的通知》对个人金融信息的规定，《规范》增加了"鉴别信息"，并以"定义＋举例"的形式扩展了部分信息类别中的信息项，具体详见表1。

表1　　　　　　　　　个人金融信息定义对比表

《个人金融信息保护技术规范》		《关于银行业金融机构做好个人金融信息保护工作的通知》	
信息类别	举例范围	信息类别	举例范围
账户信息	指账户及账户相关信息，包括但不限于支付账号、银行卡磁道数据（或芯片等效信息）、银行卡有效期、证券账户、保险账户、账户开立时间、开户机构、账户余额以及基于上述信息产生的支付标记信息等	个人财产信息	账号、账户开立时间、开户行、账户余额、账户交易情况等
鉴别信息	指用于验证主体是否具有访问或使用权限的信息，包括但不限于银行卡密码、预付卡支付密码；个人金融信息主体登录密码、账户查询密码、交易密码；卡片验证码（CVN和CVN2）、动态口令、短信验证码、密码提示问题答案等	无	无

续表

《个人金融信息保护技术规范》		《关于银行业金融机构做好 个人金融信息保护工作的通知》	
信息类别	举例范围	信息类别	举例范围
金融交易信息	指个人金融信息主体在交易过程中产生的各类信息，包括但不限于交易金额、支付记录、透支记录、交易日志、交易凭证；证券委托、成交、持仓信息；保单信息、理赔信息等	个人金融交易信息	包括银行业金融机构在支付结算、理财、保险箱等中间业务过程中获取、保存、留存的个人信息和客户在通过银行业金融机构与保险公司、证券公司、基金公司、期货公司等第三方机构发生业务关系时产生的个人信息等
个人身份信息	• 个人基本信息包括但不限于客户法定名称、性别、国籍、民族、职业、婚姻状况、家庭状况、收入情况、身份证和护照等证件类信息、手机号码、固定电话号码、电子邮箱、工作及家庭地址，以及在提供产品和服务过程中收集的照片、音视频等信息； • 个人生物识别信息包括但不限于指纹、人脸、虹膜、耳纹、掌纹、静脉、声纹、眼纹、步态、笔迹等生物特征样本数据、特征值与模板	个人身份信息	包括个人姓名、性别、国籍、民族、身份证件种类号码及有效期限、职业、联系方式、婚姻状况、家庭状况、住所或工作单位地址及照片等
财产信息	指金融机构在提供金融产品和服务过程中，收集或生成的个人金融信息主体财产信息，包括但不限于个人收入状况、拥有的不动产状况、拥有的车辆状况、纳税额、公积金存缴金额等	个人财产信息	包括个人收入状况、拥有的不动产状况、拥有的车辆状况、纳税额、公积金缴存金额等
借贷信息	指个人金融信息主体在金融机构发生借贷业务产生的信息，包括但不限于授信、信用卡和贷款的发放及还款、担保情况等	个人信用信息	包括信用卡还款情况、贷款偿还情况以及个人在经济活动中形成的，能够反映其信用状况的其他信息
其他信息	• 对原始数据进行处理、分析形成的，能够反映特定个人某些情况的信息，包括但不限于特定个人金融信息主体的消费意愿、支付习惯和其他衍生信息； • 在提供金融产品与服务过程中获取、保存的其他个人信息	衍生信息	包括个人消费习惯、投资意愿等对原始信息进行处理、分析所形成的反映特定个人某些情况的信息
		其他信息	在与个人建立业务关系过程中获取、保存的其他个人信息

（二）个人金融信息的分类

《规范》按照个人金融信息的敏感程度从高到低分为 C3、C2、C1 三个类别，具体如表2 所示。

表2　　　　　　　　　　个人金融信息分类和举例

信息类别	界定标准	典型举例
C3	主要为用户鉴别信息。此类信息包含各类支付密码、账户登录密码等密码类信息，以及人脸、指纹等生物信息，该类信息一旦遭到未经授权的查看或未经授权的变更，会对个人金融信息主体的信息安全与财产安全造成严重危害	• 银行卡磁道数据（或芯片等效信息）、卡片验证码（CVN 和 CVN2）、卡片有效期、银行卡密码、网络支付交易密码 • 账户（包括但不限于支付账号、证券账户、保险账户）登录密码、交易密码、查询密码 • 用于用户鉴别的个人生物识别信息
C2	主要为可识别特定用户身份与金融状况的个人金融信息，以及用于金融产品和服务的关键信息。该类信息一旦遭到未经授权的查看或未经授权的变更，会对个人金融信息主体的信息安全与财产安全造成一定危害	• 支付账号及其等效信息，如支付账号、证件类识别标识与证件信息（身份证、护照等）、手机号码 • 账户（包括但不限于支付账号、证券账户、保险账户）登录的用户名 • 用户鉴别辅助信息，如动态口令、短信验证码、密码提示问题答案、动态声纹密码；若用户鉴别辅助信息与账号结合使用可直接完成用户鉴别，则属于 C3 类别信息 • 直接反映个人金融信息主体金融状况的信息，如个人财产信息（包括网络支付账号余额）、借贷信息 • 用于金融产品与服务的关键信息，如交易信息（如交易指令、交易流水、证券委托、保险理赔）等 • 用于履行了解你的客户（KYC）要求，以及按行业主管部门存证、保全等需要，在提供产品和服务过程中收集的个人金融信息主体照片、音视频等影像信息 • 其他能够识别出特定主体的信息，如家庭地址等
C1	主要为机构内部的信息资产。主要指供金融机构内部使用的个人金融信息。该类信息一旦遭到未经授权的查看或未经授权的变更，可能会对个人金融信息主体的信息安全与财产安全造成一定影响	• 账户开立时间、开户机构 • 基于账户信息产生的支付标记信息 • C2 和 C3 类别信息中未包含的其他个人金融信息

（三）安全技术要求

《规范》对包括收集、传输、存储、使用、删除、销毁 6 个环节在内的数据全生命周期安全技术要求，以及安全运行方面的安全技术要求，进行了细化规定。这些细化规定，基本脱胎于《个人信息安全规范》，但又因金融数据的敏感性和重要性，在管理要求上更加从保护信息主体的角度出发，更为严格。本书以 C3、C2 类信息为例。

从上述 C3、C2 类信息的界定和举例可以看出，这两类个人金融信息属于《个人信息安全规范》中界定的个人敏感信息，因此对于这两类信息的保护措施，首先要适用《个人信息安全规范》中关于个人敏感信息的保护规定，概括起来包括：

1. 收集时需采用不可否认的技术手段，取得个人信息主体的明示同意；

2. 传输和存储时须采用加密等安全措施；

3. 共享、转让时须向个人信息主体告知涉及的个人敏感信息的类型、数据接收方的身份和数据安全能力，并事先征得其明示同意；

4. 原则上不得公开披露；

5. 将去标识化、匿名化后的数据与可用于恢复识别个人的信息采取逻辑隔离的方式进行存储，确保去标识化、匿名化后的信息与个人金融信息不被混用。

《规范》在上述基本要求的基础上，对 C3 和 C2 类个人金融信息提出了更高的保护要求，详见表 3。

表 3 　　　　　　　　　　C3、C2 类个人金融信息保护要求

收集环节	● 不应委托或授权无金融业相关资质的机构收集（C3、C2） ● 通过受理终端、客户端应用软件、浏览器等方式收集时，应使用加密等技术措施保证数据的保密性，防止其被未授权的第三方获取（C3） ● 通过受理终端、客户端应用软件与浏览器等方式引导用户输入（或设置）银行卡密码、网络支付密码时，应采取展示屏蔽等措施防止密码明文显示，其他密码类信息宜采取展示屏蔽措施（C3）

续表

传输环节	• 通过公共网络传输时，C2、C3 类别信息应使用加密通道或数据加密的方式进行传输，保障个人金融信息传输过程的安全 • 对于 C3 类别中的支付敏感信息，其安全传输技术控制措施应符合有关行业技术标准与行业主管部门有关规定要求	
存储环节	• 不应留存非本机构的银行卡磁道数据（或芯片等有效信息）、银行卡有效期、卡片验证码（CVN 和 CVN2）、银行卡密码、网络支付密码等 C3 类别信息。若确有必要留存的，应取得个人金融信息主体及账户管理机构的授权 • C3 类别个人金融信息应采用加密措施确保数据存储的保密性	
使用环节	信息展示	• 提供业务办理与查询等功能的应用软件，处于未登录状态时，不应展示 C3 类信息；处于已登录状态时，除银行卡有效期外，不应明文展示 C3 类信息 • 应用软件的后台管理与业务支撑系统，除银行卡有效期外，不应明文展示 C3 类信息
	委托处理	• C3 及 C2 类信息中的用户鉴别辅助信息，不应委托给第三方机构进行处理
	加工处理	• 应采取必要的技术手段和管理措施，确保在信息清洗和转换过程中对信息进行保护，对 C2 和 C3 类信息，采取更加严格的保护措施
网络安全	• 应具备对网站页面篡改、网站页面源代码暴露、穷举登录尝试、重放攻击、SQL注入、跨站脚本攻击、钓鱼、木马以及任意文件上传、下载等已知漏洞的防范能力（C3、C2） • 处理个人金融信息相关的 Web 应用系统与组件上线前应进行安全评估（C3、C2） • 应具备对处理个人金融信息的系统组件进行实时监测的能力，有效识别和阻止来自内外部的非法访问（C3、C2）	

（四）安全管理要求

1. 建立全生命周期的安全准则

（1）遵循合法、正当、必要的原则，向个人金融信息主体明示收集与使用个人金融信息的目的、方式、范围和规则等，获得个人金融信息主体

的授权同意;

（2）存储时限应满足国家法律法规与行业主管部门有关规定要求，并符合个人金融信息主体授权使用的目的所必需的最短时间要求。超过该期限后，应对收集的个人金融信息进行删除或匿名化处理;

（3）个人金融信息在信息展示、共享与转让、公开披露、委托处理、加工处理、汇聚融合等方面，应遵循安全技术的要求，以及《规范》的特别要求。对于汽车金融公司而言，以下要点需要特别关注：

第一，个人金融信息原则上不得共享、转让。确需共享、转让的，应向信息主体告知共享、转让的目的、受让主体，并取得明示同意。这里有一个例外，即去标识化之后（不应仅使用加密技术）且接收方无法重新识别个人信息主体的信息，可以不受上述共享、转让要求的限制。C3 类别信息以及 C2 类别信息中的用户鉴别辅助信息不应共享、转让。

第二，共享转让、公开披露、委托处理、加工处理、汇聚融合等使用，均应开展个人金融信息安全影响评估，对于信息接收方，开展信息安全保障能力评估。

第三，在中华人民共和国境内提供金融产品或服务过程中收集和产生的个人金融信息，应在境内存储、处理和分析。确需向境外提供的，应满足《规范》相关要求。

2. 建立完善个人金融信息安全策略

（1）建立个人金融信息保护制度体系，明确工作职责，规范工作流程。制度体系的管理范畴应涵盖本机构、外包服务机构与外部合作机构，并确保相关制度发布并传达给本机构员工及外部合作方。相关制度应至少包括个人金融信息保护管理规定、日常管理及操作流程、外包服务机构与外部合作机构管理、内外部检查及监督机制、应急处理流程和预案。

（2）建立个人金融信息保护组织架构，包括：

第一，明确机构各层级内设部门与相关岗位个人金融信息保护职责与总体要求。

第二，明确个人金融信息保护责任人和个人金融信息保护责任机构。

第三，明确在提供金融产品和服务的过程中知悉个人金融信息的岗位，并针对相关岗位明确其个人金融信息安全管理责任与保密责任，如不得未经授权的复制、存储、使用个人金融信息，不得向他人出售或者以其他形式未经授权的共享、转让、披露个人金融信息等。

（3）加强对接触个人金融信息的岗位人员进行管理，包括录用前进行背景调查、定期开展培训教育、调离岗位或终止劳动合同时对权限的处理、系统开发测试和运维人员不得相互兼岗、开展专业化培训和考核等。

3. 加强个人金融信息访问控制管理

（1）应根据"业务需要"和"最小权限"原则，进行个人金融信息相关的权限管理，严格控制和分配访问、使用个人金融信息的权限。

（2）对于可访问和处理个人金融信息的系统应设置基于角色的访问控制策略，禁止账户共用。

（3）传输、处理、存储个人金融信息的系统默认用户权限应为"拒绝所有访问"。

（4）对个人金融信息使用的权限管理应设置权限指派、回收、过期处理等安全功能。

（5）对存储或处理个人金融信息的系统或设备进行远程访问时，应通过专线、VPN等方式访问，个人金融信息不应在远程访问设备上留存。

（6）应对生产网络、开发测试网络、办公网络以及相关非生产网络进行访问控制。

（7）应对个人金融信息访问与个人金融信息的增删改查等操作进行记录，并保证操作日志的完整性、可用性及可追溯性，操作日志包括但不限于业务操作日志、系统日志等；系统运维管理类日志不应记录个人金融信息。

（8）应对存储个人金融信息的数据库及操作日志实施严格的用户授权与访问控制。

（9）存储或处理个人金融信息的相关物理设备或介质应在获得审批授权后方可移入或移出机房受控区域，留存有 C2、C3 类别信息的物理设备或介质移入或移出区域应具有同等的安全保障措施。

4. 实施安全监测与风险评估

（1）应识别并记录对个人金融信息的访问。

（2）个人金融信息数据交换网络流量进行安全监控和分析，并存储匹配安全规则的数据，以备事件溯源。

（3）日志文件和匹配规则的数据应至少保存 6 个月，应定期对所有系统组件日志进行审计。

（4）采取技术手段对个人金融信息全生命周期进行安全风险识别和管控，如恶意代码检测、异常流量监测、用户行为分析等。

（5）应每年至少开展一次对涉及收集、存储、传输、使用个人金融信息的信息系统进行安全检查或安全评估。

（6）出现个人金融信息泄露事件，造成一定经济损失（或社会影响）时，应及时委托外部安全评估机构重新进行相关安全评估与检查活动，并将结果报送行业主管部门。

5. 妥善处置个人金融信息安全事件

（1）制定个人金融信息安全事件应急预案，明确安全事件处置流程和岗位职责，并根据法律法规、规定的更新情况，及时评估并更新应急预案。

（2）定期组织个人金融信息保护应急预案相关培训和应急演练。

（3）发生个人金融信息安全事件后，应及时采取必要措施进行处置，控制事态发展，消除安全隐患，并及时告知受影响的个人金融信息主体。

（4）发现因系统漏洞或人为原因造成个人金融信息泄露时，应立即采取有效措施防止风险扩大，并向行业主管部门报告。

（5）应记录事件内容，分析和鉴定事件产生的原因，评估事件可能造成的影响，制定补救措施，并按国家与行业主管部门规定及时进行报告。

（6）应建立投诉与申诉管理机制，包括跟踪流程，并在规定的时间内对投诉、申诉进行响应。

第二节　投诉管理

金融纠纷，作为消费者与金融机构的矛盾的爆发点，如果没有妥善处理，会引发各类风险事件。因此在消费者权益保护中，纠纷化解或叫争端解决是一项重要机制。比如世界银行在《金融消费者保护的良好经验》中提出：应当为消费者提供一个紧急、有效、权威和专业合适并匹配充足资源的争端解决机制。争端解决机构应该具有独立性、权威性和公正性，监管机构和消费者协会应该公布消费者保护的总体情况，并且根据客户投诉的统计数据、消费者保护活动的总体统计数据和分析，提出监管变化和金融教育措施，以避免系统性消费者投诉的出现。[1]

在国内，早在 2012 年，保监会就在全国范围内开通了"12378 保险消费者投诉维权热线"，并开始公开通报热线接听的投诉情况。2013 年人民银行上海总部就在上海市范围内开通试运行 12363 金融消费权益保护咨询投诉电话，之后逐步在各地推广，并于 2015 年正式在全国开通。银监会依托各地派出机构的信访咨询电话和消费者投诉咨询电话，在 2018 年国务院机构改革后，银保监会将原来保险投诉热线 12378 扩展为银行保险消费者投诉维权热线，投入大量监管资源，接收办理银行保险消费者投诉近十万件，对解决群众现实诉求、治理金融乱象发挥了重要作用。[2]

在制度建设方面，2020 年 1 月银保监会发布《银行业保险业消费投诉处理管理办法》（中国银行保险监督管理委员会令 2020 年第 3 号），从组织管理、投诉处理、工作制度、监督管理等方面规范了金融机构消费者投

---

[1]　孙天琦等著：《金融秩序与行为监管——构建金融业行为监管与消费者保护体系》。
[2]　《银保监会国新办新闻发布会答问实录（2019 年 10 月）》，http：//www.cbirc.gov.cn/cn/view/pages/ItemDetail.html？docId=210922&itemId=915&generaltype=0。

诉处理工作。同年 2 月，银保监会消保局发布《关于落实〈银行业保险业消费投诉处理管理办法〉有关事项的通知》（银保监消保函〔2020〕57号），从健全完善投诉处理机制、落实投诉处理工作责任等八个方面，进一步明确了相关监管要求。同年 9 月，人民银行发布《金融消费者权益保护实施办法》（中国人民银行令〔2020〕第 5 号），其中第四章专门规定了金融消费者争议解决的要求。另外，银保监会还于 2019 年 12 月发布了《银行保险违法行为举报处理办法》，对举报金融机构违法行为相关事宜进行了规范。上述规定基本构成了监管部门纠纷化解的制度框架体系。

同时，金融机构大量金融借款或信用卡逾期纠纷，叠加客户维权产生的金融纠纷，给司法机关带来了巨大的审判压力。因此银保监会还会同最高人民法院推动各地区建立了银行保险纠纷第三方调解机构，引导银行保险机构主动通过调解的方式解决与消费者的争议纠纷，在诉讼之外，为广大金融消费者提供了一个专业、便捷、低成本的维权途径。2021 年 2 月中央全面深化改革委员会第十八次会议审议通过《关于加强诉源治理推动矛盾纠纷源头化解的意见》，提出要坚持和发展新时代"枫桥经验"，把非诉讼纠纷解决机制挺在前面，推动更多法治力量向引导和疏导端用力，加强矛盾纠纷源头预防、前端化解、关口把控，完善预防性法律制度，从源头上减少诉讼增量。因此，多元纠纷化解将在未来一段时间内，成为金融机构纠纷化解的重头戏。

对于汽车金融公司而言，虽然纠纷化解不一定属于合规管理部门的职责，但却对合规管理至关重要。一方面，投诉处理和多元纠纷化解，是消费者权益保护的一项重要合规要求，在消费者权益保护监管评价中权重较大。另一方面，投诉和纠纷是公司合规缺陷甚至违规问题的指向标，汽车金融公司可以从投诉处理和纠纷化解中自我检查，通过数据分析和溯源治理的方法，找到问题所在并在风险暴露前完成整改，是公司合规管理的一个重要抓手。

需要注意的是，在前述人民银行和银保监会关于消费者投诉主要监管框架的基础上，部分地区监管会发布一些更为细化的实施细则或要求。为了使相关合规要点更有操作性，本书同时将兼顾北京地区监管发布的相关实施细则，并予以标注，其他地区的汽车金融公司仅供参考。

一、投诉管理机制

汽车金融公司应当建立消费者投诉管理机制，指定高级管理人员或者机构负责人分管本单位消费投诉处理工作，设立或者指定本单位消费投诉处理工作的管理部门和岗位，合理配备工作人员。指定的高级管理人员或者机构负责人应当切实承担相关工作的管理责任，不能仅仅"挂名"。

北京银保监局要求汽车金融公司建立健全决策机制，包括：建立由机构主要负责人、分管消保工作的高管人员和有关职能部门负责人组成的消费者权益保护工作委员会，统一规划、统筹部署本机构消费者权益保护工作，协调处理重大消费投诉事项、定期研判相关工作开展情况；为消费者权益保护职能部门提供必要的人员支持，并研究建立行之有效的消费投诉处理专项经费保障制度；建立对北京银保监局转送消费投诉的分级审签制度，对于内容较为复杂、被投诉机构未能与消费者协商一致的投诉事项，其处理意见应当由分管消保工作的高管人员审签；对于被投诉机构与消费者争议较大且未能与消费者协商一致、可能导致矛盾进一步升级的消费投诉，其处理意见应当由机构主要负责人审签。

另外，汽车金融公司需要向银保监局报送本机构处理消费投诉工作的责任人员名单，包括机构主要负责人、分管消保工作的高级管理人员、消费者权益保护职能部门负责人、投诉处理岗位责任人以及投诉处理专员等，即汽车金融公司"投诉处理五级联络人"。

二、投诉工作制度

汽车金融公司应当建立健全以下基本投诉工作制度。

（一）消费投诉处理工作制度

投诉处理工作制度应当明确规定消费投诉登记要求、处理流程、职责分工、统计分析、档案管理、信息披露等要求。

（二）消费投诉处理考核评价制度

明确投诉处理责任追究、溯源整改等要求，综合运用正向激励和负面约束手段，将消费投诉以及处理工作情况纳入各级机构综合绩效考核指标体系，并在各级机构高级管理人员、机构负责人和相关部门人员的薪酬分配、职务晋升等方面设定合理考核权重。

根据北京银保监局 254 号文要求，汽车金融公司应当对自收投诉与银行保险监督管理机构转送的投诉同等重视，统一纳入投诉考核范畴；不得简单基于银行保险监督管理机构通报的投诉情况进行考核。

（三）消费投诉处理登记制度和档案管理制度

消费投诉登记记录、处理意见等书面资料或者信息档案应当存档备查，根据银保监会消保局《关于落实〈银行业保险业消费投诉处理管理办法〉有关事项的通知》的要求，投诉处理过程产生的书面材料、电子数据、音像资料等档案的保存期限应当不少于消费投诉办结后 2 年。人民银行《金融消费者权益保护实施办法》规定，投诉资料留存时间自投诉办结之日起不得少于 3 年。因此汽车金融公司可以按照人民银行的要求来确定投诉档案的最短保存期限。

（四）重大消费投诉处理应急预案

预案应包括重大消费投诉的预防、报告和应急处理工作安排。其中，重大消费投诉至少包括因重大自然灾害、安全事故、公共卫生事件等引发的消费投诉以及 20 名以上投诉人采取面谈方式提出共同消费投诉的群体性投诉。

三、投诉处理要求

（一）投诉渠道公开公示

汽车金融公司应在官方网站、移动客户端、营业场所或者办公场所醒目位置公布本机构的投诉电话、通讯地址等投诉渠道信息和消费投诉处理流程。开通电子邮件、官网平台等互联网投诉渠道的，应当公布本机构接收消费投诉的电子邮箱、网址等。在产品或者服务合约中，汽车金融公司应当提供投诉电话或者其他投诉渠道信息。

北京银保监局发布的《关于进一步加强北京地区银行业保险业消费投诉处理管理工作的通知》（京银保监发〔2021〕254号），对投诉渠道提出更为详细的要求，包括：已设立官方网站、移动客户端、微信公众号等平台的，应当在相关平台中设置消费投诉板块；应当确保客服热线能够迅速转接至人工投诉通道，转接人工过程中不得设置3次以上转拨程序。

（二）顺畅投诉受理流程

汽车金融公司受理投诉后，可以要求投诉人提供投诉人和被投诉人的基本情况、投诉请求、主要事实和相关依据。委托他人投诉的，可以要求提供投诉人亲笔签名或者盖章的授权委托书原件，以及受托人的身份证明和有效联系方式。但需要注意的是，汽车金融公司已经掌握或者通过查询内部信息档案可以获得的材料，不得要求投诉人提供，不得以提供材料为由给消费者投诉设置障碍。

（三）在规定期限内处理投诉

对于事实清楚、争议情况简单的消费投诉，应当自收到消费投诉之日起15日内作出处理决定并告知投诉人，情况复杂的可以延长至30日；情况特别复杂或者有其他特殊原因的，经高级管理人员审批并告知投诉人，可以再延长 30 日。

除此之外，北京银保监局 254 号文和 286 号文要求，汽车金融公司在接到北京银保监局转送的消费投诉后 24 小时内与消费者取得联系；通过自身投诉渠道接到消费者投诉后 1 个工作日内与消费者取得联系。

（四）投诉处理回避要求

汽车金融公司收到消费投诉后，应当指定与被投诉事项无直接利益关系的人员核实消费投诉内容，及时与投诉人沟通，积极通过协商方式解决消费纠纷。一般来说，与投诉事项有关的销售人员、服务人员、催收人员，应当视为有直接利益关系的人员，不得与投诉人直接沟通，以免引发激烈冲突或相关违规问题被隐藏掩盖。

（五）投诉报告要求

一是汽车金融公司应当于每月 10 日前向其监管机构报送《监管机构转送消费投诉办结情况反馈表》，真实反映本机构对监管机构转送的消费投诉处理情况。

二是消费投诉工作年度报告。汽车金融公司应当于每年 1 月 31 日前向其监管机构报送消费投诉工作年度报告，报告本机构上一年度消费投诉处理及管理工作情况。部分地区银保监局还会要求报送半年报。

三是发生重大消费投诉的，应当自发生之时起 24 小时内向其监管机构报告相关情况；履行首报义务后，相关重大消费投诉出现新情况或者需要补充内容的，一般应当在 24 小时内续报，最迟不超过 72 小时。

（六）加强对第三方机构合作业务消费投诉的管理

因合作销售产品或者提供服务而产生消费纠纷的，汽车金融公司应当要求相关第三方机构配合处理消费投诉，对消费投诉事项进行核实，及时提供相关情况，促进消费投诉顺利解决。汽车金融公司应当将第三方机构对消费投诉处理工作的配合情况纳入合作第三方机构的准入退出评估机制。

四、投诉处理的良好实践

（一）设置投诉处理专岗，专职负责投诉的受理和反馈，同时对每一个投诉跟踪到底，推动公司内部快速完成业务调查、确定投诉处理方案。一方面，要避免因为内部流转不畅导致拖延处理。另一方面，要避免多头处理，导致处理方案混乱或对客户造成打扰。这个投诉处理专岗，需要按照监管部门的统一安排，定期接受消费投诉处理工作的专项短期轮训，提升专业能力。

（二）对投诉处理进行分级授权，配备一定的专项基金，用于安抚客户情绪，以及就部分法律法规或合同没有明确规定的事项与客户达成调解，避免因公司内部复杂、冗长的汇报审批程序，导致客户投诉升级。

（三）有效识别"无效投诉"和"恶意投诉"，及时向监管反映。不可否认的是，实践中存在部分客户无理投诉、缠诉闹诉的情况，甚至有一些"黑产"机构以投诉为手段，帮助借款人逃废债来牟利。面对此类投诉，汽车金融公司不能一味追求"息事宁人"，要充分理解相关监管规定对投诉事项的定义，在积极向投诉人解释说明的基础上坚持依法处理。

同时，汽车金融公司可以向监管反映情况，以减轻相关投诉的监管压力。如北京银保监局286号文规定，存在下列情形的，可以在接到转送投诉的5个工作日内向北京银保监局反映：投诉主体错误的；非消费者本人或其委托人提出的；投诉的业务未真实发生的；被投诉机构因执行法律、法规及国家政策的强制性规定而无法向投诉人提供相关服务的；投诉人主张的相关事项公安机关已经立案侦查或经人民法院判决的。

（四）建设投诉处理信息系统，对投诉处理流程进行系统管控，做到处理留痕。

同时，在系统中对受理的投诉进行正确分类，分类标准可以参考人民银行、银保监会 2018 年发布的《银行业金融机构金融消费者投诉统计分类及编码行业标准》（银发〔2018〕243 号），以确保投诉统计口径的一致性和准确性。

（五）定期对投诉数据进行分析，重点关注主要投诉原因、投诉业务品种以及投诉区域分布，可以从中发现产品设计、收费管理、渠道管理以及部分业务人员的问题或漏洞，及时进行溯源治理，在发生更大的风险前查漏补缺。

五、多元纠纷化解

与西方源于诉讼的弊端开启以非诉讼方式替代诉讼的纠纷解决运动不同，我国的多元化纠纷解决机制改革始终强调诉讼与调解、仲裁、行政裁决、行政复议等非诉讼方式之间的相互配合与协调，将各种纠纷解决方式之间的优势互补作为多元化纠纷解决机制运转的核心动力，将充分发挥各种纠纷解决方式的作用作为多元化纠纷解决机制构建追求的目标。[①]

在投诉处理中，多元纠纷化解机制一般指通过第三方调解组织的调解处理投诉、化解纠纷。这种方式逐渐从双方自愿变为监管对金融机构的一项合规要求。2020 年消保监管评价标准中，专门设置了"纠纷化解机制落实"的评价指标。

（一）第三方调解组织

金融纠纷第三方调解组织有明显的地域属性，目前尚未建立全国统一的金融纠纷第三方调解组织，部分地区金融监管部门主要协调当地人民法院系统，指导建立或指定第三方机构，作为金融纠纷调解组织。表 4 为部分地区监管部门确定的第三方金融纠纷调解组织。

---

① 廖永安，江和平 . 构建中国特色多元化纠纷解决机制［J］. 人民法院报，2021（8347）.

表4 主要部分地区调解组织及联系电话

地区	调解组织名称	联系电话
北京	北京秉正银行业消费者权益保护促进中心	010 – 88689969
上海	上海银行业保险业纠纷调解中心	021 – 68583890
重庆	重庆银行业消费者投诉纠纷调解中心	023 – 63661919
广东	广东正和银行业保险业消费者权益保护中心	4009 – 888 – 188

（二）汽车金融公司调解要求

第一，汽车金融公司应建立通过调解方式化解与消费者之间矛盾的纠纷机制，包括制定相应制度，明确推动纠纷多元化解工作的负责部门；通过调解方式化解与消费者之间矛盾纠纷的工作情况应纳入本单位消费者权益保护工作绩效考核。

第二，汽车金融公司应尽可能降低与投诉人达成调解的内部阻力，如建立调解权限动态授予、异地授予、及时应调、快速审批等机制，将在授权范围内达成的调解协议作为会计核销的依据。

第三，根据银保监会消保局《关于落实〈银行业保险业消费投诉处理管理办法〉有关事项的通知》的要求，对于投诉人主动提出调解的，应当积极配合调解；调解成功的，应当及时全面履行调解协议。

【案例】汽车贷款业务中常见的侵害消费者权益的行为

随着金融监管压力的不断加大、金融消费者权益保护理念的不断深入，汽车金融公司主动违反消保法规、侵害消费者权益的情况并不多见。但"魔鬼在细节之中"，往往很多惯常操作或者一直以来的业务惯例却"暗藏杀机"，可能给汽车金融公司带来消保方面的合规风险。

一、未按规定披露贷款综合年化利率

根据人民银行的规定，金融机构应当以明显的方式向借款人展示贷款年化利率，其中年化利率的分子应当包括借款人支付的所有贷款成本，包括贷款利息以及与贷款直接相关的各类费用,分母应当是借款人实际占用的贷款本金。但是实践操作中,汽车贷款业务中可能存在以下操作:

1. 片面强调"月供"

由于月供金额比较直观,不涉及等额本息或等额本金这种比较复杂的利率支付方式的解释,因此向客户推荐贷款产品的经销商金融专员,长期以来习惯用"月供"的概念来替换贷款利率,向客户解释贷款成本。

但是月供金额掩盖了实际贷款利率,不利于客户进行横向比较,也容易通过月供的形式"隐藏"与贷款有关的费用,不仅不符合人民银行的要求,也涉嫌侵害消费者的知情权。

2. 只宣传月利率

汽车金融尤其是二手车金融领域,还有一个操作惯例是,如果客户问到利率,就告知月利率,并且多不是以百分比的形式,而是以民间借贷的"分"和"厘"作为单位。

3. 未将所有与贷款有关的成本纳入利率计算

从前述人民银行对贷款综合年化利率的定义可以看出,借款人因为贷款支付的所有成本,比如各类"金融服务费"、担保费用、评估费用,与对借款人信用承保的保险费用,都应该计入综合年化利率的分子。暂且不说收取此类费用(如金融服务费)本身存在以贷收费的合规风险,即使是真实提供了服务而收取的费用,如果不计入综合年化利率,就会导致客户的实际贷款成本高于宣传的利率水平,侵害消费者的知情权。

2021年12月,银保监会对华夏银行侵犯消费者权益的情况进行通报,其中第一项就是互联网贷款利率宣传不规范,侵害消费者知情权,包括两个行为:

"华夏龙商贷"在微信公众号宣传"年化利率低至7.2%",客户实际承担的年化综合资金成本最高达18%,是宣传利率的2.5倍,且产品上线以来无客户享受最低宣传利率。

"网商贷"在合作方手机App页面宣传"日利率最低0.02%",未按照监管要求展示年化利率。

二、借贷搭售、质价不符

部分汽车金融公司在信贷主业之外，还具有保险兼业代理的资质，可以代理保险公司向借款人销售保险，这也成为汽车金融公司一项重要的非息收入。如果汽车金融公司通过销售人员，向客户推介保险产品，在客户明知且自愿的情况下购买，没有任何问题。但以下行为，可能侵犯金融消费者的权益：

1. 将是否购买保险与贷款利率绑定

部分汽车金融公司会在产品中规定，只有购买了某项保险的借款人，才能够享受较低的贷款利率，或者免息。解释口径通常是因为客户买了该项保险，其自身风险较低，根据风险定价原则可以给予低利率。看似合理，不过银保监会在 2019 年《关于部分银行小微企业金融支持政策不落实典型案例的通报》（银保监办发〔2019〕214 号），已经将"办理贷款时必须上保险、贷款额度与保费金额挂钩、不买保险则贷款利率上调"的行为，认定为"违背借款人真实意愿、损害消费者权益"的违规行为。

2. 强制搭售 GPS 并捆绑保险

对融资车辆安装 GPS 是汽车金融公司进行风险管控的一个重要手段，曾经也是"市场惯例"。但是后来发展出一种汽车金融公司、GPS 服务商和保险公司合作的业务模式，在 GPS 服务上捆绑盗抢保障以及贷款履约保证，保险公司以产品责任险的险种，为盗抢保障和履约保证提供保险。

这种模式有三方面侵害消费者权益的问题。第一，汽车金融公司会要求借款人加装指定服务商的 GPS 产品，侵害消费者的选择权。第二，GPS 服务商和保险公司对于盗抢保障来源于产品责任险的信息披露不足，误导借款人以为购买 GPS 产品就可以获得盗抢保障，侵害消费者知情权和选择权。第三，汽车金融公司自身未购买信用保险，也未明确要求借款人购买履约保证保险，而是要求借款人购买 GPS 产品的行为获得履约保证，侵害了消费者的知情权，甚至存在转嫁成本的嫌疑。

2021 年 7 月，上海银保监局对某汽车金融公司上述侵害消费者权益的行为进行处罚，给予警告，并与其他两项违规行为合并处以 150 万元罚款。

3. 将低价保险包装成高价服务销售

在经过银保监会多轮"打击市场乱象"行动之后，尤其是自 2020 年对人身保险市场的整顿之后，一些侵害消费者权益的行为变得更为"隐蔽"和"深层"，比如以"保障服务"、会员卡等服务的名义，在保险产品上叠加部分增值服务，以远高于实际成本的价格向借款人销售。

银保监会一贯要求金融机构在服务定价中确保质价相符。2021 年 6 月，银保监会通报马上消费金融公司侵害消费者权益的情况，认定马上消费金融公司标准会员服务卡存在低成本卡种定价高的情况，定价不合理。

三、合作机构侵害消费者权益

汽车金融公司依靠汽车经销商或 SP 来推介金融产品和获客，甚至部分客户身份识别、合同签署、欺诈甄别也需要经销商来协助完成。如果汽车金融公司对经销商和 SP 的依赖度过高，将会失去风险管控能力，无法及时、有效地规制合作机构的行为，导致"引火烧身"。常见的合作机构侵害消费者权益的行为包括：

1. 以金融、贷款的名义收取费用

在 2019 年之前，经销商向贷款购车客户收取"金融服务费"同样是市场惯例。经销商在收取汽车金融公司佣金的同时，向客户收取金融服务费，这相当于对同一个行为重复收费，并且对于收费的定价标准不清晰、未公示，也不给开具正式发票的行为，都涉嫌侵犯消费者的知情权和选择权。2019 年 4 月，西安一名奔驰女车主因为车辆质量问题，坐在车顶激烈维权，被媒体广泛报道。在调查过程中，发现经销商以金融服务费的名义，要求贷款购车人向其员工个人转账 15000 余元，彻底曝光了经销商借金融产品收费的潜规则。

之后，虽然为该名客户提供贷款服务的某汽车金融公司否认收取了金融服务费，但还是因为对合作机构管理不力，对外包活动管理存在严重不足，被处以 80 万元罚款。

2. 非法获取客户个人信息

为了方便业务开展，汽车金融公司一般会与经销商打通系统对接，或者给予经销商相关金融专员在汽车金融公司核心系统上的账号，以便其代客户在系统中提交贷款申请。如果在系统对接或账号管理上存在漏洞，比如允许金融专员批量查询客户信息，或者未对客户信息进行脱敏处理，就会被相关人员利用，非法获取客户个人信息后售卖。

2021 年 3 月，广东银保监局对某汽车金融公司处以罚款 30 万元，对时任副总经理罗某、副总经理兼运营总监严某进行处罚，处罚的理由为对外包金融顾问管理、快审通系统管理不尽职。市场传闻，该汽车金融公司实际业务违规情况为其通过第三方招聘的外包驻店人员，违规为其开通核心系统 App 账号协助 4S 店提报资料，导致外包人员利用账号窃取核心系统客户信息，对外售卖。

第八章 案件防控和监管数据治理

金融机构的案件防控工作，是内控合规管理的重要组成部分。金融机构与大额资金有关的属性，使其容易成为不法分子侵犯的对象，或者利用金融机构、金融产品侵犯他人合法权益。比较典型的案件类型比如对经营场所或现金押运车辆的盗抢、信用卡诈骗、违法授信等。因此案防工作关系到金融机构自身稳健发展、金融资产安全保障和重大突发金融事件的防范。

银保监会对金融机构的案件防控工作常抓不懈，一直对金融案件和案防管理保持高压态势，仅 2020 年前三季度，就对银行业金融机构开出 131 张案防有关的罚单。同时，银保监会还通过专项行动，加强金融机构案防管理。如 2019 年在全国开展了银行业金融机构案件警示教育活动，组织各银行业金融机构在梳理排查风险案件的基础上，围绕信贷、票据、同业等领域，重点关注银行业从业人员贪污受贿、非法集资等违法犯罪行为，开展多种形式的警示教育活动。

本章的另一个话题是监管数据治理。其实监管数据报送的合规要求早已有之，最典型的就是 1104 非现场监管数据报表。但是将监管数据提升到"治理"的高度，还是 2019 年习近平总书记对统计工作作出重要批示之后。2020 年 4 月，银保监会对工、农、中、建、交五大行、邮储和中信、光大两家股份制银行开出高达 1770 万元的高额罚单，对这八家银行在 EAST 项目的数据质量及数据报送存在的违规问题进行处罚，颇有"敲山震虎"的意味。同年 5 月银保监会发布《关于开展监管数据质量专项治理工作的通知》（银保监办发〔2020〕45号），要求各金融机构按照评估模板，对自身数据报送系统、管理体制、报送数据质量等内容开展全面审慎的评估工作，并根据评估结果立查立纠，深入整改，建立监管数据质量治理长效机制。

对于汽车金融公司而言，无论是案件防控还是数据治理，都存在"起步晚""底子薄"的问题，但是监管的要求不会有任何放松。比如2020年，湖南银保监局对某汽车金融公司未按监管规定报送案件（风险）信息和违规办理贷款业务的行为，处以50万元罚款，时任该汽车金融公司总经理的李某，因对未按监管规定报送案件（风险）信息的行为负直接管理责任，被处以警告。又如2021年11月，北京银保监局对某汽车金融公司不按规定提供监管报表的行为进行处罚，同时对直接责任人员刘某处以警告。这些处罚案例对汽车金融公司的合规管理敲响了警钟，需要投入足够的资源，不能使其成为合规管理的"灯下黑"。

本章将对案件防控和监管数据治理进行讨论。同时，考虑到监管数据要做到及时、准确，必须建立在公司整体的数据治理水平的提高之上，因此在本章第二节也会涉及基础数据治理和数据安全方面的合规要求，供读者参考。

第一节　案件防控

随着汽车市场的逐渐下沉、二手车金融行业"群雄逐鹿"，一些不法分子也盯上了汽车贷款这块"肥肉"，汽车金融"套路贷"、虚假资料骗贷骗车、购买身份资料"背贷"的案件层出不穷，也有部分汽车金融公司或合作经销商员工，倒卖借款人个人信息牟利，对金融机构的资产安全带来了极大威胁，也给受害者造成了极大的伤害。因此汽车金融公司面对的案件防控压力和形势其实不容乐观。

与之相对，银保监会对案件防控的合规管理要求在不断提升，相应的监管机制也在不断完善。

在机构层面，2019 年 4 月银保监会官网公布设立重大风险事件与案件处置局的消息，与原安全保卫局合署办公，负责组织协调银行业和保险业重大、跨区域风险事件和违法违规案件的调查处理；指导、检查银行业和保险业机构的安全保卫工作。

在制度层面，银保监会通过建章立制，逐步规范金融机构的案件防控工作。2010 年银监会发布《中国银监会关于印发银行业金融机构案件处置三项制度的通知》（银监发〔2010〕111 号），基本建立了金融机构案件防控工作的监管框架。之后 2012 年对金融机构案件定义及案件分类进行了修订（银监发〔2012〕61 号），形成了沿袭多年的"三类案件"的分类体系；对银行业案件（风险）信息报送形式和内容进行了补充要求（银监办发〔2012〕102 号）。2013 年发布了《银行业金融机构案件问责工作案例暂行办法》，对问责方法、问责标准、问责程序进行了基本规范；同时发布了《银行业金融机构案防工作办法》（银监办发〔2013〕257 号），明确了金融机构建立健全案防管理体系，完善案防管理制度和流程，推进案防长效机制的要求。2014 年至 2015 年，建立了重大案件挂牌督办和案件（风险）分级督查督导机制（银监办发〔2014〕208 号）和重大案件（风险）约谈告诫机制（银监办发〔2015〕154 号）。2020 年 6 月，银保监会发布《银行保险机构涉刑案件管理办法（试行）》（银保监发〔2020〕20号），总结上述制度的执行经验，对案件防控工作监管要求进行了全面梳理和更新。2021 年 3 月，银保监会上线"银行保险机构涉刑案件（风险）信息管理系统"，明确细化了案件（风险事件）报送要素、字段，案防工作监管正式进入信息化时代。

在多部门联动层面，金融案件的管理和处置涉及金融监管部门、公安部门和纪检监察部门。比如自 2019 年 6 月开始，中国银保监会重大风险事件与案件处置局（银行业与保险业安全保卫局）与公安部经济犯罪侦查局联合开展"护航 2019"反保险欺诈专项行动。又如从 2018 年银监会深化乱象整治工作开始,"纪法衔接"便成为常态化操作,根据 2020 年颁布的《中国银保监会行政处罚办法》规定,在行政处罚调查过程中,发现当事人违法行为涉嫌犯罪的,银保监会立案调查部门应当依照有关规定及时移送司法机关或者纪检监察机关,行政处罚决定作出后,应当报送相应的纪检监察部门,并按要求将相关责任人被处罚情况通报相关组织部门。在金融监管推行"双罚制"的大背景下,通过"纪法衔接"对金融机构的党员领导干部形成震慑力。

本节将从案件分类、案件管理、案件风险排查、从业人员管理四个方面,介绍汽车金融公司在案件防控方面应当注意的合规要点。

一、案件分类

(一)业内和业外案件

2020 年《银行保险机构涉刑案件管理办法(试行)》(以下简称《办法》)修改了沿袭多年的"三类案件"分类,将案件类型分为业内案件和业外案件。

业内案件是指汽车金融公司及其从业人员独立实施或参与实施侵犯汽车金融公司或客户合法权益,已由公安、司法、监察等机关立案查处的刑事犯罪案件。

另外,有两种情况需按照业内案件管理:

1. 汽车金融公司及其从业人员在案件中不涉嫌刑事犯罪,但存在违法违规行为且该行为与案件发生存在直接因果关系,已由公安、司法、监察等机关立案查处的刑事犯罪案件。

2. 汽车金融公司从业人员违规使用汽车金融公司重要空白凭证、印章、营业场所等,套取汽车金融公司信用参与非法集资活动,已由公安、司法、监察等机关立案查处的刑事犯罪案件。

业外案件是指银行保险机构以外的单位、人员直接利用银行保险机构产品、服务渠道等，以诈骗、盗窃、抢劫等方式严重侵犯银行保险机构或客户合法权益，或在银行保险机构场所内，以暴力等方式危害银行保险机构场所安全及其从业人员、客户人身安全，已由公安、司法等机关立案查处的刑事犯罪案件。

（二）重大案件

根据案件的涉案金额、风险敞口和社会影响，《办法》给出了重大案件的判断标准，对于汽车金融公司而言，判断标准为：

1. 案件涉案金额等值人民币一亿元以上；

2. 自案件确认后至案件审结期间任一时点，风险敞口金额（指涉案金额扣除已回收的现金或等同现金的资产）占案发汽车金融公司总资产百分之十以上的；

3. 性质恶劣、引发重大负面舆情、造成挤兑以及可能诱发区域性或系统性风险等具有重大社会不良影响的；

4. 银保监会及其派出机构认定的其他属于重大案件的情形。

（三）案件风险事件

《办法》首次将案件风险事件纳入金融机构案件防控的管理范畴。案件风险事件是指可能演化为案件，但尚未达到案件确认标准的有关事件。汽车金融公司有下列情形之一、可能演化为案件的事件，属于案件风险事件：

1. 从业人员（包括高管人员）因不明原因离岗、失联的；

2. 客户反映非自身原因账户资金、保单状态出现异常的；

3. 大额授信企业及其法定代表人或实际控制人失联或被采取强制措施的；

4. 同业业务发生重大违约的；

5. 汽车金融公司向公安、司法、监察等机关报案但尚未立案，或者银保监会派出机构向公安、司法、监察等机关移送案件线索但尚未立案的；

6. 引发重大负面舆情的；

7. 其他可能演化为案件但尚未达到确认标准的情形。

二、案件管理

（一）信息报送

发生案件或案件风险事件后，按照要求的时限、路径和格式向监管部门报送案件（风险事件）信息，是案件管理的最基本要求，也是监管处罚的重灾区。在前述 2020 年前三季度 131 张案防有关的罚单中，70% 以上的处罚事由是案件信息报送违规，包括案件信息的迟报、漏报、错报和瞒报。根据《办法》规定，信息报送要求具体包括：

1. 案件确认报告。案发汽车金融公司应当在知悉或应当知悉案件发生后，三个工作日内将案件确认报告报送属地银保监局。对符合《银行业保险业突发事件信息报告办法》的案件，应于报送突发事件信息后 24 小时内报送案件确认报告。

2. 案件确认报告续报。案件处置过程中，案件性质、案件分类、涉案金额、涉案机构、涉案人员等发生重大变化的，汽车金融公司应当及时报送案件确认报告续报，报送路径与案件确认报告一致。

3. 案件撤销报告。对于公安、司法、监察等机关依法撤案、检察机关不予起诉、审判机关判决无罪或经银保监局核查确认不符合案件定义的，汽车金融公司应当及时报送案件撤销报告，报告报送路径与案件确认报告一致。

4. 案件审结报告。汽车金融公司应于案件确认后八个月内报送案件审结报告，报送路径与案件确认报告一致。不能按期报送的，应当书面说明延期理由，每次延期时间原则上不超过三个月。对作出不予立案调查决定或经立案调查决定不予处罚的案件，应在审结报告中予以明确。

5. 案件风险事件报告。事发汽车金融公司在知悉或应当知悉案件风险事件后，应于五个工作日内将案件风险事件报告报送属地银保监局。对符合《银行业保险业突发事件信息报告办法》的案件，应于报送突发事件信息后 24 小时内报送案件风险事件报告。

6. 案件风险事件续报和撤销报告。汽车金融公司在报送案件风险事件报告后，应当立即开展核查，涉及金额、涉及机构、涉及人员等发生重大变化的，应当及时报送案件风险事件续报。经核查认定符合案件定义的，及时确认为案件；不符合案件定义的，及时撤销。案件风险事件续报和撤销报告报送路径与案件风险事件报告一致。

7. 报送及统计口径。案件应当年报告、当年统计，按照案件确认报告报送时间纳入年度统计。案件性质、案件分类及涉案金额等依据公安、司法、监察等机关的立案相关信息确定；不能知悉相关信息的，按照监管权限，由银保监会案件管理部门或银保监局初步核查并认定。

（二）调查

汽车金融公司对案件处置负有主体责任，处置的第一步就是开展案件调查。发生案件或案件风险事件后，汽车金融公司应成立调查组并开展案件调查工作。根据《办法》的规定，调查组组长由公司负责人担任。案件调查工作包括：

1. 对涉案人员经办的业务进行全面排查，制定处置预案；

2. 最大限度保全资产，依法维护消费者权益；

3. 做好舆情管理，必要时争取地方政府支持，维护案发机构正常经营秩序；

4. 积极配合公安、司法、监察等机关侦办案件；

5. 查清基本案情，确定案件性质，明确案件分类，总结发案原因，查找内控管理存在的问题；

6. 对自查发现的案件，提出意见和理由。

汽车金融公司应于案件确认后四个月内报送机构调查报告，报送路径与案件确认报告一致。不能按期报送的，应书面说明延期理由，每次延期时间原则上不超过三个月。

（三）内部问责

内部问责能够起到惩前毖后的作用，几年来银保监会在案件防控和监管处罚中尤其重视事后的问责，要求问责程序合法合规、问责结果与责任认定相当，并将问责结果录入银行业金融机构从业人员处罚信息管理系统等。各机构要将拟录用任职人员的处罚问责记录作为选人用人的重要调查事项，切实防止从业人员"带病流动"。在案件防控领域，根据《办法》要求，发生业内案件的汽车金融公司应当开展内部问责，业外案件没有强制性要求，但银保监局在必要的时候可以督导汽车金融公司开展内部问责。

在问责的主体和对象方面，《办法》要求内部问责工作由案发机构的上级机构牵头负责，案发机构人员不得参与具体问责工作，但案发机构为总部的，则由总部自行负责。问责对象一般要求"上追三级"，但一般情况下汽车金融公司没有分支机构，也不会像银行那样有支行、分行、总行等那么多的层级，因此在内部问责的时候应根据《办法》第三十三条的规定，向属地派出机构提出申请，由属地派出机构根据实际情况决定。

在问责方式方面，《办法》规定案件内部问责包括但不限于以下方式：

1. 警告、记过、记大过、降级、撤职、开除等纪律处分；

2. 罚款、扣减绩效工资、降低薪酬级次、要求赔偿经济损失等经济处理；

3. 通报批评、调离、停职、引咎辞职、责令辞职、用人单位单方解除劳动合同等其他问责方式。

案件问责方式可以合并使用。应予纪律处分的，不得以经济处理或其他问责方式替代。

在问责程度方面，《办法》分别规定了可以从轻或减轻问责、免予追责以及应当从重问责的情形，具体详见表1。

表1   从轻、减轻、从重、免除问责的情形

可以从轻、减轻问责	可以免除问责	应当从重问责
1. 认为上级的决定或命令有错误，已向上级提出改正或撤销意见，但上级仍要求其执行的； 2. 符合《办法》第二十七条规定自查发现的案件的； 3. 积极配合案件调查，主动采取有效措施，且消除或减轻危害后果的； 4. 受他人胁迫实施违法违规行为，且事后及时报告并积极采取补救措施的； 5. 其他可以从轻、减轻问责的情形。	1. 因紧急避险，被迫采取非常规手段处置突发事件，且所造成的损害明显小于不采取紧急避险措施可能造成的损害的； 2. 受他人胁迫实施违法违规行为，事后及时报告并积极采取补救措施，且未造成损害的； 3. 在集体决策的违法违规行为中明确表达不同意意见且有证据予以证实的； 4. 违法行为轻微并及时纠正，没有造成危害后果的； 5. 其他可以免责的情形。	1. 发生重大案件的； 2. 对一年内发生的两起以上案件负有责任的； 3. 管理严重失职，内部控制严重失效，导致案件发生的； 4. 指使、授意、教唆或胁迫他人违法违规操作，导致案件发生的； 5. 对违法违规事实或发现的重要案件线索不及时报告、制止、处理，导致案件发生或案件后果进一步加重的； 6. 对上级机构或监管部门指出的内部控制薄弱环节或提出的整改意见，未采取整改措施或整改不到位，导致案件发生的； 7. 隐瞒案件事实或隐匿、伪造、篡改、毁灭证据，抗拒、妨碍、不配合案件调查和处理的； 8. 对检举人、证人、鉴定人、调查处理人实施威胁、恐吓或打击报复的； 9. 瞒报或多次迟报、漏报案件信息的； 10. 其他应从重问责的情形。

另外，需要特别注意的是，汽车金融公司不能因为相关人员离职而停止内部问责，根据《办法》规定，如果离职人员对离职前的案件负有责任的，汽车金融公司应做出责任认定，并按照监管权限报告银保监会案件管理部门或派出机构。该人员离职后仍在银行业保险业任职的，原任职单位应将责任认定结果及拟处理意见送交离职人员现任职单位。

三、案件风险排查

案件风险排查工作是案件防控工作的重要组成部分，如果说前面的信息报送和案件处置属于救火，那么案件风险排查的目标就是防火，提前发现隐患并通过整改消除案件隐患。为此，银监会于 2014 年制定了《银行业金融机构案件风险排查管理办法》，汽车金融公司参照执行。

在案件风险排查的组织方面，根据《办法》的要求，应当由汽车金融公司高级管理层统一组织案件风险排查工作，建立常态化风险排查机制，确定案件风险排查牵头部门，界定各部门排查职责以及排查的内容、频率和报告路径，落实案件风险排查问题整改和责任追究工作。

在排查方法和排查范围方面，汽车金融公司应当有效组织开展包括全面排查、专项排查和日常排查在内的案件风险排查，排查范围应当至少覆盖主要业务领域、重点管理环节和员工异常行为。

排查整改方面，对于案件风险排查发现的问题，排查牵头部门应当逐一进行分类梳理，按照管理权限和职责分工，由相关主管部门制定整改方案，建立整改台账，明确整改责任，逐一落实整改措施，在规定期限内向排查牵头部门反馈整改情况。排查整改完成的标准包括行为纠正到位、制度完善到位、风险控制到位和责任追究到位。

四、从业人员管理

借用反洗钱领域的概念，如果把案件报告和处置、案件风险排查比作案件防控工作的两个支柱的话，金融机构从业人员管理就属于同样重要的第三个支柱。可以这么说，在金融机构发生的业内案件中，或多或少都有从业人员管理不善的影子，这也是监管处罚的重点领域。仅 2020 年前三季度，因从业人员管理问题银行业金融机构共被行政处罚 119 起。处罚案由分布在从业人员行为管理严重不审慎、从业人员违规经商办企业、异常行为管理不到位、违规利用从业人员个人账户办理业务、从业人员与客户资金往来等。

银监会于 2018 年发布《银行业金融机构从业人员行为管理指引》（银监发〔2018〕9 号），从治理架构、制度建设、监督管理等方面对于金融机构从业人员管理提出了要求。《指引》对汽车金融公司适用。

（一）基本要求

从业人员范围的界定上，根据《指引》的规定，汽车金融公司应当将与其签订劳动合同的在岗人员、董（理）事会成员、监事会成员及高级管理人员，以及聘用或与劳务派遣机构签订协议从事辅助性金融服务的其他人员，纳入从业人员管理的范围。不能因为未与相关人员签订劳动合同而放松管理。

在从业人员管理的治理方面，汽车金融公司应当明确董事会、监事会、高级管理层和相关职能部门在从业人员行为管理中的职责分工；明确从业人员行为管理的牵头部门，配备专人负责从业人员行为管理；建立与本机构业务复杂程度相匹配的从业人员管理信息系统，持续收集从业人员的基本情况、行为评价、处罚等相关信息，支持对从业人员行为开展动态监测。

在制度建设方面，汽车金融公司应当制定与自身业务复杂程度相匹配的行为守则以及覆盖各业务条线的行为细则。行为守则应包括但不限于从业人员的行为规范、禁止性行为及其问责处罚机制等。行为细则应符合不同业务条线的特点，突出各业务条线中关键岗位的行为要求，并重点关注该业务条线中的不当行为可能带来的潜在风险。

汽车金融公司在制定从业人员行为守则和细则时，应参考银监会《银行业金融机构从业人员职业操守指引》（银监发〔2011〕6 号）和银行业协会《银行业从业人员职业操守和行为准则》（银协发〔2020〕120 号）的相关行为规范和要求。

（二）回避

回避制度有利于避免利益冲突，督促从业人员公平公正履职，推动行业自律和内部廉洁建设，提升金融机构内控机制有效性。2019 年银保监会发布《关于银行保险机构员工履职回避工作的指导意见》（以下简称《意见》），明确了回避适用范围、任职回避、业务回避和回避程序方面的要求。

1. 回避的适用范围

根据《意见》的要求，与汽车金融公司签订劳动合同的所有在岗人员或劳务派遣人员都需要适用回避。同时应当识别员工中的"关键人员"，履行更为严格的回避要求，如关键人员应回避的亲属包括配偶、直系血亲、三代以内旁系血亲和近姻亲。而普通员工应回避的亲属仅包括父母、配偶及其父母、子女及其配偶。

"关键人员"的范围包括对该机构经营管理、风险控制有决策权或重要影响力的各级管理层成员和内设部门负责人，非执行董事、股东监事和外部监事参照"关键人员"执行。

2. 任职回避

关键人员任职回避：本人与亲属不得在汽车金融公司担任双方直接隶属于同一管理层成员的职务或有直接上下级管理关系的职务；其中一方担任汽车金融公司管理层成员的，另一方不得从事人事、财务、监察、内控、内审、风险管理、授信审批、投资决策、投资交易等工作。具有独立人事管理权限的汽车金融公司各级直属机构、事业部等视为同一单位。

同时，关键人员与亲属也不得同时在其他双方有直接业务制约或利害关系等影响内控机制有效性的岗位工作。

监管人员亲属任职回避：员工有亲属在监管机构工作的，汽车金融公司应合理安排该员工岗位和职责，避免员工与亲属存在任职回避和公务回避关系，避免出现影响监管公正的情形。

公职人员任职回避：汽车金融公司拟聘用曾在党政机关工作的公职人员的，需注意审核其是否符合《公务员法》和有关法规规定的任职回避要求，其任职是否经原单位党委（党组）审核并按照干部管理权限征得相应的组织（人事）部门同意。

3. 业务回避

汽车金融公司应当要求员工在办理重点业务时，如涉及本人、亲属或存在其他利害关系的，主动汇报并提请业务回避，且不得以任何形式施加影响。对于汽车金融公司而言，"重点业务"范围主要包括授信审批、贷后催收、外包管理等。

对于关键人员以及参照关键人员管理的人员，还应按照关联交易管理等相关要求，在涉及本人或亲属等关联交易事项表决、决策时，及时告知关联关系的性质和程度，并履行回避义务。

4. 回避程序

汽车金融公司应细化建立规范、可操作的回避程序，包括：

（1）任职回避程序，由本人或汽车金融公司提出回避建议，由任免单位（一般为股东方）对是否符合回避情形进行审核，听取员工本人及相关人员意见，并作出是否需要回避的决定。

因婚姻、职务变化等形成任职回避关系的，本人应在30天内向汽车金融公司报告，并在6个月内完成任职回避调整。在任职回避调整到位前，必须严格实行业务回避。

（2）业务回避程序，本人主动提出回避申请的，按照管理权限由汽车金融公司或部门负责人作出回避决定；本人未提出回避申请的，汽车金融公司或部门负责人可直接作出回避决定。因特殊情况不能及时履行有关程序的，员工应先行回避，并在事后及时补齐相关手续。

（3）豁免回避程序，对因客观条件限制等特殊情况确实无法按相关要求进行任职回避的，应按照职位较高人员的人事管理权限，履行相应的审批程序，并在其所在单位予以公示。豁免人员相关信息应按季度报属地银保监局。

汽车金融公司一般不存在多层级分支机构的情况，因此根据《意见》要求，还应当经过汽车金融公司党组织批准，未设党组织的，由相应高管批准。

（三）员工异常行为排查

员工异常行为排查，可以及时发现和有效处置员工的异常行为。前移案防关口、防范案件和风险事件发生对案件防控工作的重要性不言而喻。虽然银保监会没有专门的监管规定对金融机构开展员工行为排查做出明确、具体的规范，但在《关于进一步强化内控合规管理防范案件风险的通知》（银监办发〔2017〕10号）、《关于预防银行业保险业从业人员金融违法犯罪的指导意见》（银保监办发〔2020〕18号）等文件中，均提到了金融机构要依法合规建立从业人员异常行为排查机制，认真组织排查。

对于汽车金融公司而言，通过流程分析、日常风险监测等方式开展风险识别，采用多种方法对内控设计和运行的有效性进行评估。不断更新排查工具和方法，通过远程审计、大数据筛查、反洗钱监测系统等手段排查隐蔽性强的风险案件，摸清案件风险底数，强化案防工作主体责任。具体内容可以参考上海银保监局发布的《员工行为管理风险点及风险防控防范措施》，重点关注以下风险点和防控要求：

1. 风险点一：员工参与民间融资、非法集资、地下钱庄非法活动。

风险描述：向客户融入或融出资金，并支付或收取利息；参与或组织他人参与民间融资、非法集资、地下钱庄非法活动。

业内良好做法：一是建立内外部举报通道，畅通投诉监督渠道；二是定期到法院网查询，了解员工涉及的诉讼、案件情况；三是定期开展员工家访；四是定期开展员工账户异常交易排查及跨行联动排查；五是用科技手段将严禁事项置于办公电脑桌面，实现严禁事项教育"天天见"。

最低防控要求：一是注重案例警示教育，健全制度规章；二是银行工作人员交叉走访客户；三是落实轮岗和强制休假制度要求；四是严格执行反洗钱相关要求，加强异常交易的监测预警。

2. 风险点二：弄虚作假获取汽车金融公司贷款。

风险描述：利用客户资料申请贷款或帮助客户弄虚作假骗取汽车金融公司贷款，造成金融机构资金风险。同时，因员工参与诈骗行为，形成诈骗案件，或员工明知资料虚假仍申办并发放信贷资金，形成违法发放贷款等案件。在与中介机构合作的过程中，还容易出现中介机构为其提供的贷款客户进行批量造假的情况，导致贷款违约率畸高，给汽车金融公司造成损失。

业内良好做法：一是明确经办机构负责人为授信业务的主调查人，对客户、业务资料的真实、准确和有效性负责，并作为该笔业务调查工作的主责任人；二是实行主审查人制度，主审查人对授信决策信息基础的可靠性、授信业务的合规性、风险揭示的充分性和授信方案的完备性负责；三是实行信审会集体审议机制，采用"专业审查、集体审批和独立表决"的审议决策方式；四是实行放款多道审核流程；五是对合作的中介服务机构经审核后采取白名单准入制。

最低防控要求：一是实行客户经理双人调查模式，共同完成授信调查工作；二是严格项目准入和借款人准入制度，严格落实"面签、面谈、面测"，加强真实性审查；三是实行双人复核制度；四是按监管要求规范与第三方机构合作贷款业务。

3. 风险点三：私刻、盗用印章。

风险描述：私刻、盗用汽车金融公司或客户印章。非法侵占客户资金，伪造业务协议或合同等，易给汽车金融公司带来严重的案件风险隐患及声誉风险。

业内良好做法：一是使用系统电子印章替代实物印章，实现加密、防盗、防私刻的作用；二是建立印章管理系统进行封闭印章管理，严格授权，记录完整、探索使用自动化用印机，提高印章管理的系统自动化程度；三是推广使用防伪印章，通过对印章的编号防伪、防伪线防伪、专有字体防伪等防伪技术，保证印章不会被私刻和盗用；四是提高技防建设，印章保管和使用场所设置监控探头，人工使用的物理印章必须存放在保险箱内。

最低防控要求：一是建立健全印章使用管理制度；二是加强检查，严控印章使用风险。

4. 风险点四：泄密。

风险描述：利用职务便利，泄露商业机密和客户信息。削弱汽车金融公司核心竞争力，损害客户利益，并引发声誉风险甚至法律风险。

业内良好做法：一是建立独立的 IT 审计机构，培育专业的 IT 审计队伍，有效防范 IT 风险；二是加强与公安部门的联动，遏制外部犯罪行为。一旦发现侵犯个人信息和资金安全的案件信息，应及时移交公安部门，严厉打击不法分子通过非正常渠道获取客户信息进行欺诈或盗取资金的犯罪行为；三是建立定期的系统测试与维护制度，及时发现并消除 IT 系统安全漏洞，定期监测安全补丁和黑客论坛。

最低防控要求：一是加强保密宣传教育和保密检查，增强保密责任意识，传播必备的保密防范常识；二是做好涉密岗位人员的资格审查、保密承诺书的签订及日常管理；三是采用物理手段，隔离内外网。

5. 风险点五：员工投资经商办企业或兼职。

风险描述：以投资、兼职等方式参与其他企业的经营、决策，从事与汽车金融公司有利害关系的第二职业，引发道德风险，为自办企业提供便利，易引起声誉风险和案件风险。

业内良好做法：一是员工定期自我申报，由员工个人对本人及家庭的大额担保及贷款、个人参股企业、出国出境、投资、房产以及家庭重大事项等进行自我申报，并抽查申报情况；二是查询信贷客户股权结构，是否存在本行人员出资情况；三是开展内外部排查，通过日常观察、问卷调查、谈心谈话、家访等方式，了解员工八小时内外的行为动态。开展外部走访，向工商管理部门查询员工是否存在经商办企业行为；四是用科技手段将严禁事项置于办公电脑桌面，实现严禁事项教育"天天见"；五是要求员工定期提供个人信用报告，对员工负债、担保等情况进行深入分析。

最低防控要求：一是加强员工合规教育，促进员工自觉遵守职业道德规范；二是加强员工考勤和请休假管理，定期对长期不在岗人员确认最新状况，并根据不同情况采取一般关注、重点关注或者定期清理措施；三是从严处理违反相关规定的员工。

6. 风险点六：员工超出自身承受能力的投资、消费等。

风险描述：员工超出自身风险承受能力投资房产、股票等，或涉及期货等高风险投资；员工信用卡发生不符合身份的交易，如从事大额产品购销，大额异常消费、出入高档场所等。长期拖欠贷款、借款不还，或信用卡恶意透支、套现，或经常找人借钱的行为。此风险点易导致员工产生犯罪动机，从而利用职务侵害汽车金融公司或客户利益。

业内良好做法：一是员工定期自我申报，由员工个人对本人及家庭的大额担保及贷款、个人参股企业、出国出境、投资、房产以及家庭重大事项等进行自我申报，并抽查申报情况；二是定期监控员工银行卡交易情况。从征信系统了解员工的借贷情况及信用卡授信情况，掌握员工超出自身能力投资或具有多家银行信用卡以及消费、恶意透支、套现情况；三是排查或了解向同事、朋友借钱，长时间不归还，或存在多处购房、或高消费情况及入不敷出情况；四是关注穿着时尚、开豪车、住别墅，与员工及家庭收入不匹配的情况；五是定期开展家访。

最低防控要求：一是加强员工合规教育，促进员工自觉遵纪守法，自觉抵制各种违规行为；二是对涉及套现的，要立即锁定持卡人账户，并按规定报上级行审批降低授信额度，尤其是员工信用卡涉嫌套现、出借、违规使用的，必须采取账户止付、降低授信额度等风险控制措施；三是加强日常监测，对员工用卡情况开展定期监测核查，排除隐患。

7. 风险点七：涉赌、涉黑、涉毒、涉黄。

风险描述：员工参与赌博、非法博彩，涉及黑社会性质组织，涉毒，涉黄；与相关违法犯罪嫌疑人员有交往的行为等。此风险点易导致员工产生犯罪动机，从而利用职务侵害汽车金融公司或客户利益。

业内良好做法：一是每年至少一次到公安机关、社区核查是否有涉赌、涉黑、涉毒、涉黄不良记录；二是关注员工的不良嗜好和不正常朋友圈；三是每年至少两次对员工进行思想行为谈话，并进行家访，了解员工八小时外的相关信息；四是用科技手段将严禁事项置于办公电脑桌面，实现严禁事项教育"天天见"。

最低防控要求：一是发挥工会或类似组织的作用，充分了解员工的性格和八小时外相关信息，使员工及员工家属能够感受到大家庭的温暖；二是加强员工思想行为教育培训，建立员工思想行为动态管理台账，定期登记、更新。

8. 风险点八：收受好处。

风险描述：利用职务便利，向授信企业或个人、中介机构等收取好处费，作为介绍贷款、加快办理贷款、优惠利率贷款等的回报；介绍亲属到授信企业工作获取工资；向授信企业借款或投资，收取高额回报。此类风险点容易导致骗贷、欺诈等风险事件发生，影响汽车金融公司资金安全和声誉风险。

业内良好做法：一是关注员工与信贷客户人情交往情况、资金往来情况；二是加强利率定价管理，严格落实利率定价制度；三是把好信贷各环节风险防控；四是对客户经理实行轮岗制，进行定期或不定期的交流和轮岗；五是落实风险经理制，由风险经理对授信客户进行风险提示，向决策人提供决策依据；六是关注客户经理亲属工作单位是否存在在中介机构、小贷公司、担保公司等涉及本行利益关系工作单位工作，对涉及亲属关联关系的，需对管辖的信贷客户实行回避；七是对客户经理办公场地实行双人或多人制，防止单人办公给联系提供方便；八是升级信贷管理系统，在线上（手机）银行客户端增加客户反馈信息模块。使客户能及时对办理业务过程的服务情况及其他不合理状况进行信息反馈，由相关部门对反馈信息进行审查和回访；九是用科技手段将严禁事项置于办公电脑桌面，实现严禁事项教育"天天见"；十是关注员工账户资金往来和消费情况，加强账户监测预警；十一是面向社会引入行风监督员，监督业务办理中吃、拿、卡、要等不合理现象；十二是要求员工定期提供个人信用报告，对员工负债、担保等情况进行深入分析。

最低防控要求：一是加强法制教育和思想道德工作，增强员工的自我约束能力；二是落实《银行业金融机构从业人员行为管理指引》制度要求；三是关注员工对信贷客户的过度热情状况；四是向客户公开授信政策和业务办理流程；五是定期与不定期开展案件风险排查和非现场监测，设立举报信箱；六是将授信客户对客户经理廉洁自律反馈纳入授信放款流程，加强对客户经理外部监督。

第二节 监管数据治理

与案件防控工作类似，相较于银行、保险公司等金融机构，汽车金融公司业务简单、体量较小，核心系统建设起步较晚。之前汽车金融公司主要的监管数据报表还集中在1104非现场监管报表。从2020年下半年开始，对汽车金融公司的监管数据治理要求集中"爆发"，数据治理监管工作陡然提速。

2020年7月，人民银行下发《关于建立金融基础数据统计制度的通知》（银发〔2020〕164号），明确提出从2020年9月开始分步实施金融基础数据统计制度，并在年内落实完成贷款、存款、债券业务、股权投资和特定目的载体基础数据4项金融基础数据统计制度和相关统计工作。

2020年11月银保监会在原EAST系统报送架构的基础上，根据四类非银行金融机构的业务特点，调整相关数据字段，要求四类非银机构开展EAST监管数据标准化工作，并在 2021 年 7 月 16 日前，完成报送 2020 年 1 月 1 日至 2021 年 6 月 30 日的全量标准化数据，自 2021 年 8 月起实施季度报送。

2021 年 4 月，中国人民银行清算总中心开展新一代利率报备监测分析系统（简称 IMAS）建设工作，并要求包含汽车金融公司在内的相关金融机构在 6 月底之前实现网络接入、系统投产及数据报送，按日报送相关业务的明细数据。

2021 年 9 月，在银行保险机构试行一年后，银保监会下发《关于银行业保险业关联交易监管系统第三批机构上线试运行的通知》（公司治理部函〔2021〕108 号），要求信托公司和四类非银行金融机构在 11 月 15 日前完成关联方档案和关联交易数据报送。

由此，形成了在原有非现场监管报表（1104）和人民银行金融统计数据大集中报表基础上，汽车金融公司的 6 大主要监管数据报送义务。短时间内梳理和报送上述数个重要的监管数据集群，对汽车金融公司的数据质量和数据治理提出了更高的要求。

本节将主要根据银保监会 2018 年《银行业金融机构数据治理指引》（银保监发〔2018〕22 号），参考银保监会统信部 2020 年发布的《关于监管数据质量专项治理自查自评事项的通知》（银保监统信函〔2020〕168 号）附件《监管数据质量评估模板（银行保险法人机构）》，从数据治理架构、系统保障、数据质量监控三个方面对汽车金融公司监管数据治理的合规要点进行分析。同时，本节还将根据《关于加强非银行金融机构信息科技建设和管理的指导意见》的相关规定，对汽车金融公司信息科技安全管理的合规要点进行梳理。

一、数据治理架构

（一）组织架构

汽车金融公司董事会对数据治理承担最终责任，应履行监管数据治理相关职责，包括将本机构监管数据质量治理纳入内控合规体系和战略规划之中，审批或授权审批与监管数据质量相关的重大事项，督促高管层提升监管数据质量治理的有效性等。

高级管理层负责建立数据治理体系，确保数据治理资源配置，制定和实施问责和激励机制，建立数据质量控制机制，组织评估数据治理的有效性和执行情况，并定期向董事会报告。需要注意的是，银保监会对非现场监管报表的关键指标建立了数据质量承诺制度，根据《关于修订银行业非现场监管关键指标数据质量承诺制度的通知》（银保监办发〔2021〕52号）的要求，汽车金融公司的总经理应当按季度在承诺书上对相关关键指标数值进行签字确认。

在部门层面，汽车金融公司应当确定并授权归口管理部门牵头负责监管数据归口统计，负责本公司监管统计数据工作的组织、协调和管理，制定监管统计工作制度和流程，明确监管统计数据质量管理措施，协调内部各部门各机构共同做好监管统计数据的报送和管理工作。一般来讲，汽车金融公司财务会计部门掌握全公司主要核心数据，可以作为监管数据统计和治理的牵头管理部门。同时，汽车金融公司业务、信息科技、人事、内控合规、审计等相关部门，执行监管数据工作要求，包括对本业务领域相关监管数据进行业务规则确认、填报和业务审核；负责管理本业务领域源头数据，制定并落实本业务领域相关数据质量控制机制；加强监管数据应用；提供系统技术支持等。

（二）制度建设

汽车金融公司应当根据监管要求，建立监管数据相关内控制度，包括：

1. 建立监管数据管理制度，明确规定组织领导、部门职责、信息系统保障、数据质量控制和资料管理等方面内容。

2. 建立监管数据资料统一管理和归档制度，建立全面严密的管理流程，明确存档交接、口径梳理等要求，保证数据可比性。

3. 建立数据治理自我评估机制，明确评估周期、流程、结果应用、组织保障等要素的相关要求。评估内容应覆盖数据治理架构、数据管理、数据安全、数据质量和数据价值实现等方面，并按年度向银行业监督管理机构报送。

4. 建立数据应急预案，根据业务影响分析，组织开展应急演练，完善处置流程，保证在系统服务异常以及危机等情景下数据的完整、准确和连续。

5. 在上述制度的基础上，汽车金融公司宜建立监管数据明细清单，明确监管数据对应的源头数据在业务口径定义、系统录入、日常监控、问题治理等方面的数据质量管理措施和数据质量责任等，尽可能确保监管数据能够责任到岗，以便在发现监管数据质量问题时可以快速定位、迅速修复，也可确保监管数据来源和口径一致，避免因系统、人员更替导致数据差错。

汽车金融公司应当对监管数据相关内控制度定期评估，根据监管要求和公司业务或组织架构的变化及时更新制度。根据《银行业金融机构数据治理指引》的要求，监管数据管理制度应报送银保监局备案。

二、系统保障

监管数据治理离不开系统保障，手工早已无法处理现代汽车金融业务每天产生的海量数据。同时，监管数据的日益复杂的表间校验、系统格式和时效性，也对汽车金融公司的信息系统提出了更高的要求。汽车金融公司的监管数据系统保障，需要重点关注监管数据报送系统、数据标准化和数据安全策略。

（一）监管数据报送系统

汽车金融公司应当建立适应监管数据报送工作需要的信息系统，实现流程控制的程序化，提高监管数据加工的自动化程度，实现以下功能：

1. 监管数据报送系统实现流程控制的程序化，通过任务流转和系统提醒的方式，实现监管数据的采集、统计、校对、审批，并对时效性进行系统管控。

2. 综合处理监管数据业务，能够自动提取相关系统所涵盖的全部监管要求数据，能够加载标准化的外部数据。

3. 具有良好的质量控制功能，能灵活设定数据间逻辑关系和阈值，自动实现数据校验和异常提示。

一般来讲，监管数据来源于业务源数据，但又需要根据监管要求的统计口径进行处理，因此可以按照图1架构搭建监管数据仓库（或叫集市），以及开发相应的报送接口，以确保监管数据系统具有良好的可拓展性。

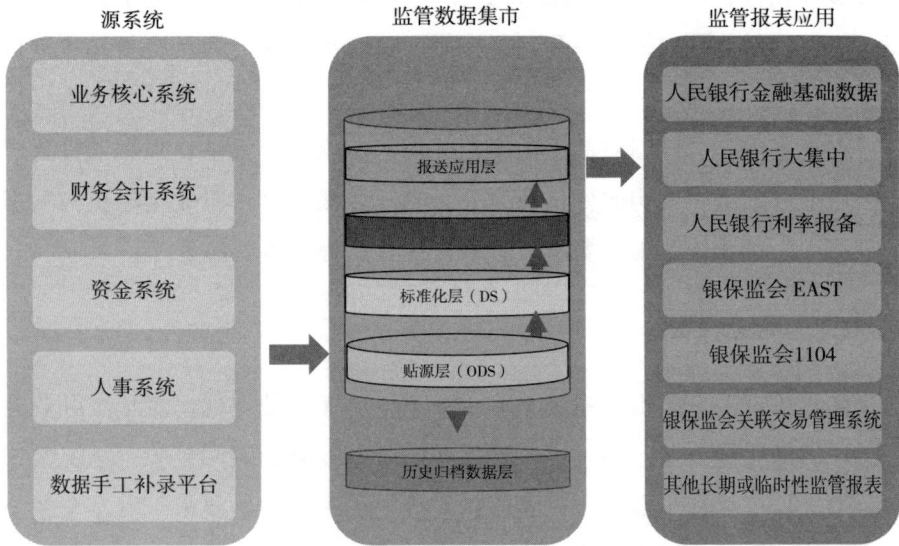

图 1 监管数据系统架构图

（二）数据标准化

汽车金融公司应当建立覆盖全部数据的标准化规划，遵循统一的业务规范和技术标准。汽车金融公司应充分考虑监管数据要求，将监管数据所涉及的数据标准纳入信息标准化规划。以下为主要的监管数据标准化文件：

1. 人民银行《金融基础数据采集规范 V1.0》及后续更新；

2. 银保监会《汽车金融公司监管数据标准化规范》（银保监办发〔2020〕107 号）及后续更新；

3. 人民银行《利率报备监测分析系统数据报送标准 V1.0》（银科技〔2021〕6 号）、《金融基础数据统计常见问题及解答 V4.0》及后续更新；

4. 银保监会《银行业保险业关联交易监管系统数据填报规范（金融租赁公司、汽车金融公司、消费金融)》及后续更新；

4. 银保监会非现场监管报表各《填报说明》及后续更新；

5. 各类金融标准可通过"金融标准全文公开系统"（https：//www.cfstc.org/）查询。

根据银保监会在 2021 年"监管数据质量专项治理"自查自评模板中要求，汽车金融公司与监管数据相关的业务领域及系统应遵循统一的业务规范和技术标准，建立全公司统一的监管数据架构，客户、产品、机构、账户等基础信息跨系统保持名称、定义、口径、来源等方面的一致性。各系统建立统一的数据交换标准，实现系统间数据的有效共享。为此，汽车金融公司在制定和落实数据标准化规划时，要特别注意"数据元""参考数据""主数据""明细数据""指标数据"的界定和管理。

根据人民银行《金融业数据能力建设指引》（JR/T 0218—2021）（以下简称《指引》）的定义，数据元是指由一组属性规定其定义、标识、表示和允许值的数据单元。参考数据是一组增强数据可读性、可维护性、可理解性的数据集合。借助参考数据可实现对其他数据的合理分类。主数据是企业中需要跨系统、跨部门共享的核心业务实体数据。主明细数据是日常生产经营等活动中直接产生或获取的未经任何加工的初始数据。指标数据是在经营分析过程中衡量某一个目标或事物的数据，由明细数据按照统计需求和分析规则加工生成，一般由管理属性、业务属性、技术属性等组成。

《指引》对上述各类数据提出了规范化、标准化管理的要求，主要包括：一是建立企业级、内部统一的管理规范和管理流程；二是基于国家和金融行业相关制度、规范建立和完善相关数据规范体系；三是在企业内部发布相关数据规范，提供统一的查询方法；四是定期分析数据规范执行情况，形成分析报告；五是制定数据规范考核体系，通过量化分析的方式对数据及数据规范的管理过程进行考核。

（三）数据安全策略

一是应当采取适当的安全技术和措施，包括数据保护等级划分、数据访问权限控制、用户身份认证和访问行为监控、数据安全风险防护、数据隐私保护等，确保监管数据系统安全稳定运行，相关数据存储和传输安全。具体可参考人民银行发布的行业标准《金融数据安全 数据生命周期安全规范》。

二是建立监管数据系统应急处置机制，完善处置流程，保证在系统服务异常情景下数据的完整、准确和连续。

三是依法保护客户隐私，划分数据安全等级，明确访问和拷贝等权限，监控访问和拷贝等行为，完善数据安全技术，定期审计数据安全。

三、数据质量监控

根据 2021 年"监管数据质量专项治理"自查自评模板，数据质量监控主要包括监管数据质量监控、源头数据质量监控、监督检查、组织整改和考核评价五个方面。

（一）监管数据质量监控

汽车金融公司应建立覆盖监管数据日常管理和报送环节的监管数据质

量监控体系，明确相关机制和流程，落实各方主体责任，确保监管数据报
送准确、完整、及时和同口径一致，具体包括：

1. 监管数据管理部门应建立覆盖数据生产、报送全流程的监管数据质
量监测机制，制定监管数据质量监测台账，实时记录和定期分析数据质量
问题，反馈并督促相关责任部门及时纠正。

2. 监管数据管理部门定期通报相关部门提供的监管数据质量及其治理
工作情况，总结交流经验。

3. 建立有效的监管数据业务审核机制和流程，相关部门按照分工审核
相关数据，并及时向监管数据管理部门反馈审核意见，保证监管数据真实
反映业务实际。

4. 建立有效的监管数据校验核对机制，保证监管数据符合逻辑校验关
系要求，按照监管要求准确、完整、及时地报送监管数据。

5. 建立符合监管要求的监管数据异常分析报告机制，对数据异常、相
关业务重要变化等情况进行分析，并及时、主动报告监管机构。

6. 汽车金融公司各部门在向监管机构提供数据前，应与监管统计归口
管理对数据进行充分核对，确保同口径数据报送结果的一致性。汽车金融
公司对外披露数据与可比口径监管数据存在重大差异时，主动向监管机构
做出说明。

（二）源头数据质量监控

汽车金融公司应建立有效的源头数据质量监控机制，落实各环节责
任，确保源头数据质量，具体包括：

1. 监管数据相关源头数据定义清晰明确，根据业务变化及时更新，并
以正式文档形式规范存储，方便有权人查询和使用。

2. 相关部门明确源头数据的录入规范，对监管数据工作人员及系统管
理人员反馈的数据问题，及时核查纠正，并动态更新，保证源头数据真
实、完整、及时地反映业务实际情况。

3. 相关部门对本业务领域源头数据实施管理，在业务及管理基础系统中明确并落实源头数据质量控制需求，根据监管数据要求和实际业务变化及时更新。

4. 相关部门对源头数据质量问题进行定期监测分析，对影响监管数据质量的源头数据变动情况或质量问题及时、主动向监管数据管理部门说明，必要时向主管领导报告。

（三）监督检查和组织整改

汽车金融公司对监管数据治理情况开展自评估，并将数据质量检查纳入内控合规检查范围，定期组织实施检查，及时组织整改监管数据及相关源头数据问题，并确保整改落实到位，具体包括：

1. 按照监管要求组织开展监管数据质量及其治理情况自评估，建立完善的工作机制和流程，保障自评估工作的有效实施。

2. 将监管数据及相关源数据质量纳入内控合规检查范围，内控合规管理部门在制定年度检查计划时应充分考虑监管数据管理部门意见和建议。

3. 监管数据管理部门将本领域监管数据现场检查报告报主管领导，对影响监管数据质量的重大问题，提交内控合规部门跟踪检查，并报监管机构。

4. 监管数据管理部门应建立有效的机制和流程，对监管数据质量问题及时组织整改，并对整改情况进行跟踪评价，督促相关部门按照既定时限落实整改措施。

5. 源头数据相关责任部门应建立有效的机制和流程，按照监管数据管理部门的要求对相关源头数据质量问题及时组织整改，并将整改结果抄送监管数据管理部门。

（四）考核评价

汽车金融公司应建立科学的考核评价和奖惩机制，保障监管数据工作的有效落实，促进监管数据质量持续提升，具体包括：

1. 将监管数据及相关源头数据的质量纳入本机构数据质量考核评价体系。

2. 监管数据管理部门定期对相关部门和分支机构填报的监管相关数据质量及其治理工作进行评价和考核，考评结果在本机构内部公布。

3. 源头数据相关责任部门定期对本业务领域监管数据相关源头数据的质量及其治理工作进行评价和考核，落实相应激励约束措施。

4. 内部自查自评和监管检查评估发现的重大问题以及问题整改不力情况，依据有关规定对相关部门及责任人予以问责和处理。

四、其他信息科技风险管理要求

2016 年银监会发布《关于加强非银行金融机构信息科技建设和管理的指导意见》（银监办发〔2016〕188 号）（以下简称《意见》），对非银行金融机构信息科技建设和信息科技风险管理提出了相关要求。虽然《意见》并不直接指向监管数据治理，但《意见》明确提出非银行金融机构要完善数据治理体系，不断提高数据质量，满足监管机构在监管数据采集、报送等方面的要求。一方面，汽车金融公司需要落实《意见》要求。另一方面，信息科技建设和风险管理能力，直接关系到监管数据治理的效果，因此在本节一并介绍《意见》的重点要求。

（一）加强数据中心基础设施建设

汽车金融公司应结合业务发展需要和自身实际情况，科学选择数据中心（含中心机房）建设方式，规模较小的非银机构可考虑选择租用、托管、共享数据中心等建设方式，具有一定规模、信息科技基础较好、管理能力较强的非银机构可自建数据中心。

数据中心选址应符合有关监管要求，在选址前应实施安全评估，充分考虑地理位置、环境、设施等各种因素影响，规避选址不当造成的风险。

数据中心建筑物结构（如层高、承重、抗震等）应满足专用机房建设要求，电力供应、精密空调、网络通信线路等重要基础设施应具备冗余能力，机房应采取有效的防火、防雷、防水等保护措施。

数据中心与其他机构（包括出资人）共用或托管至外包服务商的，应确保重要信息科技设备与其他机构有效隔离，明确物理安全区域，严格控制物理访问权限。

（二）规范开发测试管理

汽车金融公司应制定开发测试相关制度、标准、流程，规范管理自主开发或外包开发过程，要做到：安排专人负责项目管理，合理控制项目进度；重视需求分析，规范设计，兼顾业务功能与非业务功能需求；选取适当的开发测试方法，确保系统开发测试的完整性和有效性；明确安全开发规范，加强信息系统的安全设计、研发和测试。

（三）提升运行维护能力

汽车金融公司应根据工作需要建立专业化的运行维护管理队伍，不断提高自主运维管理能力；科学划分运维岗位职责，杜绝关键岗位兼职兼岗；建立健全运维管理制度，明确事件管理、问题管理、配置管理、变更管理、发布管理等要求，编制运维操作手册，规范重要信息系统投产上线及重大变更操作；加强重要设备和设施的定期巡检和维护，及时更新老化陈旧设备，全面做好软件正版化工作；健全软件产品和硬件设备缺陷管理机制，采取适当升级措施，确保系统服务的连续可用性；加强容量规划，以适应业务发展和交易量增长的需要；建设自动化运维手段，建立全面覆盖基础设施、网络、系统、应用等多领域、多层次的监控体系，妥善存储日志，有效防范和处置各类故障事件。

（四）加强信息安全管理

汽车金融公司应配备专职信息安全管理人员，制定完善的安全管理制度，严格落实国家网络安全政策法规的有关要求，定期开展安全教育，提高员工信息安全意识；加强安全技术保障体系建设，采取有效的防病毒、防攻击、防篡改、防泄密、防抵赖等措施，提高系统抵御内外部攻击破坏的能力。

严格配置网络访问控制策略，实现开发、测试、生产、办公等不同网络安全域之间以及与出资人等外联单位、国际互联网之间的风险隔离；加强系统安全漏洞和补丁信息的监测、收集和评估，确保及时发现并处置重大安全隐患；开展应用系统安全检测，对官方网站等通过互联网提供服务的系统，在上线及重大投产变更前进行渗透测试，杜绝系统"带病"上线；对敏感数据实施分类分级管理，强化数据生命周期各阶段安全管理要求，严格控制生产系统访问权限，禁止未经授权查看、下载生产数据；采取符合要求的加密、脱敏等技术，提高数据存储、传输、测试的安全性；落实终端、移动存储介质安全控制措施，加强非法外联等各类违规行为的监控、阻断和审计。

（五）重视业务连续性能力建设

汽车金融公司应建立业务连续性管理组织架构，有效开展业务影响分析，识别各项重要业务，合理确定业务恢复时间目标（RTO）和业务恢复点目标（RPO）；加强业务连续性资源与能力建设，依据业务恢复目标，对重要信息系统采取高可用技术，制定并实施重要数据备份策略；规模较大、业务服务实时性要求高的非银机构，应建立或与其他机构共享灾备中心（含灾备机房），对重要信息系统和数据进行同城或异地备份，确保生产系统不可用时及时恢复重要业务；制定信息科技突发事件应急预案，每年至少开展一次对重要系统的应急演练，加强业务与技术应急有效衔接，不断提高事件应急处置能力。

（六）严格控制外包风险

汽车金融公司应识别和分析信息科技外包风险，制定外包策略，明确外包范围和责任边界，严守"安全管理责任不能外包、安全标准不能降低"的风险底线，建立与信息科技战略目标相适应的外包管理体系；加强对外包服务商的风险管理，对关键外包服务商的技术实力、内控体系和管理能力定期开展风险评估，制定外包服务中断应急预案；重视关联外包管理，将与出资人之间的外包活动纳入关联外包管理，不得因关联关系而降低外包服务管理要求；识别具有机构集中度风险的外包服务商，加强持续监控和管理，积极采取风险分散措施，对外包合作项目进行必要的知识产权转移，有条件的机构应逐步提高自主研发能力，降低对外包服务商的依赖；严格外包合同管理，规范合同条款，明确外包服务商安全保密等各类责任与义务。

附件一 汽车金融公司主要监管法规清单

序号	类别	监管制度名称	发文机构	发文编号	效力	本书涉及章节
1	综合类	汽车金融公司管理办法	中国银行业监督管理委员会	中国银行业监督管理委员会令 2008 年第 1 号	适用	第三章
2		中华人民共和国银行业监督管理法	全国人民代表大会常务委员会	中华人民共和国主席令第五十八号	适用	第三章
3		非银行金融机构行政许可事项实施办法	中国银行保险监督管理委员会	中国银行保险监督管理委员会 2020 年第 6 号	适用	第三章、第四章
4	业务合规类	汽车贷款管理办法	中国人民银行、中国银行业监督管理委员会	中国人民银行 中国银行业监督管理委员会令 [2017] 第 2 号	适用	第三章、第五章
5		关于调整汽车贷款有关政策的通知	中国人民银行、中国银行业监督管理委员会	银发 [2017] 234 号	适用	第三章
6		关于加大对新消费领域金融支持的指导意见	中国人民银行、中国银行业监督管理委员会	银发 [2016] 92 号	适用	第三章

续表

序号	类别	监管制度名称	发文机构	发文编号	效力	本书涉及章节
7		贷款/信用卡明示年化利率的计算规则及展示模板	中国银行业监督管理委员会	中国银行业监督管理委员会令2010年第2号	参考适用	第五章
8		个人贷款管理暂行办法	中国人民银行	中国人民银行公告〔2019〕第15号	未明确，实践中适用	第五章
9		关于改革完善贷款市场报价利率（LPR）形成机制的公告	中国人民银行	中国人民银行公告〔2019〕第30号	未明确，实践中适用	第五章
10		存量浮动利率贷款的定价基准转换为LPR有关事宜公告	中国人民银行	中国人民银行公告〔2021〕第3号	适用	第五章
11	业务合规类	关于内部收益率法明示贷款年化利率公告	中国银行保险监督管理委员会非银部	非银函〔2021〕111号	适用	第五章
12		关于助贷业务有关风险的提示	中国银行保险监督管理委员会	银监发〔2007〕54号	适用	第五章
13		贷款风险分类指引	中国银行保险监督管理委员会	未发布	参考适用	第五章
14		商业银行金融资产风险分类暂行办法（征求意见稿）	中国银行保险监督管理委员会	银保监办发〔2020〕104号	适用	第五章
15		中国银保监会办公厅关于促进消费金融公司和汽车金融公司增强可持续发展能力、提升金融服务质效的通知				

续表

序号	类别	监管制度名称	发文机构	发文编号	效力	本书涉及章节
16		金融企业呆账核销管理办法	财政部	财金〔2017〕90号	参考适用	第五章
17		金融企业不良资产批量转让管理办法	财政部	财金〔2012〕6号	适用	第五章
18		流动资金贷款管理暂行办法	中国银行业监督管理委员会	中国银行业监督管理委员会令2010年第1号	疑似适用（详见本书第五章）	第五章
19		关于将保证金存款纳入存款准备金交存范围的通知	中国人民银行	银发〔2011〕209号	适用	第五章
20	业务合规类	关于进一步规范信贷融资收费降低企业融资综合成本的通知	国家发展和改革委员会，财政部，中国人民银行，工业和信息化部，中国银行保险监督管理委员会，国家市场监督管理总局	银保监发〔2020〕18号	参考适用	第五章
21		关于规范金融机构同业业务的通知	中国人民银行、银监会、证监会、保监会、外汇局	银发〔2014〕127号	参考适用	第五章
22		信贷资产证券化试点管理办法	中国人民银行	中国人民银行公告〔2005〕第7号	适用	第五章
23		金融机构信贷资产证券化试点监督管理办法	中国银行业监督管理委员会	中国银行业监督管理委员会令2005年第3号	适用	第五章
24		关于信贷资产证券化备案登记工作流程的通知	中国银监会办公厅	银监办便函〔2014〕1092号	参考适用	第五章

序号	类别	监管制度名称	发文机构	发文编号	效力	本书涉及章节
25		关于规范银行业金融机构信贷资产收益权转让业务的通知	中国银监会办公厅	银监办发〔2016〕82号	适用	第五章
26		关于信贷资产支持证券发行管理有关事宜的公告	中国人民银行	中国人民银行公告〔2015〕第7号）	适用	第五章
27		关于银行业金融机构信贷资产证券化信息登记有关事项的通知	中国银监会办公厅	银保监办发〔2020〕99号	适用	第五章
28	业务合规类	金融租赁公司、汽车金融公司和消费金融公司发行金融债券有关事宜	中国人民银行、中国银行业监督管理委员会	中国人民银行中国银行业监督管理委员会公告〔2014〕第8号	适用	第五章
29		商业银行次级债券发行管理办法	中国人民银行、中国银行业监督管理委员会	中国人民银行、中国银行业监督管理委员会公告2004年第4号	参考适用	第五章
30		关于银行业金融机构在银行间债券市场发行次级债券有关事宜的公告	中国人民银行	中国人民银行公告〔2018〕第3号	参考适用	第五章
31		关于进一步支持商业银行资本工具创新的意见	中国银行业监督管理委员会、中国人民银行、中国证券监督管理委员会、中国保险监督管理委员会、国家外汇管理局	银监发〔2018〕5号	参考适用	第五章

续表

序号	类别	监管制度名称	发文机构	发文编号	效力	本书涉及章节
32		国务院关于开展优先股试点的指导意见	国务院	国发〔2013〕46号	适用	第五章
33		关于商业银行发行优先股补充一级资本的指导意见	中国银行业监督管理委员会、证监会	银保监发〔2019〕31号	参考适用	第五章
34		优先股试点管理办法	证监会	中国证券监督管理委员会令第184号	适用	第五章
35		关于规范银行业金融机构信贷资产收益权转让业务的通知	中国银监会办公厅	银监办发〔2016〕82号	适用	第五章
36		关于银行业信贷资产流转集中登记的通知	中国银监会办公厅	银监办发〔2015〕108号	适用	第五章
37	业务合规类	征信业管理条例	国务院	国务院令第631号	适用	第五章
38		金融信用信息基础数据库个人和企业征信异议处理业务规程	中国中国人民银行征信中心	银征信中心〔2013〕97号	适用	第五章
39		关于加强征信合规管理工作的通知	中国人民银行	银发〔2016〕300号	适用	第五章
40		关于进一步加强征信信息安全管理的通知	中国人民银行	银发〔2018〕102号	适用	第五章
41		关于加强征信宣传工作的指导意见	中国人民银行办公厅	银办发〔2021〕54号	适用	第五章

续表

序号	类别	监管制度名称	发文机构	发文编号	效力	本书涉及章节
42	全面风险管理类	商业银行资本管理办法（试行）	中国银行业监督管理委员会	中国银行业监督管理委员会令2012年第1号	参考适用	第三章、第五章
43		关于促进消费金融公司和汽车金融公司增强可持续发展能力、提升金融服务质效的通知	中国银行保险监督管理委员会	银保监办发〔2020〕104号	适用	第三章
44		商业银行合规风险管理指引	中国银行业监督管理委员会	银监发〔2006〕76号	参考适用	第一章、第二章
45		银行业金融机构全面风险管理指引	中国银行业监督管理委员会	银监发〔2016〕44号	参考适用	第一章
46		商业银行股权管理暂行办法	中国银行保险监督管理委员会	中国银行保险监督管理委员会令2018年第1号	参照适用	第四章
47	公司治理类	银行保险机构公司治理准则（试行）	中国银行保险监督管理委员会	银保监发〔2021〕14号	适用	第四章
48		银行保险机构大股东行为监管办法（试行）	中国银行保险监督管理委员会	银保监发〔2021〕43号	适用	第四章
49		关于加强商业银行股权质押管理的通知	中国银行业监督管理委员会	银监发〔2013〕43号	参照适用	第四章
50		关于深化银行业保险业"放管服"改革优化营商环境的通知	中国银行保险监督管理委员会	银保监办发〔2020〕129号	适用	第四章
51		银行保险机构关联交易管理办法	中国银行保险监督管理委员会	银保监会令〔2022〕1号	适用	第四章

续表

序号	类别	监管制度名称	发文机构	发文编号	效力	本书涉及章节
52	公司治理类	银行保险机构董事履职评价办法（试行）	中国银行保险监督管理委员会	中国银行保险监督管理委员会令2021年第5号	参照适用	第四章
53		银行业金融机构绩效考评监管指引	中国银行业监督管理委员会	银监发〔2012〕34号	适用	第四章
54		商业银行稳健薪酬监管指引	中国银行业监督管理委员会	银监发〔2010〕14号	参照适用	第四章
55		关于建立完善银行保险机构绩效薪酬追索扣回机制的指导意见	中国银行保险监督管理委员会办公厅	银保监办发〔2021〕17号	适用	第四章
56		商业银行内部审计指引	中国银行业监督管理委员会	银监发〔2016〕12号	参照适用	第四章
57		关于进一步加强银行保险机构股东承诺管理有关事项的通知	中国银行保险监督管理委员会办公厅	银保监办发〔2021〕100号	参照适用	第四章
58	反洗钱管理类	中华人民共和国反洗钱法	全国人民代表大会常务委员	中华人民共和国主席令第五十六号	适用	第六章
59		金融机构反洗钱规定	中国人民银行	中国人民银行令〔2006〕第1号	适用	第六章
60		金融机构客户尽职调查和客户身份资料及交易记录保存管理办法	中国人民银行 中国银行保险监督管理委员会 中国证券监督管理委员会	中国人民银行 中国银行保险监督管理委员会 中国证券监督管理委员会令〔2022〕第1号	适用	第六章

续表

序号	类别	监管制度名称	发文机构	发文编号	效力	本书涉及章节
61		金融机构大额交易和可疑交易报告管理办法	中国中国人民银行	中国人民银行令〔2016〕第3号	适用	第六章
62		法人金融机构洗钱和恐怖融资风险管理指引（试行）	中国中国人民银行反洗钱局	银反洗发〔2018〕19号	适用	第六章
63		银行业金融机构反洗钱和反恐怖融资管理办法	中国银行保险监督管理委员会	银保监会令〔2019〕1号	参照适用	第六章
64		金融机构反洗钱和反恐怖融资监督管理办法	中国中国人民银行	中国人民银行令〔2021〕第3号	适用	第六章
65	反洗钱管理类	关于加强反洗钱客户身份识别有关工作的通知	中国中国人民银行	银发〔2017〕235号	适用	第六章
66		关于进一步做好受益所有人身份识别工作有关问题的通知	中国中国人民银行	银发〔2018〕164号	适用	第六章
67		金融机构洗钱和恐怖融资风险评估及客户分类管理指引	中国中国人民银行	银发〔2013〕2号	适用	第六章
68		义务机构反洗钱交易监测标准建设工作指引	中国中国人民银行	银发〔2017〕108号	参照适用	第六章
69		法人金融机构洗钱和恐怖融资风险自评估指引	中国中国人民银行反洗钱局	银反洗发〔2021〕1号	适用	第六章
70		关于进一步加强银行业保险业反洗钱和反恐怖融资工作的通知	中国银行保险监督管理委员会办公厅	银保监办发〔2019〕238号	参照适用	第六章
71		关于进一步加强反洗钱信息安全保护工作的通知	中国中国人民银行反洗钱局	银反洗发〔2020〕12号	参照适用	第六章

续表

序号	类别	监管制度名称	发文机构	发文编号	效力	本书涉及章节
72		消费者权益保护法	全国人民代表大会	中华人民共和国主席令第18号	适用	第七章
73		于加强金融消费者权益保护工作的指导意见	国务院办公厅	国办发〔2015〕81号	适用	第七章
74		中国人民银行金融消费者权益保护实施办法	中国中国人民银行	中国人民银行令〔2020〕第5号	参照适用	第七章
75	消费者权益保护类	于加强银行业消费者权益保护解决当前群众关切问题的指导意见	中国银行业监督管理委员会办公厅	银监办发〔2016〕25号	参照适用	第七章
76		关于进一步规范金融营销宣传行为的通知	中国银行保险监督管理委员会，国家外汇管理局，中国证券监督管理委员会，中国中国人民银行	? 银发〔2019〕316号	适用	第七章
77		关于银行保险机构加强消费者权益保护工作体制机制建设的指导意见	中国银行保险监督管理委员会	银保监发〔2019〕38号	参照适用	第七章
78		银行保险机构消费者权益保护监管评价办法	中国银行保险监督管理委员会	银保监发〔2021〕24号	参照适用	第七章
79		中华人民共和国网络安全法	全国人民代表大会常务委员会	中华人民共和国主席令五十三号	适用	第七章

续表

序号	类别	监管制度名称	发文机构	发文编号	效力	本书涉及章节
80	消费者权益保护类	中华人民共和国数据安全法	全国人民代表大会常务委员会	中华人民共和国主席令第84号	适用	第七章
81		中华人民共和国个人信息保护法	全国人民代表大会常务委员会	中华人民共和国主席令第九十一号	适用	第七章
82		信息安全技术 个人信息安全规范	国家市场监督管理总局，国家标准化管理委员会	国家标准公告2020年第1号/GB/T35273-2020	适用	第七章
83		关于银行业金融机构做好个人金融信息保护工作的通知	中国中国人民银行	银发〔2011〕17号	参照适用	第七章
84		关于金融机构进一步做好客户个人金融信息保护工作的通知	中国中国人民银行	银发〔2012〕80号	参照适用	第七章
85		个人金融信息保护技术规范	中国中国人民银行	JR/T0171-2020	参照适用	第七章
86		银行业保险业消费投诉处理管理办法	中国银行保险监督管理委员会	中国银行保险监督管理委员会令2020年第3号	适用	第七章
87		关于落实《银行业保险业消费投诉处理管理办法》有关事项的通知	中国银行保险监督管理委员会消费者权益保护局	银保监消保函〔2020〕57号	适用	第七章
88		银行保险违法行为举报处理办法	中国银行保险监督管理委员会	中国银行保险监督管理委员会令2019年第8号	适用	第七章
89		银行业金融机构金融消费者投诉统计分类及编码行业标准	中国中国人民银行，中国银行保险监督管理委员会	银发〔2018〕243号	参照适用	第七章

续表

序号	类别	监管制度名称	发文机构	发文编号	效力	本书涉及章节
90		银行业金融机构从业人员行为管理指引	中国银行业监督管理委员会	银监发〔2018〕9号	适用	第一章、第八章
91		关于进一步加强银行业金融机构重大事项报告工作的通知	中国人民银行	银发〔2014〕293号	适用	第七章
92		银行保险机构涉刑案件管理办法（试行）	中国银行保险监督管理委员会	银保监发〔2020〕20号	适用	第八章
93		银行业保险业突发事件信息报告办法	中国银行保险监督管理委员会	银保监发〔2019〕29号	参照适用	第八章
94		银行业金融机构案件风险排查管理办法	中国银行业监督管理委员会办公厅	银监办发〔2014〕247号	参照适用	第八章
95	案防及信息科技类	银行业金融机构从业人员职业操守指引	中国银行业监督管理委员会	银发〔2011〕6号	参照适用	第八章
96		银行业从业人员职业操守和行为准则	中国银行业协会	银协发〔2020〕120号	适用	第八章
97		关于银行保险机构员工履职回避工作的指导意见	中国银行保险监督管理委员会	银保监发〔2019〕50号	适用	第八章
98		关于进一步强化内控合规管理防范案件风险的通知	中国银行业监督管理委员会办公厅	银监办发〔2017〕10号	参照适用	第八章
99		关于预防银行保险业从业人员金融违法犯罪的指导意见	中国银行保险监督管理委员会办公厅	银保监办发〔2020〕18号	参照适用	第八章
100		关于建立金融基础数据统计制度的通知	中国人民银行	银发〔2020〕164号	适用	第八章

序号	类别	监管制度名称	发文机构	发文编号	效力	本书涉及章节
101		银行业金融机构数据治理指引	中国银行保险监督管理委员会	银保监发〔2018〕22号	参照适用	第八章
102		关于监管数据质量专项治理自查自评事项的通知	中国银行保险监督管理委员会统计信息与风险监测部	银保监统信函〔2020〕168号	适用	第八章
103		关于加强非银行金融机构信息科技建设和管理的指导意见	中国银行业监督管理委员会办公厅	银监发〔2016〕188号	适用	第八章
104		关于修订银行业非现场监管关键指标数据制度的通知	中国银行保险监督管理委员会办公厅	银保监办发〔2021〕52号	适用	第八章
105	案防及信息科技类	汽车金融公司监管数据标准化规范	中国银行保险监督管理委员会办公厅	银保监办发〔2020〕107号	适用	第八章
106		利率报备监测分析系统数据报送标准	中国人民银行清算总中心	银科技〔2021〕6号	适用	第八章
107		银行业保险业关联交易监管系统数据填报规范（金融租赁公司、汽车金融、消费金融）			适用	第八章
108		金融业数据能力建设指引	中国人民银行	JR/T 0218—2021	参照适用	第八章
109		金融数据安全数据生命周期安全规范	中国人民银行	JR/T0223—2021	参照适用	第八章

附件二　常见行政许可申请文件模板

××公司关于变更股权或调整股权结构的请示

中国银行保险监督管理委员会××监管局：

为了××，根据《××管理办法》《中国银保监会非银行金融机构行政许可事项实施办法》，××公司现就公司变更股权或调整股权结构事项，提出申请，请予审核：

一、公司基本情况

公司于××年××月××日经中国银行业监督管理委员会（或中国银行保险监督管理委员会）批准成立。截至××年××月××日，公司注册资本××亿元。

截至××年××月××日，公司主要经营情况见下表（可根据公司情况酌情增加或删减）。

基本经营情况一览表

主要项目	上上年末	上年末	请示上报时间：当年上季度末	较年初变化
资产总计				
贷款				
贴现及买断式转贴现				
拆放同业				

续表

主要项目	上上年末	上年末	请示上报时间：当年上季度末	较年初变化
投资				
买入返售资产				
负债总额				
其中：单位存款				
同业存放款项				
同业拆入				
卖出回购款项				
所有者权益合计				
其中：实收资本				
本年利润（比同期）				
表外业务总计				
委托贷款				
承兑汇票				
保函				

主要监管指标执行情况一览表

指标名称	标准值	请示上报时间：当年上季度末	年初	较年初变化
资本充足率				
不良资产率				
不良贷款率				
流动性比例				
××				
××				
××				
……				

二、申请股权变更或调整股权结构的内容

（一）现有股权结构

（可用表格形式体现，包括各股东名称、认缴资本、出资金额和持股比例等，并标明出资的币种）

（二）调整后股权结构

（可用表格形式体现，包括各股东名称、认缴资本、出资金额和持股比例等，并标明出资的币种）

三、变更股权或调整股权结构的原因

（请按公司实际情况分析）

四、新出资人或新取得实际控制人地位的出资人的股东资格条件情况

根据相关监管制度，新出资人或新取得实际控制人地位的出资人符合股东资格条件。（逐条简要说明）

五、新出资人或新取得实际控制人地位的出资人对公司的影响

（请按公司实际情况分析）

综上所述，本次申请变更股权及调整股权结构事项符合监管规定，有利于公司××。

妥否，请示。

附件：

1. 股东会关于同意股权变更或调整股权结构的决议或上级主管部门的批准文件复印件。

（注意：若股东会议以会议形式召开，应提供股东会决议或会议记录。其中，会议决议、会议记录具体格式依据公司章程约定或以公司议事规则为准；若股东代表委托他人出席，应附委托证明文件；若股东会议以书面形式一致表示同意，应提供全体股东签名、盖章决议文件；若决议通过的是《××议案》，应将议案附后；若会议决议的签字页为单独页，签字页上应注明"某年某月某日某次会议签字页"）

2. 出资人的有权决定机构或上级主管部门同意其投资入股的决议或批准文件复印件。

（如出资人提供的不是股东会决议，应补充提供出资人的公司章程等材料，用于证明相关主体确为出资人的有权决定机构）

3. 有关各方签订的股权转让协议复印件。

4. 拟出资人最近 2 年的年度审计报告复印件。

含审计报告正文、公司自身及合并口径的财务报表和报表附注、会计师事务所的营业执照、执业证书复印件和签字的注册会计师资格证书复印件（签字的注册会计师资格证书复印件应有当年的年检章页）。审计报告若为非标准意见审计报告的，应提供有关情况的解释说明。

5. 出资人法定代表人签署的声明或承诺。内容包括：

（1）用于出资的资金为自有资金、非他人委托资金或债务资金等非自有资金的声明；

（2）最近 2 年无重大违法违规记录的声明；

（3）5 年内不转让所持非银行金融机构股权（银监会依法责令转让的除外）的承诺；金融租赁公司出资人还需出具不将所持有的金融租赁公司股权设立质押和信托的承诺；

（4）确认所提供申请材料内容和相关数据真实、复印件均与原件一致，对出具的所有声明或承诺均承担法律责任。

6. 银监会按照审慎性原则规定的其他文件。

另外，如股权变更或调整股权结构涉及引入新出资人或实际控制人发生变更的，还应提交以下材料：

（1）新出资人或新取得实际控制人地位出资人的基本情况。内容包括：

①出资人的名称、法定代表人、注册地址、核心主业及经营情况、行业地位及排名等情况；

②营业执照或注册文件复印件（境外出资人的营业执照或注册文件复

印件应经其所在国家或地区认可的机构公证或经中华人民共和国驻该国使领馆认证）；

③公司章程；

④税务机关出具的纳税情况证明（如纳税信用等级证明或完税证明），如不需缴纳国税或地税的，应出具有关情况的说明。

（2）新出资人或新取得实际控制人地位出资人的关联方情况。内容包括：

①出资人及所在集团的组织结构图；

②出资人的主要股东名册及其从事的主要业务介绍；

③出资人持股比例达到20%，或者持股比例未达到20%但处于最大股东地位的公司名册及其从事的主要业务介绍；

④出资人之间的关联状况；

⑤新出资人及关联方控股或参股的非银行金融机构情况。

金融租赁公司的出资人还应提供投资设立或参股其他境内外金融租赁公司或融资租赁公司的情况。

（3）新出资人或新取得实际控制人地位出资人的资信情况或接受监管的情况。内容包括：

①出资人为境内非金融机构的，应提供近 2 年无不良信贷记录的证明（如贷款银行出具的资信证明或中国人民银行征信中心出具的企业信用报告）；

②出资人为境外非金融机构，或为非银行金融机构但不受注册地金融监管当局监管的，应提交银监会认可的国际评级机构对其最近 2 年的信用评级报告；

③出资人为境外金融机构且受注册地金融监管当局监管的，应提供其金融监管当局出具的书面意见，内容包括该金融机构在注册地守法合规情况以及是否同意其在中国投资非银行金融机构。投资金融资产管理公司的境外金融机构出资人还应提交银监会认可的国际评级机构对其最近 2 年的

长期信用评级报告；

④新取得实际控制人地位的出资人为国有控股企业的，还应提交国资部门同意其投资控股非银行金融机构的批复或支持函。

（4）新出资人或新取得实际控制人地位出资人的法定代表人出具的声明或承诺。内容包括：

①投资金融租赁公司的应出具不将所持有的金融租赁公司股权进行质押或设立信托的承诺，以及在金融租赁公司出现支付困难时给予流动性支持，当经营损失导致侵蚀资本时及时补足资本金的承诺；

②新取得消费金融公司实际控制人地位的出资人（即成为主要出资人），应出具在消费金融公司出现支付困难时给予流动性支持，经营失败导致侵蚀资本时及时补足资本金的承诺。

（5）出资人拟向非银行金融机构派驻人员的背景情况、拟担任的职务和职责。

（6）律师事务所出具的出资人的主体资格、申请程序、材料等方面合法合规性及完整性的法律意见书（应附律师事务所的执业许可证复印件和签字律师的执业证复印件）。

注：可先以情况说明形式简要介绍相关情况，再附上相应附件作为证明材料。

××公司

×年×月×日

××公司关于变更住所（同城迁址）的请示

中国银行保险监督管理委员会××监管局：

为了××，根据《××管理办法》《中国银保监会非银行金融机构行政许可事项实施办法》，××公司提出变更住所（同城迁址）的申请，具体内容如下：

一、公司基本情况

公司于××年××月××日经中国银行业监督管理委员会（或中国银行保险监督管理委员会）批准成立。截至××年××月末，公司注册资本×亿元，股东持股情况……。公司董事长××，总经理××。现住所×××。

二、新住所基本情况

1. 新住所产权情况、地址；

2. 新住所装修安保情况；

3. 新住所消防验收情况。

三、变更住所的主要原因

妥否，请示。

附件：

1. 股东会或董事会决议。

2. 新住所的使用权证明（租约）或产权证明。

3. 新住所营业场所工程竣工验收报告、建设工程消防设计审核意见书及建设工程消防验收意见书。

××公司

×年×月×日

××公司关于变更注册资本的请示

中国银行保险监督管理委员会××监管局：

为了××，根据《××管理办法》《中国银保监会非银行金融机构行政许可事项实施办法》，××公司现申请将注册资本由××亿元变更至×

×亿元。现就具体事项请示如下：

一、公司基本情况

公司于××年××月××日经中国银行业监督管理委员会（或中国银行保险监督管理委员会）批准开业。×××（简要说明自开业以来，注册资本变更情况）。

近三年，公司主要经营情况见下表（可根据公司情况酌情增加或删减）。

基本经营情况一览表

主要项目	上上年末	上年末	请示上报时间：当年上季度末	较年初变化
资产总计				
贷款				
贴现及买断式转贴现				
拆放同业				
投资				
买入返售资产				
负债总额				
其中：单位存款				
同业存放款项				
同业拆入				
卖出回购款项				
所有者权益合计				
其中：实收资本				
本年利润（比同期）				
表外业务总计				

续表

主要项目	上上年末	上年末	请示上报时间：当年上季度末	较年初变化
委托贷款				
承兑汇票				
保函				

主要监管指标执行情况一览表

指标名称	标准值	请示上报时间：当年上季度末	年初	较年初变化
资本充足率				
不良资产率				
不良贷款率				
流动性比例				
××				
××				
××				
……				

二、申请变更注册资本的内容

（一）现有股权结构

（可用表格形式体现，包括各股东名称、认缴资本、出资金额和持股比例等，并标明出资的币种）

（二）变更后股权结构

（可用表格形式体现，包括各股东名称、认缴资本、出资金额和持股比例等，并标明出资的币种）

三、变更注册资本的原因

（请按公司实际情况分析，并说明增资后主要用途以及预测增资后资本充足率变化情况）

四、新出资人或变更注册资本后取得实际控制人地位的出资人的股东资格条件情况（如涉及）

请结合《中国银保监会非银行金融机构行政许可事项实施办法》（以下简称《办法》）中关于非银行金融机构筹建的出资人条件，逐条梳理新出资是否符合股东资格条件，以及是否存在不得作为出资人的情形。（简要描述即可，相关依据作为附件附上）

五、新出资人或变更注册资本后取得实际控制人地位的出资人对公司的影响

（请按公司实际情况分析）

综上所述，本次申请变更注册资本（及变更股权结构）事项符合监管规定，有利于公司××。

妥否，请示。

附件：

1. 股东会关于同意变更注册资本（及变更股权结构）的决议或上级主管部门的批准文件复印件。

（注意：若股东会议以会议形式召开，应提供股东会决议或会议记录。其中，会议决议、会议记录具体格式依据公司章程约定或以公司议事规则为准；若股东代表委托他人出席，应附委托证明文件；若股东会议以书面形式一致表示同意，应提供全体股东签名、盖章决议文件；若决议通过的是《××议案》，应将议案附后；若会议决议的签字页为单独页，签字页上应注明"某年某月某日某次会议签字页"）

2. 出资人的有权决定机构或上级主管部门同意其投资入股的决议或批准文件复印件。

（如出资人提供的不是股东会决议，应补充提供出资人的公司章程等材料，用于证明相关主体确为出资人的有权决定机构）

3. 拟出资人最近2年的年度审计报告复印件。

含审计报告正文、公司自身及合并口径的财务报表和报表附注、会计师事务所的营业执照、执业证书复印件和签字的注册会计师资格证书复印件（签字的注册会计师资格证书复印件应有当年的年检章页）。审计报告如为非标准意见审计报告的，应提供有关情况的解释说明。

4. 出资人法定代表人签署的声明或承诺。内容包括：

（1）用于出资的资金为自有资金、非他人委托资金或债务资金等非自有资金的声明（未分配利润转增注册资本的不需要出具本项声明）；

（2）最近2年无重大违法违规记录的声明；

（3）5年内不转让所持非银行金融机构股权（银监会依法责令转让的除外）的承诺、不将所持有的金融租赁公司股权设立质押和信托的承诺；

（4）确认所提供申请材料内容和相关数据真实、复印件均与原件一致，对出具的所有声明或承诺均承担法律责任。

5. 反洗钱反恐怖融资情况的说明。

6. 银监会按照审慎性原则规定的其他文件。

另外，如变更注册资本涉及引入新出资人或实际控制人发生变更的，还应提交以下材料：

（1）新出资人或新取得实际控制人地位出资人的基本情况。内容包括：

①出资人的名称、法定代表人、注册地址、核心主业及经营情况、行业地位及排名等情况；

②营业执照或注册文件复印件（境外出资人的营业执照或注册文件复印件应经其所在国家或地区认可的机构公证或经中华人民共和国驻该国使领馆认证）；

③公司章程；

④税务机关出具的纳税情况证明（如纳税信用等级证明或完税证明），如不需缴纳国税或地税的，应出具有关情况的说明。

（2）新出资人或新取得实际控制人地位出资人的关联方情况。内容包括：

①出资人及所在集团的组织结构图；

②出资人的主要股东名册及其从事的主要业务介绍；

③出资人持股比例达到20%，或者持股比例未达到20%但处于最大股东地位的公司名册及其从事的主要业务介绍；

④出资人之间的关联状况；

⑤新出资人及关联方控股或参股的非银行金融机构情况。

（3）新出资人或新取得实际控制人地位出资人的资信情况或接受监管的情况。内容包括：

①出资人为境内非金融机构的，应提供近2年无不良信贷记录的证明（如贷款银行出具的资信证明或中国人民银行征信中心出具的企业信用报告）。

②出资人为境外非金融机构，或为非银行金融机构但不受注册地金融监管当局监管的，应提交银监会认可的国际评级机构对其最近2年的信用评级报告。

③出资人为境外金融机构且受注册地金融监管当局监管的，应提供其金融监管当局出具的书面意见，内容包括该金融机构在注册地守法合规情况以及是否同意其在中国投资非银行金融机构。投资金融资产管理公司的境外金融机构出资人还应提交银监会认可的国际评级机构对其最近2年的长期信用评级报告。

④新取得实际控制人地位的出资人为国有控股企业的，还应提交国资部门同意其投资控股非银行金融机构的批复或支持函。

（4）新出资人或新取得实际控制人地位出资人的法定代表人出具的声明或承诺。具体内容可参考银保监会办公厅《关于进一步加强银行保险机构股东承诺管理有关事项的通知》要求或各地银保监局发布的示范文本。

（5）出资人拟向非银行金融机构派驻人员的背景情况、拟担任的职务和职责。

（6）律师事务所出具的出资人的主体资格、申请程序、材料等方面合法合规性及完整性的法律意见书（应附律师事务所的执业许可证复印件和签字律师的执业证复印件）。

注：可先以情况说明形式简要介绍相关情况，再附上相应附件作为证明材料。

××公司

×年×月×日

××公司关于发行金融债券的请示

中国银行保险监督管理委员会北京监管局：

为了××，根据《××管理办法》《中国银保监会非银行金融机构行政许可事项实施办法》，××公司拟在全国银行间债券市场公开发行总规模不超过人民币××亿元，期限不超过×年的金融债券，现提出发行申请，请予批准。

一、公司经营情况

公司于××年××月××日经中国银行业监督管理委员会（或中国银行保险监督管理委员会）批准成立。截至×年×月末，公司注册资本×亿元，股东持股情况……。公司董事长××，总经理××。简要说明公司主要经营数据。

二、风险监管指标情况

公司各项风险监管指标均符合监管要求情况。下表展示了近三年及最近一期各项监管指标情况。

基本经营情况一览表

主要项目	上上年末	上年末	请示上报时间：当年上季度末	较年初变化
资产总计				
贷款				
贴现及买断式转贴现				
拆放同业				
投资				
买入返售资产				
负债总额				
其中：单位存款				
同业存放款项				
同业拆入				
卖出回购款项				
所有者权益合计				
其中：实收资本				
本年利润（比同期）				
表外业务总计				
委托贷款				
承兑汇票				
保函				

主要监管指标执行情况一览表

指标名称	标准值	请示上报时间：当年上季度末	年初	较年初变化
资本充足率				
不良资产率				

指标名称	标准值	请示上报时间： 当年上季度末	年初	较年初变化
不良贷款率				
流动性比例				
××				
××				
××				
……				

三、发行金融债券的理由

请按公司实际情况说明理由。

四、金融债券的发行条件

根据中国人民银行《全国银行间债券市场金融债券发行管理办法》以及《中国人民银行、中国银行业监督管理委员会公告》（〔2014〕第8号）等有关监管制度，公司满足发债的基本条件。

（一）具备良好的公司治理结构、完善的内部控制体系和健全的风险管理制度

请按公司实际情况具体说明。

（二）资本充足率不低于监管部门的最低要求

请按公司实际情况具体说明。

（三）最近3年连续盈利

请按公司实际情况具体说明。

（四）风险监管指标符合审慎监管要求

请按公司实际情况具体说明。

（五）最近3年没有重大违法、违规行为

请按公司实际情况具体说明。

（六）其他

请按公司实际情况具体说明。

综上分析，公司各项资质均符合中国银监会、中国人民银行关于发行金融债的法定要求。

五、本期债券对公司财务结构的影响

本次发行金融债，公司将增加长期负债……亿元。下表模拟了发行人资本结构在以下假设的基础上产生的变动：

1. 财务数据的基准日为……；

2. 本期债券实际发行金额为不超过……；

3. 假设本期债券发行在……完成发行并且清算结束；

4. 模拟值1假设发行资金运用形成的资产风险加权系数为零，模拟值2假设发行资金运用形成的资产风险加权系数为50%，模拟值3假设发行资金运用形成的资产风险加权系数为100%。

本期债券发行后资本结构的变动模拟　　单位：万元、%

项目	×年×月	模拟值1	模拟值2	模拟值3
总资产				
总负债				
其中：应付债券				
所有者权益				
核心一级资本净额				
一级资本净额				
资本净额				
风险加权资产				
核心一级资本充足率				
一级资本充足率				
资本充足率				

六、已发行金融债券情况

请按公司实际情况具体说明。

七、公司拟发行金融债券的有关情况

公司拟于×年发行不超过×亿元、期限不超过×年期的债券。基本情况如下：

1. 名称：

2. 发行人：

3. 发行规模：

4. 债券形式：

5. 债券品种和期限：

6. 计息方式：

7. 债券面值：

8. 发行价格：

9. 票面利率：

10. 发行方式：

11. 最小认购金额：

12. 上市交易：

13. 还本付息方式：

14. 付息兑付方法：

15. 债券担保：

16. 信用级别：

17. 发行范围及对象：

18. 托管人：

19. 募集资金用途：

妥否，请示。

附件：

1. 可行性研究报告。注意事项：

内容至少应包括：申请人近 3 年的经营情况和财务、资金状况分析，已发行金融债券的兑付情况，本次发行金融债券的必要性和可行性分析，本次债券的发行方案、发债资金用途、债券发行中面临的风险及对策，债券偿付保障措施等。

2. 股东会同意发行金融债券的决议复印件。注意事项：

一是股东会议如以会议形式召开的，应提供股东会决议或会议记录。会议决议、会议记录具体格式，依据公司章程约定或以公司议事规则为准。

二是若委托他人出席，应附委托证明文件。

三是股东会议如以书面形式一致表示同意的，应提供全体股东签名、盖章决议文件。

四是如果决议通过的是《××议案》，应将议案附后。

五是如果会议决议的签字页为单独页，签字页上应注明"×年×月×日×次会议签字页"。

六是提供最新章程及股东签名、签章页。

3. 最近 3 年的年度审计报告复印件（含审计报告正文、公司自身及合并口径的财务报表和报表附注、会计师事务所的营业执照、执业证书复印件和签字的注册会计师资格证书复印件）。注意事项：

一是审计报告包括正文、公司单独及合并口径的财务报表和报表附注。

二是审计报告若为非标准意见涉及报告的，应提供有关情况的解释说明。

三是注册会计师资格证书复印件需要提供有当年的年检章页。

4. 募集说明书。

5. 发行公告或发行章程。

6. 承销协议或意向书。

7. 发行人关于本期偿债计划及保障措施的专项报告。

8. 信用评级机构出具的金融债券信用评级报告和有关持续跟踪评级安排的说明。

9. 采用担保方式发行金融债券的，还应提供担保协议及担保人资信情况说明。

10. 律师事务所出具的法律意见书（应附律师事务所的执业许可证复印件和签字律师的执业证复印件）。

××公司

×年×月×日

××公司关于申请核准××拟任××任职资格的请示

中国银行保险监督管理委员会××监管局：

　　××公司拟（聘）任××为公司××，按照《××管理办法》《中国银保监会非银行金融机构行政许可事项实施办法》的有关规定，现将有关任职资格核准材料呈报如下，请予以审查核准。

　　（个人基本情况）××，政治面貌，出生年月，学历学位，×年×月至×年×月，工作经历（按照任职资格申请表简要填写）。

　　［公司对拟任高管的鉴定（公司内部提拔或转岗）或拟聘任高管的理由（公司外部聘任）］

　　（公司决议）经××会议审议通过，拟聘任××为××。×年×月该同志××任职资格已经《××的批复》核准（注：经银行保险监管部门核准的原任职）。

　　依据《中国银保监会非银行金融机构行政许可事项实施办法》与《银行业金融机构董事（理事）和高级管理人员任职资格管理办法》，公司对

××同志任职资格进行了初步审核，认为××同志符合规定的非银行金融机构高管任职的各项条件，具备规定的××（职务）履职所需的能力要求，没有规定的禁止任职的情形。

妥否，请示。

附件：

1. 申请表。

2. 董事会、党委会等决议。

3. 综合鉴定。

4. 身份证信息。

5. 学历信息。

6. 个人及配偶信用报告。

7. 离任审计报告。

8. 反洗钱反恐怖融资培训情况报告。

9. 个人承诺书。

××公司

×年×月×日

××公司关于修改公司章程的请示

中国银行保险监督管理委员会××监管局：

为××，根据《××管理办法》《中国银保监会非银行金融机构行政许可事项实施办法》等有关规定，拟申请修改公司章程。现就修改公司章程事项请示如下：

一、公司基本情况

××公司于×年×月×日经中国银行业监督管理委员会（或中国银行

保险监督管理委员会）批准开业，×年×月×日正式成立，从业员工×名，法定代表人××，注册地址×××。公司注册资本××亿元，其中××出资×亿元，持股×%；××出资×亿元，持股×%。公司业务范围包括《××办法》第××条业务。

二、修改公司章程的内容

（一）章程修改总体情况

本次修改公司章程主要包括以下两个方面：

一是根据《商业银行股权管理暂行办法》《商业银行公司治理指引》《商业银行内部审计指引》等规定，修订履职要求、议事程序、内部审计等方面内容。

二是根据章程实际情况修订页码、定义等内容。

（二）章程修改具体内容

序号	修订前	修订后	依据
1			
2			

（变更内容应以下划线加粗体现）

三、修改公司章程的原因

（请按公司实际情况进行概括分析，原因分析应观点明确、条理清楚）

四、修改公司章程的内部审核情况

根据公司章程××条规定，××公司董事会/股东会为修改公司章程的有权决定机构。×年×月，我公司董事会/股东会召开××次会议，形成《××决议/会议纪要》，审批通过本次修改公司章程事项。

妥否，请示。

附件：

1. 股东会关于修改公司章程的决议。

一是股东会议如以会议形式召开的，应提供股东会决议或会议记录。

若股东会决议未包含章程修改的具体内容，应附上相应的议案。会议决议、会议记录具体格式，依据公司章程约定或以公司股东会议事规则为准。股东会议如以书面形式一致表示同意的，应提供全体股东签名、盖章决议文件。

二是若股东委托他人出席，应附委托证明文件。

三是如果公司章程规定董事会为最高权力机构，根据章程约定提供董事签字的有效决议。

四是如果会议决议的签字页为单独页，签字页上应注明"×年×月×日×次会议签字页"。

2. 修改后的章程文本。

本次申请修改后的公司章程。

3. 最近一次批准公司章程的批文复印件及经批准的章程文本。

一是需要有批复正文及批复附件，如果存在前置审批事项而引起的章程变更，并已将修改后的章程向监管机构报备，需要同时提供备案后的章程。

二是最近一版公司章程应附上股东（董事）的签字、盖章页。

××公司

×年×月×日

附件三　汽车金融公司主要定期监管报告控制表（不含地方特色报告）

报送频率	序号	报送对象	监管要求时限	报告名称	报送渠道
月度	1	银保监局	每月第二个工作日	扫黑除恶月度报表	监管邮箱
	2	银保监局	每月10日前	监管机构转送消费投诉办结情况反馈表	主要负责人签字，提交电子版本和盖章签字页扫描文件，发送监管邮箱
	3	人民银行	每月5日前	新冠肺炎疫情防控期间征信权益保护工作统计表	人行指定邮箱
	4	人民银行	每月6日前	征信信息安全情况统计表	统一数据报送平台
季度	5	银保监局	每季度后下一月20日内	季度经营管理报告	监管邮箱
	6	人民银行	季度末第二个工作日下班前	征信自查自纠季报	统一数据报送平台
	7	银保监局	7月中旬/1月下旬（根据通知）	（上半年度/年度）服务实体经济工作报告	非现场监管报表
	8	人民银行	1月份、7月份10个工作日内重大事项发生后5个工作日内	重大事项报告	人行指定接收地址
	9	银保监局	2020年7月31日	上半年度消费投诉情况分析（对监管转送投诉反映最为集中的事项进行分析研究，厘清其产生原因，处理标准以及溯源整改等情况）	监管邮箱

续表

报送频率	序号	报送对象	监管要求时限	报告名称	报送渠道
	10	银保监局	1月份10个工作日内	年度案件风险排查报告	监管邮箱
	11	银保监局	1月份20日内	年度经营管理报告（与第四季度经营管理报告合并报送）	非现场监管报表
	12	人民银行	11月30日前	征信合规与信息安全自查自纠年报	统一数据报送平台
	13	人民银行	每年1月20日前	征信合规及信息安全年度评级报告及报表（附证明材料）	人行省定接收地址
	14	银保监局	1月31日前	年度法治宣传教育工作总结报告（附件：法治宣传教育工作量统计表）	监管邮箱
年度	15	银保监局	按通知	消费者权益保护内部绩效考核结果	非现场监管报表
	16	银保监局	1月31日前	消费者权益保护审计报告	监管邮箱
	17	银保监局	2月28日前	年度外包活动评价报告	监管邮箱
	18	银保监局	3月第一周内	汽车金融公司年度机构概览	监管邮箱
	19	银保监局	3月31日前	年度内审工作总结及工作计划	监管邮箱
	20	人民银行	3月至4月（根据通知）	地方法人银行业金融机构案件情况统计表	人行省定接收地址
	21	银保监局	4月30日前	外部审计报告及管理建议书（纸质版）	银保监局省定接收地址
	22	银保监局	6月15日前	扫黑除恶工作半年度工作报告	电子公文传输系统
	23	银保监局	12月15日前	年度扫黑除恶工作报告	同上
	24	银保监局	根据通知	年度监管意见书整改计划报告	同上
	25	银保监局	根据通知	年度监管意见书阶段性整改报告	同上

附件三　汽车金融公司主要定期监管报告控制表（不含地方特色报告）

报送频率	序号	报送对象	监管要求时限	报告名称	报送渠道
	26	银保监局	根据通知	年度监管意见书整改工作报告	同上
	27	银保监局	根据通知	消费者权益保护年度自评报告及报表（附证明材料）	监管邮箱
	28	银保监局	根据通知	消费者权益保护工作计划（根据监管评级设定）	电子公文传输系统
	29	银保监局	根据通知	消费者权益保护整改落实情况（根据监管评级设定）	同上
	30	银保监局	1月31日前	消费投诉处理及管理工作情况	监管邮箱
	31	人民银行	根据通知	中国人民银行金融消费权益保护评估报告及评分表（附证明材料）	人行指定地址
年度	32	银保监局	每年第一个月20个工作日内	反洗钱年度报告及报表	电子公文传输系统
	33	人民银行	根据通知	反洗钱年度报告及报表	人行指定接收地址
	34	人民银行	根据通知	反洗钱年度评级表（附证明材料）	反洗钱非现场监管系统
	35	人民银行	根据通知	反洗钱分类评级整改报告	人行指定接收地址
	36	人民银行	根据通知	央行金融机构评级报告（附证明材料）	人工报送（光盘）
	37	人民银行	更新后10日内	征信相关制度	统一数据报送平台
	38	人民银行	内审结束后1个月内	征信审计报告	统一数据报送平台
	39	人民银行	与征信处联系后报送	非定期报送材料	统一数据报送平台
	40	银保监局	12月31日前	年度管法总结报告	监管邮箱

附件四 汽车金融公司
主要监管指标（银保监会）

序号	指标名称	指标要求	文件依据	建议监控部门
1	资本充足率	资本充足率不低于8% 核心资本充足率不低于4%	《汽车金融公司管理办法》	财务部门
		【参照适用】 资本充足率不低于10.5% 一级资本充足率不低于8.5% 核心资本充足率不低于7.5%	《商业银行资本管理办法（试行)》、《中国银监会关于实施〈商业银行资本管理办法（试行)〉过渡期安排相关事项的通知》	财务部门
2	贷款拨备率	不低于1.5%	《关于促进消费金融公司和汽车金融公司增强可持续发展能力、提升金融服务质效的通知》	风险部门
3	拨备覆盖率	不低于130%		风险部门
4	单一客户授信集中度	不得超过资本净额的15%	《汽车金融公司管理办法》	财务部门或授信审批部门
5	单一集团客户授信集中度	不得超过资本净额的50%		
6	单一股东及其关联方授信集中度	不得超过该股东在汽车金融公司的出资额		
7	自用固定资产比例	不得超过资本净额的40%	《汽车金融公司管理办法》	财务部门

附件五 汽车金融公司适用 MPA 监管指标（人民银行）

类别	指标体系（分值）		评分标准 - 汽车金融公司（2017.12）
A	资本和杠杆情况（100）	资本充足率（80）	(18.24, ∞)：80
			(14.24, 18.24)：48 - 80
			(0, 14.24)：0
		杠杆率（20）	(4%, ∞)：20
			(0, 4%)：0
B	资产负债情况（100）	广义信贷季度同比增速（60）	(9%, 15%)：60
			(-∞, 9%；15%, ∞)：0
		委托贷款（15）	基础分15
		同业负债（25）	基础分25
C	流动性（100）	流动性覆盖率（40）	基础分32
		净稳定资金比例（40）	基础分32
		遵守准备金制度情况（20）	遵守准备金制度：20
			未遵守准备金制度：0
D	定价行为（100）	利率定价（100）	符合要求：100
			违反要求：0
E	资产质量（100）	不良贷款率（50）	(0, 0.49%)：50
			(0.49%, 2.49%)：50 - 30
			(2.49%, ∞)：0
		拨备覆盖率（50）	(150%, ∞)：50
			(100%, 150%)：30 - 50
			(0 - 100%)：0
F	跨境融资风险（100）	跨境融资风险（100）	基础分100
G	信贷政策执行（100）	信贷执行情况（70）	基础分60
		央行资金运用情况（30）	基础分20

附件六 信贷客户洗钱风险等级划分标准示例

信息维度	评级维度	总分值	风险子项	权重	各风险子项分值 Pi	评级要素	指标项	分值 ai
客户身份信息（20分）	客户特性	10.00	客户信息的有效性	30%	3.00	证件过期时间	3个月以上	0.00
							1～3个月（含3个月）	2.00
							1个月内或字段缺失	3.00
			客户所持身份证件或身份证明文件的种类	30%	3.00	客户所持身份证件或身份证明文件的种类	中国大陆身份证以外证件，如护照、港澳台回乡证、台胞证等	3.00
							中国大陆身份证	0.00
			年龄	40%	4.00	个人客户年龄	18（含）～60岁	0.00
							小于18岁或大于60岁（含）	4.00
	地域	5.00	国籍	50%	2.50	个人客户国籍	国籍为境外受制裁或高风险国家	2.50
							国籍为其他境外国家	1.00
							国籍为中国	0.00

370

续表

信息维度	评级维度	总分值	风险子项	权重	各风险子项分值 P_i	评级要素	指标项	分值 a_i
客户身份信息（20分）	地域	5.00	客户常住地区受反洗钱监控或受制裁的情况	50%	2.50	高风险地区	常住地址为境外受制裁国家、国内高风险地区	2.50
							常住地址为其他境外国家或港澳台地区	1.00
							常住地址为国内其他地区	0.00
	行业（职业）	5.00	公认具有较高风险的职业	100%	5.00	公认具有较高风险的职业	职业为高风险职业或风险职业缺失	5.00
							职业为一般风险职业	0.00
业务及交易信息（80分）	特殊业务	10.0	代理	100%	10.00	他人还款次数占比	秩归一（百分位秩）－低秩　注：秩的方向：数字越大，秩越高	
		20.0	可疑操作	100%	5.00	二手车交易与首次登记时间间隔小于90天	秩归一（百分位秩）－低秩　注：秩的方向：数字越大，秩越高	
				100%	5.00	变更账户次数超过3次（含）		
				100%	5.00	紧急联系人手机号相同的贷款笔数超过3笔（含）		
				100%	5.00	还款账户相同的贷款笔数超过3笔（含）		
	客户行为	50.0	业务信息	20%	10.00	同一借款人有3笔（含）以上车贷记录	秩归一（百分位秩）－低秩　注：秩的方向：数字越大，秩越高	
				10%	10.00	所购车辆性质	新车	0
							二手车	10
							新能源车	5

续表

信息维度	评级维度	总分值	风险子项	权重	各风险子项分值 P_i	评级要素	分值分配	
							指标项	分值 a_i
业务及交易信息（80分）	客户行为	50.0	业务信息	20%	10.00	购车渠道	厂家授权经销商	0
							未授权经销商	5
							二手车销售企业、中介机构、市场	10
				20%	10.00	变更还款账户次数	秩归一（百分位秩）－低秩 注：秩的方向：数字越大，秩越高	

附件七 常见汽车贷款业务可疑交易情形和监测标准

序号	适用客户	模型描述	交易类型	监测周期	计算逻辑（参数）
1	所有客户	黑名单客户发生交易	全部交易	每天	名单生效后，发生一次交易即触发预警
2	所有客户	最高风险等级客户发生交易	全部交易	每天	客户风险评级结果为最高风险客户发生一次交易即触发预警
3	所有客户	还款账户异常，属于离岸账户或者自由贸易账户	贷款还款	每天	还款账户类型是否离岸账户或者自由贸易账户
4	经销商	距首次额度开通日期三个月以上的经销商提前偿还贷款，当天还款金额大于等于上月累计（需满一个月）的提前还款金额且满足还款总金额大于50万元或还款总台数大于5台车的条件	贷款还款	每天	当天还款金额（提前还款）≥上月提前还款金额累计且满足还款总金额 > 50万元或还款总台数 > 5台
5	经销商	经销商提前偿还贷款，与其上一月销售额明显不符	贷款还款	每天	提前还款金额累计 ≥ 600万元
					与上月销售额（台数＊平均单价）比值 ≥ 3倍
6	经销商	经销商向汽车金融公司数次申请贷款（如临时额度等），但随即将贷款还清	贷款还款	每天	计算本月临时额度申请记录中的次数，参数 > 3

续表

序号	适用客户	模型描述	交易类型	监测周期	计算逻辑（参数）
7	经销商	打分模型			第三方还款（付款人名称非经销商名称），累计金额≥50万元
		1. 经销商通过第三方还款，三个月内累计金额较大，且无正当理由（50分）	贷款还款	90个自然日	无正当理由人工判断
		2. 第三方还款人来自赌博、涉恐、走私、涉毒等境内高危地区（10分）			累计分值50分即触发模型
8	经销商	一个月内，经销商通过系统默认账户或之外的其他账户多次汇入汽车金融公司结算账户进行还款，无特殊原因（如网银中断，互联网故障等），且理由不充分	贷款还款	30个自然日	主动汇入还款（电汇交易）：经销商名下的非默认还款账户＋系统默认账户；判断经销商名称＝还款账户名称
					次数≥5次
9	经销商	一个月内，经销商通过系统默认账户或之外的其他账户汇入汽车金融公司结算账户进行还款，累计金额较大，无特殊原因（如网银中断，互联网故障等），且理由不充分	贷款还款	30个自然日	主动汇入还款（电汇交易）：经销商名下的非默认还款账户＋系统默认账户；判断经销商名称＝还款账户名称
					金额≥50万元
10	经销商	经销商向汽车金融公司存入多余保证金超过50万元，且已排除正当理由	保证金	每天	当日对公客户保证金实存－应存＞50万元的客户
		正当理由1：每日应存保证金数据和上一日应存保证金数据轧差，如果是因应存保证金单方面下降（例如：临时额度调回，额度降低，保证金比例降低）造成的保证金差异大于50万元，则属于正当理由			1. 当日变化情况为：应存及实存均变化，直接触发

续表

序号	适用客户	模型描述	交易类型	监测周期	计算逻辑（参数）
10	经销商	免除被筛选期限为 90 日，该条件持续保持 90 日后，如差异仍超过 50 万元，则存在洗钱风险	保证金	每天	2. 当日变化情况为：应存降低实存不变，进入观察期，该情况在后 90 天内持续轧差超 50 万元，90 天后触发
		正当理由 2：因实存保证金增加（例如：即将提升基准额度、提升临时额度），造成的保证金差异超过 50 万元，则属于正当理由			3. 当日变化情况为：实存升高应存不变，进入观察期；该情况在后 15 天内续轧差超 50 万元；15 天后触发
		免除被筛选期限为 15 日，该条件持续保持 15 日后，则存在洗钱风险			
		保证金总数，不应包含返利转入的保证金			
11	经销商	经销商将资金主动汇入汽车金融公司结算账户，无正当理由	其他类交易		此类交易无 payment 号，手工导入交易数据
12	个人客户	打分模型：	贷款还款	30 个自然日	每月还款金额总计/家庭月收入（包含主借人收入+联借人收入，系统均为月单位记录）≥3 倍
		1. 一个月内，个人贷款还款金额与其收入情况不符（60 分）			公职人员通过职业判断
		2. 个人客户为公职人员（10 分）			同联系电话或地址（个数≥3）
		3. 个人客户身份信息可疑（与其他多个个人客户存在相同联系电话或者联系地址）（10 分）			同担保人个数（个数≥3）
		4. 个人客户与其他个人客户存在相同的担保人（10 分）			60 分以上触发模型

续表

序号	适用客户	模型描述	交易类型	监测周期	计算逻辑（参数）
13	个人客户	一年内，个人征信报告中有三次及以上的汽车贷款	贷款还款	每天	个人客户实际放款交易时查个人征信报告中一年内有3次及以上的汽车贷款
14	个人客户	打分模型：	贷款还款	每天	还款交易中还款账户名称非主借人、联借人、担保人（做姓名匹配），无正当理由人工判断
		1. 汽车贷款还款人非合同关联方，且无正当理由（50分）	贷款还款	每天	50分以上触发模型
		2. 第三方还款人来自赌博、涉恐、走私、涉毒等境内高危地区（10分）			
15	个人客户	贷款尚不足1个月即提前偿还贷款，与年收入不符且无合理原因	贷款还款	每天	跑批日期－贷款实际放款日期≤90个自然日。当天提前还款金额/年收入（月×12）≥1
16	个人客户	三个月内，无正当理由频繁更改还款账户进行还款	贷款还款	90个自然日	还款账户表中还款账号（系统默认账户）更改个数≥2次；无正当理由人工判断
17	个人客户	合同方无正当理由而主动通过汇款的方式提前还款，且自然人单次存入金额大于某一金额	贷款还款	每天	还款方式为主动汇款，单笔金额＞5万元
18	个人客户	客户还款资金来源为其他非金融机构提供的无息贷款，且存在洗钱嫌疑	贷款还款	每天	个人客户贷款放款时，查征信报告个人名下消费贷款，且一年内累计≥5笔，总计金额≥15万元

序号	适用客户	模型描述	交易类型	监测周期	计算逻辑（参数）
19	机构客户	打分模型：	贷款放款\还款	每天	机构且过滤集团客户
		1. 机构客户发生贷款交易（30分）			按相同联系电话分组：参数≥3个
		2. 与多家机构存在相同联系方式（联系电话或者联系地址）（20分）			按相同联系地址分组：参数≥3个
		3. 与多家机构存在相同的关键联系人（法定代表人、实际控制人或者担保人）（20分）			按相同法定代表人证件号码分组：参数≥3个
20	机构客户	机构客户无正当理由而主动通过汇款的方式提前还款，且单次存入金额大于某一金额	贷款还款	每天	提前还贷，还款方式为主动汇款，单笔金额＞20万元

后　记

2020 年 2 月初，我萌生了一个想要写一本书的想法。那时，因为疫情在家办公，开会也少了，于是就有更多的时间去思考。我正好也刚刚换完工作，实现了从互联网金融"回归"传统金融机构的无缝衔接，感觉有必要总结、梳理一下前 10 年的工作经验。

于是，我便开始着手捋思路、订大纲、找材料。写书对我来说是一种很新奇的体验，之前写过最长的文章也不过是研究生毕业论文。面对一下膨胀了好几倍的文字体量，如何谋篇布局、把想说的话娓娓道来，对我挑战很大。尤其是要把这本书写成什么样：是用比较诙谐幽默的手法增加可读性，还是中规中矩用较为书面的语言；是综合所有金融机构的合规要点，还是把范围缩小到某一类金融机构呢？

最后我决定：写一本与我能力相匹配、我的知识能够驾驭的书。

于是就有了这样一本书。这本书以汽车金融公司为研究对象，把研究和讨论的范围尽可能缩小。虽然少了点代表性，但可以让我在熟悉的领域尽可能深入地探讨合规问题。同时，书的语言尽可能贴近合规工作的主流语言体系。虽然读起来可能没有什么趣味，但这就是合规管理的真实场景，可供合规管理人员进行参考，用来当做工作指导手册。

一切的一切，都是刚刚好。

在这本书的写作过程中，我的家庭给了我无与伦比的支持。2021 年是我和爱人张楠女士的结婚十周年，我们迎来了小儿子玻力的出生。一家三口升级为一家四口，随之而来的是养育新生儿的各种焦头烂额。就像好不容易把一瓶"白花蛇草水"喝到见底，翻过瓶盖，上面赫然写着"再来一瓶"，让人欲罢不能又痛苦不堪。并且，因为大儿子瓦力要在海淀上小学，张小喵同学就这样独自担负起了在昌平养育玻力的重任。30 多公里的距离，把我们俩隔绝在八达岭高速的两头，只有每周末能够像牛郎织女一样重聚。每次见面时看到她的黑眼圈，我都会感到无比愧疚。

我也要感谢我的父母和岳父岳母。没有他们，我不会有从容的时间来写书，生活的琐事就能把我淹没。他们就像一把把大伞，坚强地挺立在我们的小家庭上，为我们遮风挡雨，从无怨言。我父母从绍兴来京，水土不服、语言不通，最关键的是没有亲朋好友在身边。而我把精力都分配给了工作、孩子和写书，却没有给他们哪怕一点点的关心，每天说的话都不超过十句，真的令我无比愧疚。我的岳父在 2021 年初做了一个肺部手术，岳母一直被腰痛折磨，却也无怨无悔地在昌平照顾张小喵和玻力，为我解除后顾之忧。

还要感谢的是我在求学和职业生涯中遇到的各位师父，是他们把我引上法律和合规管理的职业道路。他们是：中国政法大学来小鹏教授，中国银行总行王琪总、寒冰总，度小满金融松琦总，东风标致雪铁龙汽车金融黎嵘总。他们每个人都是自己所在领域的"大拿"，也通过各自的方式不断"逼迫"我提升自己。他们有的严谨深刻，为人师表，有的严厉苛刻，爱之深责之切；有的循循善诱，倾囊相授；有的以身作则，润物细无声。虽然身在其中时，我会对他们的要求感到痛苦、迷茫和不解，但回过头来感受到自身成长时，才发现其中的奥妙，我真的很感谢他们。

这本书的撰写过程中参考了相关书籍、刊物和网站，在此特向作者表示感谢。前人栽树后人乘凉，是这些作者对合规工作的不断总结，对合规要点的充分解读，以及对监管要求的完整梳理，让我在写相关章节的时候事半功倍。

这本书截稿时，已经来到了 2021 年的最后一个星期。我不由得感慨时光飞逝，光阴如梭。希望这本书能带给大家一些有用的知识和技巧，也能够带给我更加广阔的天地。